山本作兵衛の炭坑記録画　「寝掘《ねほ》り」
炭層が薄い坑道を腹ばいになって掘り進む坑夫。山本作兵衛《さくべえ》(1892 ～ 1984) は，尋常《じんじょう》小学校を卒業後，鍛冶工《かじこう》や採炭夫《さいたんふ》として筑豊《ちくほう》の炭鉱で働く。1960年代の半ばから，閉山になった炭鉱警備員の宿直の傍《かたわ》ら，自身の記憶や語り伝えに基づいた，明治後期から昭和の炭鉱の生活記録画を描き続け，注目されるようになる。一介の坑夫による，稚拙《ちせつ》にも見えるその作品を，アートとして高く評価したのが現代美術家の菊畑茂久馬《きくはたもくま》である。炭鉱記録画と日記や関係資料は，2011年に日本で初めてユネスコの世界記憶遺産（世界の記憶）に登録された。

目次

福岡県の近現代

近代の横顔——鉄と石炭・近代から「近代後」へ

“近代”の終焉と産業遺産

平成二十三年（二〇一一）、田川《たがわ》市の石炭・歴史博物館が所蔵する山本作兵衛《さくべえ》の炭坑記録画が、ユネスコの世界記憶遺産（現在の定訳は「世界の記憶」）に登録された。一介の労働者によって描かれた、日本最大の産炭地筑豊《ちくほう》の庶民の生活世界が、国際的な評価を得たのはすばらしいことである。しかし、そこに描かれた厳しい炭坑労働の世界が、多くの人にどこかなつかしさを感じさせるものとして受け取られたように、石炭産業が日本のエネルギーを支えた時代は遠い昔の出来事となっていた。筑豊最大の炭坑であった三井《みつい》田川《たがわ》鉱業所が閉山してから半世紀近くがたっていたのである。

石炭とともに福岡県の近代を語るうえで欠かせない鉄についても、同様のことがいえる。平成二十七年に「明治日本の産業革命遺産」が世界遺産に登録されたとき、構成資産の一つである八幡《やはた》製鉄所は、新日本製鐵（当時）の主力製鉄所の座をおりて久しかった。

鉄と石炭は、福岡県の地域社会を根底からつくりかえただけでなく、日本の近代化の象徴でもあった。しかし今、近代化の原動力であった産業は、あるいは消滅し、あるいは主役の座をおりなければならなくなっている。そして少子高齢化の急速な進展という、これまで人びとが経験したことのない歴史的な段階を迎え、国際化と情報化の荒波のなかでどのように生きていくかが、地域社会の大きな課題となっている。

私たちがこの本でたどろうとしている福岡県の近現代史は、鉄と石炭が近代化の原動力であった時代がどのように形成されたのか、そしてそこからの脱却はどのように模索されているのかを描くことにほかならない。二十一世紀もそれなりの年数を数え、未知の時代に足を踏み入れた現在という地点は、福岡県の近代のあり方（すなわち日本の近代とはなにか）について改めて考えるのにふさわしい地点である。

三井田川鉱業所（大正12〈1923〉年頃）

本書では近代化がもたらした変化の側面に注目しながら、福岡県の近現代をたどっていく。全体を貫いているのは、以下に述べる四つの視点である。

内と外

第一の視点は「内と外」である。近代日本の歴史を考えるうえで、対外関係が重要であることはいうまでもない。明治日本は列強の狭間《はざま》で独立を維持し、やがて大陸への進出を課題とするようになる。明治国家の枠組みのなかで政治的に活性化し、あるいは経済的に地域振興をはかろうとした福岡県の人びとが思いだしたのは、この地が古代から大陸への玄関であったという歴史である。大陸との関係は近代福岡の大きな特色である。

明治維新から士族反乱をへて、福岡県の旧士族層は朝鮮半島や大陸との関係に積極的にかかわる政治集団を生んだ。その代表的な存在が旧福岡藩士を中心とする玄洋社《げんようしゃ》である。大陸への欲望は、門司《もじ》港に代表される港湾整備にもつながった。福岡県の近代を特徴づける「鉄と石炭」の背景をなしたのが、近代日本の大陸進出であったことはいうまでもない。地域振興の動因としての対外関係への期待は、時代をはるかにへだてて二〇世紀の終りにふたたび開花し、現代に続いている。背景にあるのは、韓国、台湾、シンガポール、少し遅れて中国に代表される、東アジア経済の飛躍的な発展である。それは中央政治を経由しないで地域社会が海外と結びつく、あらたな国際化の時代の到来であった。

中央と地方

第二の視点は「中央と地方」である。一種の連邦国家であった幕藩体制の否定のうえに、試行錯誤をへてあらたに成立した政治・行政システムは、近代日本に「中央と地方」という独得の関係を生み出した。時代を画する重要な動向は中央に始まって地方に波及する「中央震源性」(升味準之助『日本政党史論』第一巻)が、日本政治の特色とされた。鉄道・道路・港湾などの交通インフラや河川整備などを通して、いわゆる地方利益の撒布《さんぷ》は政治的統合の重要な手法となっていった。

ただし、それはつねに一方的な関係だったわけではない。近代日本における産業化の起点とされる、明治二十年(一八八七)前後の企業勃興の起動力は「地方」であった。福岡県はその代表的な存在である。さらに明治二十年代までの地方官のなかには、独自の政策を強力に推進する人物もいた。明治十九年から二十五年まで県令《けんれい》・県知事であった安場《やすば》保和《やすかず》はその一人であろう。

中央と地方という関係性は日本の近代化のなかで成立したものであるが、それは全国に均一な政治・経済社会をもたらしたわけではない。むしろ近代化による社会の変動は、均一には進行しなかった点に注目すべきかもしれない。その意味で、近代化は地域の個性を失わせたのではなく、新たな差異化《さいか》をもたらしたのである。

第三の視点は「都市と農村」である。明治後期以降の近代都市の形成は、福岡県の近代史の主要なテーマである。その特徴は、さまざまな類型の近代地方都市が出現したところにある。

都市と農村

旧福岡藩の城下町であった福岡市は、県庁所在地として政治・行政の中心となり、やがて帝国大学をはじめとする高等教育機関が集中した。同じく旧城下町である小倉《こくら》市は、北九州工業地帯が成立すると、商業・文化都市としての位置を確立した。

東田《ひがしだ》第一高炉(明治42〈1909〉年頃)

もっとも重要なのは、重工業とそれに関連する港湾を含む近代産業都市群である。門司港と九州鉄道によって発展の契機をつかんだ門司市に始まり、官営製鉄所が立地した八幡市を中心に、門司・小倉・戸畑《とばた》・若松《わかまつ》の諸都市は市街地がつながる連坦《れんたん》都市をなし、第一次世界大戦期に北九州工業地帯が確立する。また石炭を中心に第一次世界大戦期にコンビナートを形成した大牟田《おおむた》市は、三井の企業城下町として発展をとげた重工業都市である。

他方で在来産業を出発点として独自の発展をとげたのが久留米《くるめ》市である。絣《かすり》や足袋《たび》生産を基盤に、地下《じか》足袋、ゴム工業、タイヤ生産へと進んだ歩みはきわだって特徴的である。

昭和になると、飯塚《いいづか》・田川・直方《のおがた》などの筑豊の産炭地が市制をしくようになる。いわゆる炭都《たんと》である。また戦前の日本で陸軍の師団《しだん》や連隊が立地するいわゆる軍都《ぐんと》は、都市化の契機の一つであった。小倉や久留米がその好例である。

福岡県の都市化が、エネルギー産業、重化学工業中心であっただけに、エネルギー革命と鉄冷《てつび》えに象徴される二十世紀後半の産業構造の転換は、地域経済に甚大な影響をあたえた。かつて日本の近代化を支えた諸都市の再生は、地域社会にとって重要な課題であるが、その道は険しいものがある。

近代化は農村社会のあり方にも大きな影響をあたえた。米の生産は全国市場の動向に左右されるようになった。名望家《めいぼうか》秩序を基本とする伝統社会であった農村は、概して立憲政友会に代表される既成《きせい》政党の安定した地盤であったが、産業組合をはじめとするあらたな組織化の動きにも影響を受けた。また都市化の進展は、都市周辺の蔬菜《そさい》栽培や、久留米を中心とする筑後地方の花卉《かき》・植木、果樹栽培などのあらたな農業経営を発展させた。

しかし農村の姿を一変させたのは、戦後における経済の高度成長とその後の都市化である。かつて都市と農村の差異化を意味した都市化は、差異の解消を意味するものとなった。それがもたらしたものは、地方の個性を失わせる均質化であった。高速道路の整備をはじめとする交通革命は、鉄道の駅中心であった地方都市の景観を一変させ、幹線道路沿いの景観は似かよったものばかりになった。網の目のように全国を覆いつくしたコンビニは、どこに行っても同じものを売っている社会の到来を象徴する存在だろう。

体制と運動

第四の視点として「体制と運動」をあげたい。近代化の進展とともに、政治的・経済的エスタブリッシュメントの支配は動かしがたくなっていく。それを体制と呼ぶならば（もちろんその内部には激しい競合《きょうごう》がはらまれているのだが）、それに挑戦する下からのさまざまな「運動」もつねに存在した。

　これまでの地域近代史の叙述では、いわゆる政治史はあまり重きをおかれなかった。政治史は「民衆」世界とかけ離れた、汚い世界とする観念的な偏見があったのではないか。本書では、意識的に既成の「政治」の世界に紙幅《しふく》をさいている。

　そもそも「体制」を構成する政治的・経済的エスタブリッシュメントも、その出発点は下からの運動であった。自由民権運動の中核をなした野田卯太郎《のだうたろう》や永江純一《ながえじゅんいち》らの人脈は、同時に企業勃興を支えた起業家でもあった。平岡浩太郎《ひらおかこうたろう》に代表される食いはぐれた玄洋社の志士や、安川敬一郎《やすかわけいいちろう》などの旧福岡藩士が筑豊の炭鉱経営で一家をなしたのもよく知られている。

　そのようななかから、野田や永江のように政治的リーダーとして成長していくものもでてくる。また安川や平岡などと、金子堅太郎《かねこけんたろう》や団琢磨《だんたくま》などの政財界の中枢にくいこんだ旧福岡藩士人脈は、製鉄所誘致をはじめさまざまな動きの裏面で機能していた。このほか筑豊の炭鉱資本家の動向も含め、福岡県は政党の地方的基盤を考えるうえで格好の素材である。

　他方で、それら既成政治勢力に対抗的な政治運動や、労働・農民運動、部落解放運動などの社会運動があった。彼らはみずから権力核を形成することはほとんどなかったが、その存在を軽視することはできない。

　これらの社会運動やそれを基盤とした無産政党運動（戦後の革新政党）は、ついにその内部における党派間の対立・競合を克服することはできなかった。しかし、やや皮肉なことではあるが、福岡県は運動のすべての分野において、すべての党派がそれなりに有力な位置を占めていた。戦後もある時期までは社会党王国をうたわれた福岡県は、反エスタブリッシュメントの政治を考えるうえでも格好の素材なのである。

なお、本書では一八七二年十二月三日の改暦以前は陰暦の表記をしてある。

一　明治維新と地域社会

太宰府天満宮延寿王院

1　幕末福岡藩の動乱

太平洋を越えたサムライたち

慶応《けいおう》三年（一八六七）五月十一日付で、幕府の外国事務局が発行した旅券第七四号には、「松平美濃守家来井上六三郎（一六歳）」の名が記されている（江戸東京博物館図録『特別展ペリー&ハリス』）。表は和文、裏は英文で、井上は「学科修業」としてアメリカに渡航すると申請した。

松平《まつだいら》美濃守《みののかみ》斉溥《なりひろ》は第十一代福岡藩主。オランダかぶれを意味する「蘭癖《らんぺき》大名」として知られ、開明的と評されることが多い人物である（のち長溥《ながひろ》と改名するので、以下長溥と記す）。

これよりさき、慶応二年四月、幕府は海外渡航の禁を解いた。長溥は福岡藩士を長崎に送り、オランダ語・英語・フランス語を学ばせていたが、そのなかから選抜して、インド洋を越えてオランダに二人、太平洋を越えてアメリカに六人、スイスに一人を派遣した。井上良一《よしかず》（六三郎）はハーバード大学で法律学を、本間《ほんま》英一《えいいち》郎《ろう》はマサチューセッツ工科大学で鉄道工学をおさめ、明治七年（一八七四）七月に帰国した。井上は東京大学法学部の最初の日本人教授であり、本間は「鉄道交通界の恩人」（大熊浅次郎『筑紫史談』四四）である。明治四年には岩倉《いわくら》使節団に同行した旧藩主黒田長知《くろだながとも》に従って、金子堅太郎《かねこけんたろう》と団琢磨《だんたくま》が渡米し、黒田家の援助でそのまま留学する。ハーバード大学に留学して法律学を学んだ金子はのちに大日本帝国憲法を起草し、マサチューセッツ工科大学に留学して鉱山学をおさめた団は三池《みいけ》炭鉱の開発を主導し、三井合名《みついごうめい》の理事長として三井財閥を率いた。

黒田長溥の登場

黒田長溥は薩摩島津家から養子にはいり、やはり蘭癖大名といわれた第十代黒田斉清《なりきよ》のあとを継いだ。島津斉彬《なりあきら》の大叔父《おおおじ》（祖父の弟）にあたるが、斉彬より二歳年下である。長溥を藩主とあおいだことは、幕末期の福岡藩の動向に少なからぬ影響をおよぼすことになる。

長溥をさして「当時の藩公が優柔不断《ゆうじゅうふだん》であった」といったのは福岡市出身の作家夢野久作《ゆめのきゅうさく》である（『近世快人伝』）。久作は、勤王運動にさきがけた福岡藩が、薩長土肥の藩閥にくいこむことができなかったという見方、いわゆる「維新のバスに乗り遅れた」という説に立ち、その理由を藩公の優柔不断に求めた。旧福岡藩士でのちに中央政界で活躍する金子堅太郎も、長溥を名指しこそしないものの、「これ全《まった》く、筑前《ちくぜん》人が天下の形勢を察するの明《めい》なきによる」と述べている（『金子堅太郎自叙伝』）。

しかし他方で、長溥は長崎に多くの留学生を送り込み、海外に留学生を派遣し、福岡に中等教育機関として藩校の名を冠した中学修猷館《ちゅうがくしゅうゆうかん》を設立し、高等教育機関に進む者へは奨学金をだし、東京では筑前寄宿舎をおいて、金子堅太郎に学生の監督にあたらせた。

旧福岡藩士にとって、長溥の評価は両義的である。一方で時代にさきがけすぎた不幸ともいえる開明君主としての長溥があり、他方で明治維新の主流となる機を逸した長溥がある。

西洋技術の移入

福岡藩では黒田長溥によって西洋技術が導入されたが、東中洲《ひがしなかす》（現、福岡市博多《はかた》区中洲）に建設された反射炉《はんしゃろ》もその一つである。同地にいま、「福岡藩精錬所《せいれんしょ》跡」の碑が建つ。

長溥の命を受け反射炉を築造した人として磯野七平《いそのしちへい》が知られている。「長溥公御《おん》遺事　児嶋精巧《こじませいこう》氏談話」という記事には、「博多鋳物師磯野七

黒田長溥

平に内命ありて、同家に前顕《ぜんけん》ハンシャローをば築造せられました」とある（『叡智《えいち》』復刊号）。

安政《あんせい》五年（一八五八）十一月にはオランダ人カッテンディーケがここを訪れている。「藩の工場数カ所を見学した。その工場というのは、鋳鉄《ちゅうてつ》工場、製銃所《せいじゅうしょ》（ここにドクトル＝ファン＝デン＝ブルクの小型蒸気機関がすえつけられてあった）、硝子《ガラス》工場および絹糸《けんし》工場などであった」（カッテンディーケ『長崎海軍伝習所の日々』）。絹糸工場では博多織がつくられていた。

長溥の西洋への関心は青年時代からのものであった。文政《ぶんせい》十一年（一八二八）、一八歳の長溥は養父斉清に従って長崎に赴いた折、シーボルトにあい、その後も長崎に行くたびに訪問し親しく交わっている（『新訂黒田家譜』第六巻上）。

安政二年（一八五五）、幕府が長崎海軍伝習所を設けると福岡藩は多くの学生を派遣した。勝海舟《かつかいしゅう》によると二八人（「海軍歴史」『勝海舟全集』一二）、柳楢悦《やなぎならよし》によると一九人である（『水路部沿革史』）。海舟と柳とでは重複があり、実数は三八人になる。諸種の資料を勘案すると、長崎遊学生は全体では一〇〇人を超える（石瀧豊美「福岡藩士の長崎遊学」）。先に名前をあげた児島精巧は時計の技術を修得した。

また永井青崖《せいがい》の『万国輿地方図《ばんこくよちほうず》』（世界地図、弘化三年〈一八四六〉）や、日本の化学史上に名高い河野禎造《かわのていぞう》の『舎密便覧《せいみびんらん》』（安政三年）は福岡藩蘭学者《らんがくしゃ》による翻訳であるが、これらは長溥の支援を受けて制作されたものである。

福岡藩の公武周旋活動

嘉永《かえい》二年（一八四九）末から翌三年夏にかけて、薩摩藩士ら四人が福岡藩にかけこんだ。竹内伴右衛門《ばんえもん》、岩崎千吉《いわさきせんきち》、木村仲之丞《きむらなかのじょう》（のちに北条右門《ほうじょううもん》）、井上出雲守《いずものかみ》の四人である。薩摩藩では藩主島津斉興《なりおき》の後継をめぐり、斉彬と弟久光《ひさみつ》のどちらを立てるかで争いが起きた（お由羅《ゆら》騒動)。四人は斉彬派への弾圧を逃れて、島津家の親戚で斉彬とも親しい長溥を頼ったのである。
福岡藩の平野国臣《ひらのくにおみ》は宗像大島《むなかたおおしま》に隠れ住んでいた斉彬の側近北条右門と知りあい、やがて勤王運動、討幕論へと歩みを進めることになる。国臣は藩を越えて久留米《くるめ》の真木和泉守保臣《まきいずみのかみやすおみ》、薩摩の西郷隆盛《さいごうたかもり》と交際した先駆《せんく》的な勤王家である。文久《ぶんきゅう》三年(一八六三)の政変ののち、但馬生野《たじまいくの》で挙兵してとらえられ、京都の六角獄舎《ろっかくごくしゃ》で惨殺《ざんさつ》された。

文久三年京都の朝廷にあって長州藩と歩調をあわせていた尊王攘夷《そんのうじょうい》派の公家《くげ》三条実美《さんじょうさねとみ》らは、薩摩藩と会津藩が手を結んだ八月十八日の政変によって京都を追われ長州藩を頼った(七卿落ち《しちきょうおち》)。翌元治《げんじ》元年(一八六四)、長州藩兵が京都に攻めのぼり、御所へ向けて攻撃した(禁門《きんもん》の変)。七月二十三日、幕府は長州追討《ついとう》の勅命《ちょくめい》を受け、三十数藩を動員して朝敵となった長州藩との開戦に備えた(第一次長州征討《せいとう》)。

この間の福岡藩の立場はどのようなものだっただろうか。長溥・長知《ながとも》父子は、公武合体による国内の一致と武備充実に基づく攘夷実行という方針のもとで、公武周旋《しゅうせん》活動を行おうとしていた。福岡藩の周旋(和平工作)活動は、八月十八日の政変後には長州藩に同情的なものとなり、同藩への寛大な処分を求めるとともに、薩長の和解をもはかっていた。その背景には藩内における尊王攘夷派の活発な活動があった。福岡藩尊攘派には、脱藩して三条実美の側近となっていた中村円太《えんた》を介して、長州藩尊攘派からの強い働きかけがあった(梶原良則「文久期における福岡藩の政治動向」『福岡大学人文論叢』25-3)。

第一次長州出兵後、黒田長溥は長州攻撃を避けるために周旋に乗りだした。長溥は長州との合戦によって全国の人心が動揺し、外国につけこまれることを恐れていた。長州へは建部武彦《たてべたけひこ》らを派遣し、加藤司書《かとうししょ》は広島で征討《せいとう》総督徳川慶勝《とくがわよしかつ》(先々代尾張藩主)と会見するなど、長溥の意を受けて多数の家臣が奔走《ほんそう》した。司書は西郷隆盛とともに総督を説き、十二月二十七日、ついに解兵に決した。そのときの条件の一つが、長州藩にかくまわれている五卿（七卿のうち一人は病死、一人は脱走）を筑前に移すことであった。

『新訂黒田家譜』は、このとき、月形洗蔵《つきがたせんぞう》らが長溥の命によって薩長二藩のあいだを調停したことを特筆している。敵対関係にあった薩長の同盟（薩長連合）は坂本龍馬《さかもとりょうま》の功に帰せられるが、筑前がそれに先んじていたというのが旧福岡藩士の史観であり、それは後年までさまざまな形で継承された。

征長《せいちょう》軍解兵の条件として五卿は九州へ移された。五卿とは三条実美・三条西季知《さんじょうにしすえとも》・東久《ひがしく》世通禧《ぜみちとみ》・壬生基修《みぶもとおさ》・四条隆謌《しじょうたかうた》をいう。慶応元年（一八六五）二月十三日、五卿は太宰府延《だざいふえん》寿王院《じゅおういん》にはいった。

短い勤王政権

この年、福岡藩では勤王《きんのう》家と因循《いんじゅん》家（佐幕《さばく》派）の対立が深まった（「維新見聞記」）。その理由の一つが五卿受入れの可否であった。因循家の重役とみられた家老浦上数馬《うらかみかずま》をはじめ野村東馬《のむらとうま》・久野将監《ひさのしょうげん》（一角《いっかく》）らが退職を願い出る一方、勤王家が登用され、用人《ようにん》加藤司書が家老にのぼり（二月十一日）、建部《たてべ》武彦が用聞《ようきき》に、月形洗蔵は町方詮議懸《まちかたせんぎがかり》に任じられた。

月形は五卿の長州からの渡海条件として、長州藩への寛大な処分を確約させようとするなど、四国連合艦隊の下関砲撃を機に藩論が転換して窮地に陥っていた長州藩尊攘派の支援を画策していた。このような活動は福岡藩の方針とはかかわりなく進められた尊攘激派の独自行動であり、それはやがて彼らと藩主長溥とのあいだに乖離《かいり》を生むことになる。

藩主の反対を押しきって加藤司書の家老任命を実現した慶応元年の政変は、正義派と称される中老《ちゅうろう》（家老をだす家柄）の多数派の実権掌握を示すものである。しかし、尊攘派のエネルギーを利用しつつ、朝廷や幕府の忌諱《きき》を恐れず、薩摩藩をはじめとする雄藩《ゆうはん》との連合に活路をみいだそうとする正義派家老中と、彼らの動向を藩主権力の制約として反発する長溥・長知父子の対立は、抜き差しならぬものとなっていった。

五月二十三日、加藤司書が突如罷免《ひめん》された。長溥は正義派家老中と尊攘派の一掃を決意し、実行するにいたったのである。七月から八月にかけて、加藤司書・建部武彦・月形洗蔵ら数十人が一斉に捕縛《ほばく》・投獄《とうごく》、あるいは一族預《いちぞくあず》けとなった。十月、加藤・建部ら七人が切腹、月形ら一四人が斬罪《ざんざい》、野村望東尼《のむらぼうとうに》ら一五人が島流し、そのほか、自宅での牢居《ろうきょ》などの処分がくだり、筑前勤王派は壊滅した。いわゆる「乙丑の獄《いっちゅうのごく》」（慶応元年は干支《かんし》で乙丑《きのとうし》の年にあたる）である。入れかわるように浦上数馬・野村東馬・久野一角が政権に復帰した。

黒田長溥の意を体して長州藩を助けるために動いた勤王家らが、わずか三カ月余で失脚することになった事態を、謎と考える立場もある。しかし近年の研究は、加藤罷免の直前の段階で、正義派家老中と長溥の対立が、政治的存亡をかけた抜き差しならないものとなっていたことを示している（梶原良則「福岡藩慶應元年の政変」）。

彼らの対立は単に藩内の主導権争いにとどまらず、緊迫する政治過程と連動していた。慶応元年四月に幕府は長州再征の方針をだすが、鹿児島藩は出兵拒否の態度をとった。これに同調しようとする正義派家老中に対して、幕府主導の公武合体路線に回帰しようとした長溥の対立が深まったのである。

加藤司書銅像（絵葉書。福岡市西公園）　戦時中に供出し，現存しない。

雄藩連合からの脱落

慶応元年（一八六五）の時点で薩摩・長州・筑前は肩をならべ提携する関係にあった。しかし筑前はそこから脱落した。このことをもって、さきにみた旧福岡藩士の歴史観が説かれる。しかし長溥と正義派家老中の対立が頂点に達しつつあった五月に、京都の政局を主導していたのは、禁裏御守衛総督《きんりごしゅえいそうとく》であった徳川慶喜《よしのぶ》（一橋《ひとつばし》徳川家当主）、京都守護職《きょうとしゅごしょく》の松平容保《まつだいらかたもり》（会津藩主）、京都所司代《しょしだい》の松平定敬《さだあき》（桑名藩主）による、いわゆる一会桑《いっかいそう》政権であり、雄藩連合の中心たるべき薩摩藩はそこから排除されていた。長溥が雄藩連合路線を拒否したとしても、それは当時の政局のなかで、ありうる一つの判断であった。

政治過程としてみればとくに不思議はない幕末福岡藩の政治動向も、近代化の実現という明治維新の果実をみた後世の目からは、やるかたない悔恨の対象となる。そこで、勤王派への弾圧にはさまざまな解釈がなされる。たとえば「犬鳴御別館事件《いんなきごべっかんじけん》」（いぬ）と呼ばれる出来事がそれである。

「事件」とは、加藤司書が当主長溥を隠居させて閑地《かんち》におき（幽閉のニュアンスがある）、世子慶賛《よしすけ》（のちに長知）を擁して佐幕派を一掃しようとしたというものである。また「維新見聞記」によれば、福岡藩士団尚静《だんなおきよ》（団琢磨の養父）が三条実美ら五卿から、長溥を、福岡市東方の人里離れた犬鳴山中につくられた、藩主の別邸「犬鳴山之御別館」に押し込み、世子慶賛を押し立てて、長州と申しあわせ、福岡藩はあげて勤王に向かうという計画であるという秘密を明かされたという。団はそれを長溥・慶賛に密告したため、長溥が先手を打って、勤王派の切捨てになったというのである。

ほかにもあるが、これらはいずれも伝聞であり、しかも「事件」といいつつ、その中味は個々ばらばらである。後世の目からみて一貫したものをさがそうとすれば、政局の激変は謎である。しかし短期間に変転する政治状況のなかで、薩摩も長州も藩内の政治力学はめまぐるしく変動している。幕末において、藩内政治の変動をまぬがれた藩など存在しなかったと考えるほうが妥当なのではなかろうか。

長州再征の動員令がくだったのは慶応元年（一八六五）十一月。九州では熊本藩・柳《やな》川《がわ》藩・小倉《こくら》藩が下関《しものせきぐち》口の一之先《いちのさき》（一番手）、福岡藩・佐賀藩・豊後《ぶんご》岡《おか》藩・島原《しまばら》藩が二之《にの》先《さき》（二番手）を命じられた。

長州戦争と小倉藩

小倉藩小笠原《おがさわら》家は譜代大名として九州の大名を監察する立場にあり、狭い関門海峡を挟んで長州藩と相対していた。当主の忠幹《ただよし》はすでに九月六日に死亡しており、小倉藩は数えで四歳にすぎない忠忱《ただのぶ》を後継にあおいだ。

慶応二年六月七日、長州藩（周防《すおう》・長門《ながと》の二国）を囲む安芸《あき》・石見《いわみ》・豊前《ぶぜん》との境界および瀬戸内海の周防大島《すおうおおしま》の四方面で戦闘が始まり、緒戦《しょせん》から戦況は征長《せいちょう》軍に不利に推移した。長州藩兵は六月十七日に田野浦《たのうら》（門《も》司《じ》）へ、七月三・二十七日には大里《だいり》（いずれも現、北九州市門司区）に上陸し、小倉藩兵が迎え撃った。田野浦では小倉藩家老島村志津摩《しまむらしづま》が奮戦し、大里でも支藩小倉新田《こくらしんでん》藩主小笠原貞正《さだまさ》が指揮して激戦となった。熊本藩兵は戦闘に参加したが、福岡藩をはじめ他藩は動かず、熊本藩も撤兵した。柳川藩以下の諸藩がこれに続き、副総督として征長軍の指揮をとった老中小笠原長行《ながみち》（肥前唐津《ひぜんからつ》藩主）も唐津へと退去したため、八月一日、小倉藩はみずから城に火を放って田川《たがわ》郡香春《かわら》（現、香春町）へと陣屋《じんや》を移した。このため、小倉市街も火につつまれた。

小笠原長行の戦線離脱（七月三十日）は無責任の極みだが、七月二十日に将軍徳川家茂《いえもち》が大坂で死去した報を受けてのことであろうと考えられている（『北九州市史』）。

長州藩と小倉藩・熊本藩の戦闘を目前にしながら、他藩が傍観を決め込んだのは、第二次長州征討を大義名分のない、幕府の私戦とみたことが理由の一つで、ほかにも薩長連合の密約に基づいて、薩摩藩が公然と出兵を拒否するなど、幕府側にも足並みの乱れがあった。

長州戦争と小倉藩の民衆

小倉藩の大庄屋《おおじょうや》支配区域を手永《てなが》という。仲津《なかつ》郡国作《こくさく》村（現、京都《みやこ》郡みやこ町）に大庄屋がいたのでその区域を国作手永と呼び、慶応二年（一八六六）には一五カ村が所属した。国作手永大庄屋の昇右衛門《しょうえもん》が残した記録に長州戦争の模様、民衆の負担が詳しく書かれている（『慶応二年丙寅《へいいん》　豊前《ぶぜん》国仲津郡国作手永大庄屋御用《ごよう》日記』）。

開戦前から小倉藩は各手永に大量の物資の調達を命じていた。軍用の草鞋《わらじ》・馬沓《うまぐつ》（馬の草鞋）・松明《たいまつ》、搗《つ》き立《た》てた米（白米）などである。また村には農兵として番所勤務が課せられ、藩士が家来を農村から募集する「譜《ふ》代召《だいめ》し抱《かか》え」や、軍役夫《ぐんやくふ》としての動員があった（同前「解題」）。これらは結果として農村の人手不足を招いたが、小倉藩は、人手不足を理由に田畠の手入れに不備があってはならないと厳しく達した。六月十七日、合戦が始まると「人足之分《にんそくのぶん》は残らず遁《に》げ去《さ》」ったが、翌日にはふたたび繰りだした。村に、逃げ帰った者の探索を命じたからだ。

戦地からの手紙（二十日）には、「只今《ただいま》にては長兵《ちょうへい》も残らず引き取り、焼け跡哀《あわ》れに百姓・漁夫路頭《ろとう》にさまよい申し候」とある。田野浦では民家が焼き払われたのである。

戦場となった小倉藩では民衆の日常の暮らしが、戦時体制へと変化していた。日記にはたんたんと手紙や達し書が書き留められているが、民衆は生活の困難、生命の危険や恐怖にさらされていたのである。

落城と豊津への移転

『（豊前国仲津郡）国作手永大庄屋御用日記』には、小倉城自焼《じしょう》についての一つの触《ふ》れが記録されている（八月一日）。それによると、「御城ならびに市中焼き払い」は、城が海辺に近く防御に不便なこと、軍法のうえでのことから（作戦として）ひとまず殿様が田川郡に引き払ったもので、「恐怖致さざるよう」と説いている。

同日、小倉城炎上をみた民衆は敵兵襲来に備えて竹槍を携えて海岸部に集まり、敵方の年貢徴収《ねんぐちょうしゅう》を妨げようと検地帳《けんちちょう》などの帳簿を焼きすてた。京都郡では大庄屋宅は残らず打ちくずし、焼き払い、仲津郡でも翌二日に一揆が起こり、大庄屋宅などが同じ被害にあった。一揆《いっき》は築城郡《ついき》へも波及した。

長州追討を命じた将軍家茂の死（七月二十日）、小倉方面を指揮した老中小笠原長行の離脱（七月三十日）、九州各藩の部隊の帰国により、小倉藩は孤立無援に陥った。七月三十日の軍議で、城を敵に渡さないために自焼して撤退すると決し、田川郡香春に藩庁をおいた。藩主一家は熊本まで落ち延びることとなり、秋月《あきづき》街道の宿場町である大隈《おおくま》・千手《せんず》（現、嘉麻《かま》市）では数日にわたって人馬を提供するなど混雑したという。

慶応三年（一八六七）一月、長州藩と小倉藩のあいだに和議が整い、長州藩の占領下にあった企救《きく》郡（小倉城を含む）はそのまま長州藩預かりとなった。このため小笠原家は小倉城に帰還できなくなった。士族は仲津郡・京都郡・築城郡などに移住したので、城下町小倉の住人は旧町人層のみとなった。香春藩は仲津郡錦原《にしきばる》であらたな藩庁建設を開始し、明治元年（一八六八）十一月に移転した。錦原は豊津《とよつ》と改められたので豊津藩となり、廃藩置県後に成立した県名は豊津県となったのである。

長州藩の支配と企救郡の一揆

小笠原家が香春に移ったとき、企救《きく》郡の六つの手永の大庄屋は全員が行動をともにした。このため企救郡の民政機構は責任者不在となって弱体化した。小倉を含む企救郡を支配するために長州から進駐したのは前原一誠《まえばらいっせい》で、長州藩は民事局《みんじきょく》（下関）の出張所を小倉においた。

戦後の混乱期をすぎると、民政取捌所《みんせいとりさばきしょ》（のちに撫民《ぶみん》局）へと移行し、長州藩の藩札の流通を整理するなど、民生の安定につとめるようになった。慶応三年（一八六七）一月の和議で企救郡は正式に長州藩の管理下にはいった。明治二年（一八六九）一月、本陣《ほんじん》に代官を派遣し、新設した大庄屋上役《うわやく》も長州藩から任命し、その下に大庄屋・庄屋などの役職を再建した。

明治二年秋は二年続きの不作となり、小倉城下町の経済の再生もならず、戦災を引きずっていた民衆の生活苦もあった。そのようななか、同年十一月十八日、庄屋の不正への疑惑から騒動が起き、企救郡一帯に広がった。参加者は一万二〇〇〇人とも一万五〇〇〇人ともいわれ、絞罪《こうざい》一人、流罪《るざい》以下一三人の処分がくだされた。

一揆が沈静化したのち、二十三日に村からだされた上申書《じょうしんしょ》によると、長州藩支配になって年貢負担などの個人別明細がだされていないことなどから、不信・不満がつのっていたことがわかる。年貢の負担額などについて村役人からの説明がなかったため、庄屋らが私腹を肥やしているのではないかとみられ、村役人らの罷免を求めたのである。先頭に立って庄屋の不正を糾弾《きゅうだん》し、一揆の指導者と目《もく》された九右衛門《きゅうえもん》が死刑となり、告発された大庄屋三人も三〇日から一〇〇日の入牢《にゅうろう》となった（『北九州市史』）。

福岡藩の奥州戦争

慶応三年（一八六七）十月十五日、第十五代将軍徳川慶喜が国の統治（大政《たいせい》）を天皇に返上し（大政奉還《ほうかん》）、朝廷に政権が移った。十二月九日には王政復古《おうせいふっこ》の大号令《だいごうれい》となり、やがて翌四年一月三日、大坂から京都にはいろうとする徳川方と薩摩・長州藩の兵が衝突した（鳥羽《とば》・伏見《ふしみ》の戦い）。徳川勢は薩長の掲げる錦《にしき》の御旗《みはた》に抗する形となり、慶喜は朝敵として追討されることになった。これが、翌明治二年（一八六九）五月の五稜郭《ごりょうかく》の戦いまで続く戊辰《ぼしん》戦争の始まりである。

福岡藩の戊辰戦争参加兵力は、蒸気船乗組員・陪臣《ばいしん》・傭兵《ようへい》・軍夫《ぐんぷ》を含め二三七〇人（上表参照）で、福岡藩の国力相応の兵員からみると、かなり少なかった（安川巌《いわお》『物語福岡藩史』）。

江戸城の無血開城《むけつかいじょう》、彰義隊《しょうぎたい》の戦いののち、戦線は東北地方に広がった。朝敵とされた会津藩・庄内《しょうない》藩の赦免《しゃめん》嘆願《たんがん》に始まる奥羽列藩同盟《おううれっぱんどうめい》は、やがて越後《えちご》の諸藩を加えて奥羽越《おううえつ》列藩同盟（三一藩）となり、新政府軍に敵対した。福岡藩は主として江戸周辺で幕府軍と戦い、また仙台藩・庄内藩との戦闘に参加した。福岡藩の戦死者は六六人と記録されているが、深手をおってのちに死亡した者は数えられていない可能性がある。

戊辰戦争出兵・戦死・負傷者数

藩名	藩主名	出兵人員	戦死者	負傷者
福岡	黒田長知	人 2,370	人 66	人 84
秋月	黒田長徳	222	—	—
小倉	小笠原忠忱	1,008	9	11
千束	小笠原貞正	60	—	—
久留米	有馬頼咸	1,125	11	16
		内箱館243	1	9
柳川	立花鑑寛	320	5	17
三池	立花種恭	16	—	3

「明治元年奥羽出兵及び死傷人員表」。安川巌『物語福岡藩史』による。

庄内藩を相手にした追討軍は劣勢に立たされていた。その救援のため、八月八日、動員に応じて福岡から秋田に派遣されたのは三三七人、そのうち、半数以上の一八九人が勇敢隊《ゆうかんたい》であった（安川巌前掲書）。勇敢隊は浪人や無頼の博徒《ばくと》などで組織され（『見聞略記《けんぶんりゃくき》』、「維新見聞記」『新修　福岡市史』資料編）、総数五〇〇人ほどを砲術方《ほうじゅつかた》津田武右衛門《つだぶえもん》が率いてイギリス式調練《ちょうれん》をほどこした。出陣すれば一人につき金一五両、のちに二人扶持《ぶち》で召しかかえるという契約があったようである。先頭に立って戦ったのが、のちに博多の侠客《きょうかく》として勇敢仁平《にへい》の異名をとった大野仁平である。

最後の老中となった三池藩主

立花出雲守種恭《たちばないずものかみたねゆき》は幕末期の筑後三池《ちくごみいけ》藩主で、江戸城に出仕して大番頭《おおばんがしら》、若年寄《わかどしより》をへて慶応四年（一八六八）一月十日、老中格《ろうじゅうかく》兼会計総裁《かいけいそうさい》に任じられた（三三歳）。大政奉還後のことであり、すでに慶喜は将軍でもないし、徳川幕府も存在しない。いいかえると、種恭は一大名としての徳川家の老中となったのである。

しかも三池藩は、立花種恭の時期、領地が二分されていて、筑後国三池と陸奥《むつ》国下手渡《しもてど》（現、福島県伊達《だて》市）をあわせてちょうど一万石。したがってどちらに陣屋をおくかで、藩名も下手渡藩、もしくは三池藩と称した。一万石では城は築けないので政庁を陣屋という。

種恭は大きな困難を背負い込んでいた。みずからは徳川家を支える老中格、しかも三池藩の家来は久留米・柳川藩の影響を受けて勤王派であり、下手渡の家来は反薩長の奥羽越列藩同盟に属していたのである。種恭は二月一日、病床に伏したまま老中を辞した。老中在職は一カ月に満たない。

二月二十六日には東叡山《とうえいざん》に屯集した彰義隊《しょうぎたい》から、隊長として指揮してほしいと申し入れられたが断った。その後、いったん下手渡にいき、ついで家族をつれて江戸から三池へ向かう途次、京都に立ち寄った際、五月十五日、出兵して奥羽鎮撫使《おううちんぶし》の指図《さしず》を受けるよう命じられた。

下手渡周辺には仙台藩から兵隊を配置していたが、下手渡藩は三春《みはる》（福島県）の官軍に呼応しようとしたため、八月十六日、仙台藩が下手渡の陣屋を襲撃し、焼亡した。十一月二十五日、三池への「在所替《ざいしょが》え」が認められ、明治二年（一八六九）一月四日、種恭は三池に帰着した。

明治初年の政治不安と諸藩の混乱

慶応三年（一八六七）十月の大政奉還から翌年一月の鳥羽・伏見の戦いへと、政治情勢が逆転し、久留米藩でも佐幕派から勤王派へと政権が交代した。勤王派が釈放され、翌年一月、佐幕派の参政《さんせい》不破《ふわ》美作《みまさか》が暗殺された。藩主有馬頼咸《ありまよりしげ》はなお徳川慶喜支持の姿勢をくずしていなかったが、その背景にいた不破が暗殺されたことで、頼咸はようやく勤王派を重んじる姿勢に転じたという。水野正名《みずのまさな》が参政として久留米藩に復帰すると、佐幕派と目された人びとを政権から追い、明治二年（一八六九）一月には今井栄《いまいさかえ》ら九人が命によって自刃した（『久留米市史』）。水野が依拠したのが慶応四年六月、長州藩の奇兵隊《きへいたい》にならって編成された応変隊《おうへんたい》だった。応変隊は正規の藩兵以外に、農商・無頼の徒からつのり、戊辰戦争にも従軍した。

久留米藩に限らず、戊辰戦争から凱旋した兵士の多くは依然として尊王攘夷派であり、幕末に脱藩して草莽《そうもう》の臣《しん》を自認し、横断的に活動しながら倒幕諸隊《とうばくしょたい》に加わっていた者も多かった。彼らは維新革命を達成した主力軍隊であり、開明政策を推進しようとする新政府にとって厄介な存在だった。

長州藩では奇兵隊をはじめとする諸隊を解散し、一部を常備隊《じょうびたい》に再編成しようとしたが、除隊させられた兵士らが反発し、明治二年末に大規模な暴動に発展した。これは脱隊《だったい》騒動として知られている。木戸孝允《きどたかよし》は徹底的な鎮圧をはかり、翌年二月にいたってようやく暴動はおさまったが、不穏な動きは九州にも広がった。久留米藩、柳川藩もその拠点であった。

そのような状況下で、脱隊騒動の指導者大楽源太郎《だいらくげんたろう》が九州に逃れ、大楽は久留米藩にかくまわれる。久留米藩では藩知事《はんちじ》有馬頼咸、大参事《だいさんじ》水野正名らが藩をあげて荷担しているとみられていた。明治三年十一月には、脱隊騒動の隊士による日田《ひた》県庁襲撃計画が発覚し（未発）、引き続いて日田で一揆が勃発するなど、新政府を刺激する事件が続発した。

さらに明治四年正月には、参議《さんぎ》広沢真臣《ひろさわさねおみ》の暗殺事件が起こった。その捜査中に、攘夷派の公卿、愛宕通旭《おたぎみちてる》と外山光輔《とやまみつすけ》を擁する反政府活動が発覚する。久留米城は接収され、藩知事の有馬頼咸は東京の藩邸で謹慎、大参事水野正名は終身禁獄《しゅうしんきんごく》となり、のち弘前監獄《ひろさきかんごく》で獄死する。大楽源太郎は逃亡をはかるが久留米藩士に殺され、二人の公卿は同年末に切腹させられた。柳川藩士でも、愛宕事件に連座して古賀十郎《こがじゅうろう》らが斬罪《ざんざい》に処され、大楽源太郎との関連でも多くの藩士が禁獄に処されている。のちに初代福岡市長となる山中立木《やまなかたちき》も、京都で愛宕・外山らの動きに関係していた。

これらの事件は、廃藩置県直前の不安定な政情を反映しており、福岡県の諸藩がそのような政治状況の渦中にあったことを示すものである。

福岡藩の贋札事件

明治三年（一八七〇）に明るみにでた贋札《がんさつ》事件は、福岡藩が太政官札《だじょうかんさつ》（金札《きんさつ》）を偽造した贋金《にせがね》事件として知られる。ただし、旧幕時代の通貨である一分銀《いちぶぎん》・二分判《にぶはん》（二分《にぶ》金《きん》に同じ）・天保銭《てんぽうせん》も偽造したので、贋札《がんさつ》・贋金《がんきん》大事件ともいわれる（「維新見聞記」『新修　福岡市史』資料編）。明治七年の調査では、旧福岡藩領で流通したのは贋金二一万五〇〇〇円余、金種《きんしゅ》は「藩造銀台二分判《ぎんだいにぶはん》」であった。『世外侯事歴《せがいこうじれき》　維新財政談』（「世外侯」は大蔵大輔《おおくらたいふ》をつとめた井上馨《いのうえかおる》）に、「贋金は芸州《げいしゅう》の贋造二分金が性合《しょうあい》が悪い、筑前が一番良かった。それから薩州でございます。その外《ほか》、国々でやったので御座《ござ》います」という発言が記録されている（平井栄三郎）。贋金造りはいろいろな藩で行っていて、なかでも福岡藩は品質がいちばんよかったのだ。一罰百戒《いちばつひゃっかい》の方針のもと、福岡藩だけが摘発され、厳しい処分がくだされた。

贋札の製造・行使で弾正台《だんじょうだい》の捜索《そうさく》を受けたのは明治三年七月である。これよりさき、戊辰《ぼしん》戦争による多大な戦費の負担と凶作から財政困難に陥った福岡藩は、城内の空屋敷《あきやしき》で太政官札の偽造を始めた。問題は藩知事黒田長知《くろだながとも》（長溥《ながひろ》の養子）がそれを指示、ないし黙認していたかどうかであった。翌四年四月、黒田長知は召喚《しょうかん》を受けて上京した。

福岡県の成立

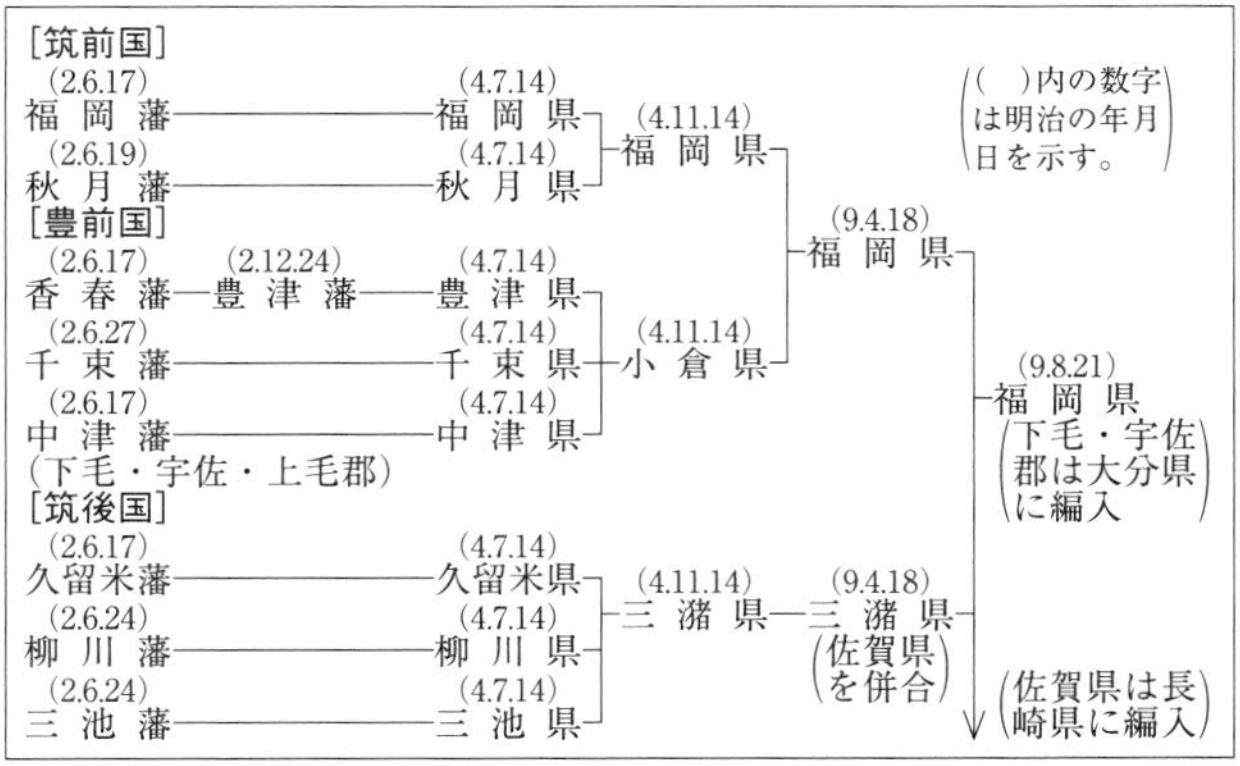

七月二日、福岡藩贋札事件の処分がくだり、大参事立花増美《たちばなますみ》・同矢野安雄《やのやすお》・権《ごん》大参事小河愛四郎《おごうあいしろう》・少《しょう》参事徳永織人《とくながおりと》・司計局《しけいきょく》判事三《み》隅伝八《すみでんぱち》の五人は死罪。以下、流罪、徒罪《ずざい》、贖金《しょくきん》などの処分が宣告された（すべてで一三〇人）。大参事は旧家老クラスで、それが斬罪となるのは当時として非常に厳しい処分だった。

贋札事件は、幕末の勤王派弾圧事件（乙丑の獄）とならんで、のちのちまで福岡人士《じんし》の大きな心理的な傷として残ったと思われる。維新への乗り遅れ史観を構成する一要素となった点では、その後の旧福岡藩士の政治動向にも影響をあたえたといえるだろう。

3 過渡期の騒擾

廃藩置県

明治四年（一八七一）七月十四日、太政官政府は廃藩置県の詔書《しょうしょ》を公布した。これにより、福岡藩が福岡県と名を改めたのをはじめ、旧藩名を冠した各県が誕生した（前頁表参照）。これより前の府藩県三治制《ふはんけんさんちせい》のもとでは、「県」はかつての幕領を称したものであり（長崎県・日田県など）、太政官政府の直轄地を意味した。廃藩によって旧大名、すなわち各藩の知事（正式な官名は知藩《ちはん》事《じ》）は解任され、東京在住を命じられた。県政の発足は中央集権のいっそうの進展にほかならなかった。

有栖川宮熾仁親王

だが、県政が開始された当初、ただちに後任の知事が任命されたわけではない。多くの県では、藩政当時のまま、旧家老クラスに相当する大参事が行政にあたった。たとえば、秋月県の場合、知事の発令がないまま福岡県に統合されている。福岡県だけは事情が違っていた。福岡藩は前年に太政官札贋造《がんぞう》事件が摘発され、藩知事黒田長知は四月以来上京中であった。七月二日、長知は在京のまま知事免官、閉門四〇日の処分を受けた。ここに、慶長《けいちょう》五年（一六〇〇）黒田長政《ながまさ》が入国してより二七〇年余におよぶ黒田家の支配は完全に終りを告げた。全国的な廃藩にさきだつこと一二日、福岡藩は実質的に廃藩を迎えたのである。同じ七月二日、後任の知事に任じられた有栖川宮熾仁《ありすがわのみやたるひと》親王は、四日、民部《みんぶ》省・大蔵《おおくら》省の官員七人とともに横浜を出港、十日に福岡に着任した。在任中の七月二十二日に廃藩置県の詔書を受けた有栖川宮は、そのまま初代福岡県知事に就任した。

民衆の不安

有栖川宮熾仁親王が着任すると、長知の父黒田長溥《ながひろ》らは福岡城を退去して、旧家老の浜《はま》屋敷にはいって謹慎した。旧藩主一家が東京に移るという噂が流れ、七月下旬にはいると、郡々百姓から「これまでの通り、なにとぞお国表《くにおもて》へご住居あらせられ候よう」と、上京引留めの嘆願書がだされた。実際に廃藩置県の詔書がもたらされ、旧藩主一家は残らず上京することになると、八月には郡《ぐん》・町《ちょう》・浦《ほ》から上京引留めの嘆願がだされた。ことに八月九日には表糟屋郡《おもてかすや》二八カ村の庄屋が県庁に押しかけて嘆願する騒ぎとなった。このため県では、十三日に福博両市中、十四日から十六日には郡々浦々に、権大参事がでむいて説得にあたった。

八月二十一・二十二日の両日、黒田長溥は福岡の旅館に旧藩士族・卒八〇〇〇余人を招いて別離の挨拶を交わした。二十三日未明、長溥以下福岡藩主黒田家の一族、支藩秋月藩主黒田家の人びとが旧藩船環瀛丸《かんえいまる》に乗船し、東京へと向かった。浜辺にはまだ暗いうちに群衆が集まり、「浜手《はまて》は一面に士族・卒・平民に至るまで所せまきまで群集をなし」別れを惜しんだ（『維新見聞録』）。民衆にとって旧藩主の上京こそ、廃藩置県を実感させるものであったにちがいない。旧来慣れ親しんだ一つの世界が消滅したのであった。

黒田家の東京移住に不満をいだいていた民衆は、遠賀《おんが》・鞍手《くらて》・嘉麻《かま》・穂波《ほなみ》の各郡で所々に張り紙をし、年貢上納反対を訴えている（『維新見聞録』）。年貢不納は近国でも行われているという風聞もあった（『横田徐翁《よこたじょおう》日記』明治四年十月二十一日）。

これらの動きは、旧藩主の上京という事態がもたらしたものにちがいなく、一般の民衆が廃藩置県をどう受けとめていたかを示すものだった。旧藩主一家の東上《とうじょう》は、年貢をおさめる相手の「不在」にほかならない。年貢不納は、民衆が旧藩主一家の再住を願うあまり、発足したばかりの県には年貢をおさめる筋合いはないとして、行動にでたものであったと考えられる。年貢不納の動きには、二年後、明治六年の筑前竹槍《たけやり》一揆において、旧藩知事の帰国要求が掲げられたことにも通ずるものがあった。

旧豊津藩の場合

廃藩置県によって、豊津《とよつ》藩（もとの小倉藩）知事を免官となった小笠原忠忱《ただのぶ》は、九月十九日、東京への船に乗るため沓尾浦《くつおうら》へと向かった。県では、民衆に知事追慕《ついぼ》の情念のあまり動揺のきざしあるを察し、あらかじめ説諭《せつゆ》を加えるとともに要所に官員・士族・卒を配置し、警戒にあたった。しかし、間道をへて沓尾浦にいたった民衆は、忠忱の通路に立ちふさがって、移住の中止を訴えた。説諭のうえ、一筋の通路を開かせると、忠忱は「押して乗船」した。

沓尾浦からの帰途、田川郡の百姓は米価下落・諸物価高騰・庄屋不正糾弾を叫んで一揆を起こした。庄屋・商家・富家が打ちこわしにあい、九月二十二日ごろには平穏に帰したが、忠忱一行は一揆さなかの二十日早暁《そうぎょう》、出港していった。一揆の処分は翌年くだり、二人が絞罪(死刑)、一六人が徒《ず》三年に処された(『田川市史』)。

このように、旧藩主の移住はけっして平穏に行われたわけではない。十月五日付の太政官布告は、「今般廃藩に付き、各地方において奸民《かんみん》ども徒党《ととう》を結び、陽《よう》に旧知事惜別《せきべつ》を名《な》とし、ほしいままに人家を毀焚《きふん》し、あるいは財物を略奪《りゃくだつ》候などの暴動に及び候者、往々《おうおう》これあ」り、場合によっては鎮台《ちんだい》を動員してでも平定するように指示している。各地に同様の事態が起こっていたのである。

地域社会の文明開化

福岡城内三ノ丸の御館《おやかた》は藩主の居館で、日常の政務をとる役所でもあった。ここが、福岡県庁になったので、一般民衆も自由に城内を行き来するようになった。県庁表門の脇には飲食店が二軒でき、県庁出入りの人びとに酒食を供したので、城内でかつて聞いたこともないこと、「諸人仰天《しょじんぎょうてん》」したという(『維新見聞録』)。封建制の社会に育った人びとに、文明開化の波は容赦なく押しよせた。

県庁は、畳《たたみ》を取り除いて板張《いたば》りになり、職員は「曲彔《きょくろく》(椅子《いす》のこと)に懸かり、タアフル台とか相唱《あいとな》え候高《たか》机《つくえ》の様《よう》なるもの(テーブルのこと)に向い合い」ならび、知事有栖川宮熾仁親王はそれを一目にみわたす場所で政務をとった。今日ではあたりまえのような光景だが、身分制度に慣らされた人びとには、身分の異なる者が

有栖川宮熾仁親王在任中の福岡県庁表御門　菊の紋章入りの幕が張ってある。福岡城内にあった県庁は，明治９年には福岡因幡町へ移転する。

同室するなど、想像もつかない出来事であった。

士族の商法が流行した。士族同士顔をあわせれば、「我は何を売るべし、我等は何を商うべし」という話題だけで、わずか数年前の慶応年間ごろのことなどいおうものなら、「旧《きゅう》弊《へい》いまだ去らず」と笑い者にされるほどであった（『横田徐翁日記』明治四年十二月三十日）。

明治四年（一八七一）十月、東京から長崎まで電信をとおすため、電信柱の設置が始まる。福岡大名町の（旧）町役所が電信局に転用され、外国人の技師が地方をまわって、五〇間（約九〇メートル）ごとに電信柱を立てていく。しかし夜のあいだに柱を切り倒したり、ぬきすてたりする者があった。電信の原理が理解されないなかでは、恐怖心をあおるだけだったのである。

また、明治四年秋ごろから福岡・博多（福博）に人力車が登場し（『横田徐翁日記』）、乗る人多く、たちまちのうちに世間に流行した（『見聞略記』）。士族のなかからも車夫に転向する者のあることが評判になっている。明治三年に発明された人力車の普及はめざましかった。福岡でも、明治六年には人力車・車力《しゃりき》をあわせて一〇〇〇台を超え、福博の目抜《めぬ》き通りで「車に乗らぬは稀《ま》れ」といわれる盛況であった（『維新見聞録』）。

慶応二年（一八六六）ごろから諸国の士族・卒に惣髪《そうはつ》（月代《さかやき》を剃《そ》らない髪型）が流行しはじめ、翌三年からは福岡でも士族が惣髪を願い出るようになった。明治元年（慶応四）になると、もはや願いもださず、「勝手次第《かってしだい》われもわれも惣付《そうつ》けと相成《あいな》」った（『横田徐翁日記』）。髪型は身分の高下の象徴であったから、このような髪型の変化は、身分意識の衰退を反映していたとみることもできる。しかし「郡在《ぐんざい》の者はいまだ散髪少なし」（『維新見聞録』明治六年）とあるように、郡部の庶民にはちょんまげ頭が普通だった。

むしろ、軽薄なほどに変わり身の早かったのは士族である。廃刀令《はいとうれい》がでて、士族の帯刀《たいとう》が禁じられたのは明治九年のことである。明治四年には脱刀《だっとう》が許可されてはいたが、福岡ではすでに明治六年、「士族はすべて脱剣、洋服・和服を交《まじ》え着用し」ていた（『維新見聞録』）。

明治維新から廃藩置県をへて、人びとの生活環境は一変した。従来考えたこともない事態が、つぎつぎに目の前にあらわれた。こうした世相を背景に、各地に新政反対一揆が起こったのである。

明治五年（一八七二）十二月は二日間しかなく、翌十二月三日が明治六年一月一日となった。いわゆる太陽暦《たいようれき》の施行である。大晦日《おおみそか》がこないまま、正月を迎えたのだから、正月気分がでないというのが庶民の実感だった。

筑前竹槍一揆

不安なうちに明けた明治六年の福岡・北九州地方は、大干魃《かんばつ》にみまわれた。梅雨の時期を迎えても雨がふらず、来たるべき凶作の予感のなかに、筑前地方に大一揆が起こった。いわゆる筑前竹槍一揆である。

明治六年六月、福岡県と小倉県の境目にあたる金国山《かなくにやま》で、昼は紅白の旗を振り、夜はのろしをあげる一団があった（これを「目取《めと》り」と称した）。山づたいに下関《しものせき》米相場の高下を連絡し、米相場を操作して、一儲《ひともう》けしようという連中だった。

嘉麻《かま》郡高倉《たかくら》村（現、飯塚《いいづか》市庄内）の日吉《ひよし》神社で雨乞《あまご》いをしていた人びとがこれに憤激し、抗議に押しかけたところ、逆に「目取り」側につかまった。仲間をつれもどそうと、嘉麻郡二七カ村に「至急応援のため、拾五歳以上六拾歳以下の人々には残らず駈《か》け付《つ》け、すみやかに尽力」するようにとの触《ふ》れ状がまわされ、やがて、手に手にありあわせの道具をもった人びとが集まってきた（江島茂逸「明治癸酉筑前一揆党民竹槍史談」）。筑前全域をゆるがす一揆（竹槍騒動ともいう）は、こうして始まった。

六月十六日、小倉県猪膝《いのひざ》村（現、田川市）の富商宅を打ちこわしたのをきっかけに、一揆勢は方向を転じ、県庁のある福岡をめざした。一揆はつぎつぎに隣村・隣郡へと波及し、やがて筑前一五郡をまきこんで、ついには陸海軍までが鎮圧に動員される大一揆へと発展していくのである。当時、福岡県四四万余人の人口のうち一〇万人が参加したといわれ、一揆に参加したとして処分を受けた者だけで六万四〇〇〇人にのぼった。

博多・福岡の打ちこわし

一揆勢は「大庄屋・庄屋・町々の年寄（福岡・博多の町の世話役）」を襲い、「帳面かつ諸書類をことごとく皆焼捨て」た（『横田徐翁日記』）。また、「官員の住居、その他諸官宅、学校、区長調所《しらべしょ》、正副戸長《せいふくこちょう》の家屋にいたるまで、すべて方今《ほうこん》公務に関する家宅は残りなく毀砕《きさい》し」た（「福岡県土寇暴動探索日記」）。戸長・副戸長は大区《だいく》・小区《しょうく》制の実施により設けられ（大区調所は郡役所に相当する）、大庄屋・庄屋など村役人層のなかから任命されていた。電信局・電信柱・ガス灯《とう》、さらには異館《いかん》造りの遊郭《ゆうかく》にいたるまで破壊されたが、これらは学校などとならんで文明開化を象徴するものであった。

博多から福岡へはいった一揆勢は、豪商宅を打ちこわしつつ、福岡城内の県庁へと向かった。当時七三歳の老人横田徐翁は、博多を行進する一揆勢を目のあたりにして、つぎのように書き残した。

昼飯《ひるめし》後、一揆の者ども、県庁へ押し寄せ候よしに付き、徐（筆者自身）・横左《よこさ》（友人横田左内）同道にて、春吉寺町《はるよしてらまち》まで見物に行き候ところ、博多・春吉より押し行き候人数、およそ二万余もこれあるべくや、立て連ねたる竹槍は秋野のすすきに異ならず、鯨波《とき》は山岳《さんがく》も崩《くず》るるばかり、惣《そう》人高四万ばかりもこれあるべくやの咄《はな》しなり。直《ただ》ちに県庁を焼き立て候。（『横田徐翁日記』）

県庁が焼かれたというのは、城内の官舎（旧家老屋敷）が焼かれたのを誤認したものであろう。城内に侵入した一揆勢は、囚人を解放し、ついで県庁に放火しようとしたが、県官がとっさの機転で、塩硝《えんしょう》の爆発の危険を説いたので、県庁は打ちこわしにはあったものの、あやういところで焼打ちはまぬがれた。しかし、一揆は県庁を占拠するまでに、すさまじい勢いを示したのであった。

当時は、県令《けんれい》が任命されていなかったので、政府は急ぎ大蔵大丞《だいじょう》林友幸《はやしともゆき》を福岡県令心得に任命するとともに、海軍には日新艦《にっしんかん》の派遣を命じた。六月二十六日には熊本鎮台《ちんだい》および日田《ひた》分営から兵士が到着し、ようやく鎮静へと向かった。この間、隣接する小倉県・三潴《みずま》県・佐賀県などでも民衆に動揺の兆《きざ》しがみられたという。

一揆は明確な指導部をもたなかった。実際、広域を活動した一揆の全体を指揮することなど不可能だっただろう。ただ、地域的な局面では一揆は統制のとれた行動をしており、「村々の旗印を翻《ひるがえ》し」て村ごとにまとまって行動したり、「兇徒《きょうと》の首将とおぼしき者、年齢三十歳ばかり、股引《ももひき》・脚半《きゃはん》にて黒き火事頭巾《かじずきん》を着し、赤《あか》紙《がみ》にて造りたる采配《さいはい》を所持し、衆徒《しゅうと》を指揮す」（「福岡県土寇暴動探索日記」）と書かれているように、各地で指揮者が目撃された場合もあった。

一揆と民衆の意識

一揆を評価するうえでみのがせないのは、怡土《いと》郡・志摩《しま》郡・早良《さわら》郡・那珂《なか》郡・夜須《やす》郡で、少なくとも二二カ村の被差別部落《ひさべつぶらく》（江戸時代に穢多《えた》身分として差別された人たち）一五〇〇戸以上が焼打ちを受けたことである（左表参照）。

これよりさき、明治四年（一八七一）八月二十八日、太政官政府は「穢多・非人《ひにん》等の称」の廃止（いわゆる「解放令」）を布告《ふこく》した。これにより、賤民《せんみん》制度が廃止され、いかなる形であれ、法的には被差別身分の存在は許されないことになった。四民平等《しみんびょうどう》の達成であるとともに、生まれにより差別されることのない社会という意味で、近代市民社会の発足であった。

福岡県では「解放令」は、九月十五日に知事の手元に届き、十月になって公布された。十一月十四日の福岡県の布告は、「解放令」がだされた思想的背景を、「穢多の号《ごう》廃され候儀は、天地の間に生まるる人として、階級あるべき筈《はず》なければなり」と説明している。これは、福岡県ではもっとも早い天賦人権《てんぶじんけん》の宣言であると考え

一揆による家屋の破損・焼失状況

内　　訳	家数	状況
公布掲示場	軒 4	大破
官　舎	1	〃
官員・士民住居家	837	〃
納　屋	432	〃
土　蔵	526	〃
小学校	27	〃
村役場	33	〃
士民住居家	314	小破
納　屋	60	〃
土　蔵	90	〃
村役場	9	〃
小　　計	2,333	
村　社	1	焼亡
官　舎	6	〃
士民住居家	1,532	〃
納　屋	636	〃
土　蔵	31	〃
寺	1	〃
小学校	2	〃
村役場	1	〃
士民住居家	6	半焼
小　　計	2,216	
合　　計	4,549	

一揆による党民の死傷状況

内訳	人数
死亡	人 28
重傷	18
軽傷	24
合計	70

電信柱損傷181本。明治6年8月25日付，福岡県から大蔵省への報告。『近代部落史資料集成』第2巻。上杉聰・石瀧豊美『筑前竹槍一揆論』による。

られる。

しかし、旧来の身分意識にとらわれた人びとは賤民身分の廃止を容易に受け入れず、「解放令」は実施過程でさまざまな抵抗にあった。たとえば、風呂屋《ふろや》は町内の者しか客にせず、髪結《かみゆ》いは顔見知りでない者は断わると申しあわせたが、暗に被差別身分の人たちを客から排除しようとしたのである。彼らがそうした行動をとらざるをえなかったのは、一人でも、一度でも、もとの被差別身分の人びとを客として受け入れた店には、「平民中その家に立ち行かず」と申しあわせ、圧力をかけたからだった。このように、「解放令」はその実施直後から民衆の抵抗にあった。

一揆の要求を書き留めたものは何種類かあるが、その一つには、「旧暦お用《もち》いのこと」「旧知事、県令に仰付《おおせつ》けられたきこと」「大家《たいか》の士族、相当の禄高《ろくだか》お渡しのこと」「七か年の間、年貢半納《はんのう》仰付けられたきこと」などとともに、「穢多・平民区別のこと」という項目が記されている（「福岡県土寇暴動探索日記」）。

一揆は「解放令」撤回を含め、さまざまな「新政」に反対していた。一揆過程で起こった部落焼打ちは極端な出来事ではあったが、そうした民衆の気分を広い裾野《すその》にもっていたのである。民衆の了解を抜きに、上から一方的に押しつけられる「文明開化」は、民衆の慣れ親しんだ世界を足元からくずすもので、いたずらに社会不安をあおるだけだった。

明治五、六年というのは、西日本の各地で大規模な新政反対一揆が記録された時期である。五年末から六年初めにかけては大分県の県中四郡《けんちゅうよんぐん》一揆（約二万八〇〇〇人が処罰された）があり、六年五、六月には岡山県でも部落を襲撃する大規模な一揆が起こった（被処罰者二万六七〇〇人）。筑前竹槍一揆も、このような同時代の新政反対一揆の一つだったのである。

あいつぐ士族反乱

筑前竹槍一揆に県庁は無力で、旧福岡藩士が臨時に鎮撫《ちんぶ》隊を組織して鎮圧に出動した。福岡橋口《はしぐち》町（現、福岡市中央区天神《てんじん》）勝立寺《しょうりゅうじ》には「鎮撫隊総督《そうとく》本部」がおかれ、旧藩軍事総督中村用六《ようろく》が鎮撫隊総督に就任した。福岡藩兵隊編制を適用したから、部隊編制は一夜にしてなった。旧藩大隊長小野隆助《おのりゅうすけ》（旧名三木五六郎《みきごろくろう》）・武部小四郎《たけべこしろう》は大隊副官として中村総督を補佐した（江島茂逸「明治癸酉筑前一揆党民竹槍史談」）。廃藩置県以後も、旧藩兵隊の人的結合は維持され、指揮系統は温存されていた。これが、のちに士族反乱の基盤となるのである。

明治六年（一八七三）十月、征韓論《せいかんろん》をめぐって政府首脳に対立が生じ、敗れた西郷隆盛・板垣退助らは下野《げや》した。七年二月、前参議江藤新平《えとうしんぺい》をかついだ佐賀士族の反乱、いわゆる佐賀の乱が起こると、旧就義隊《しゅうぎたい》（戊辰戦争に参加した藩兵隊）三〇〇人が勝立寺に集会するなど、福岡士族にも動揺が走った。

乱に際して断乎《だんこ》たる鎮圧の意思を示した大久保利通《おおくぼとしみち》は、乱の勃発からおよそ半月後の二月十九日にみずから兵を率いて博多に着艦し、福岡城内の県庁に本営を構え、旧藩兵五〇〇人の借受けを申し入れた。

福岡士族の態度は、議論紛々として方向が定まらなかった。しかし果断に迫る大久保の前に、出兵を承諾せざるをえなかった。

このとき、越知彦四郎《おちひこしろう》らは江藤新平に呼応する意図を秘めて参加したが、三瀬峠《みつせとうげ》で佐賀士族の攻撃を受けて戦死者をだし、志に反して官軍の一部として佐賀士族追討に走る結果となった。

佐賀の乱後、福岡士族の一部は結束を保ちながら、蜂起のときをうかがった。薩摩・肥後・長州に往来し、なかでも越知彦四郎は西郷隆盛・桐野利秋《きりのとしあき》と、一死をともにするとの盟約を結んだ（江島茂逸「明治丁丑福岡表警聞懐旧談」、越知彦四郎口供書）。

明治九年十月、熊本神風連《しんぷうれん》の乱、山口萩《はぎ》の乱が起こり、福岡県では旧秋月《あきづき》藩士族が蜂起した（秋月の乱）。十月二十四日夜、熊本神風連たつの報をえた秋月士族は、益田静方《ますだよしみち》を中心に挙兵準備を進め、今村百八郎《いまむらひゃくはちろう》を迎えて隊長とした。益田は佐賀士族の挙兵を働きかけたが、失敗して捕縛された。二十七日朝、磯淳《いそじゅん》・宮崎車之助《みやざきくるまのすけ》を加えて挙兵した百数十人は、同志の参加をうながそうと豊津《とよつ》をめざした。豊津士族はこれを拒み、かえって小倉からの鎮台兵到着をまって、二十九日には秋月士族を相手に開戦した。秋月士族は死者一七人をだして敗退し、江川谷《えがわだに》にはいったのち、三十一日に解散した。磯・宮崎ら七人は自刃した。十一月二十四日、最後まで抵抗した今村も捕縛され、十二月三日、今村・益田には除族のうえ斬罪の判決がくだった（『甘木市史』）。

秋月の乱にも福岡士族は動かず、あくまで西郷の動向を注視した。しかし、堅志社《けんししゃ》（社長箱田六輔《はこだろくすけ》）には萩の乱の指導者前原一誠《まえばらいっせい》と結んだ疑いがかかり、箱田をはじめ奈良原至《ならはらいたる》・宮川太一郎《みやがわたいちろう》・頭山満《とうやまみつる》・進藤喜平太《しんとうきへいた》らがつぎつぎに検挙されて山口監獄に投ぜられた。

西南戦争と福岡士族

明治十年（一八七七）二月、西郷隆盛ら鹿児島士族が挙兵した（西南戦争の勃発）。これに対して福岡士族のあいだには、「急に薩軍に応ぜんとの意見と、時機を俟《ま》って起《た》たんとの意見と、緩急《かんきゅう》二論」が起こった。武部小四郎・越知彦四郎が前者、比較的年長の小野隆助・山中立木は後者であった（山中立木「旧福岡藩事蹟談話会筆録」）。しかも、急進派のあいだでも意見は分かれ、勝敗を度外視して西郷との盟約に殉じようとする越知に対し、武部は好機を選ぶべきだとの慎重論を唱え、決起直前まで「挙兵延期」を主張して対立した。

二月二十七日、勝立寺には征討大総督有栖川宮熾仁親王の本営がおかれ、博多湾には艦船の出入りがあわただしかった。上陸した官軍兵士は陸路、久留米・大牟田《おおむた》をへて田原坂《たばるざか》の戦場へと向かった。福岡士族は決起の好機を見いだせず、いたずらに時日をすごした。

三月十九日、武部・越知らはひそかに那珂《なか》郡平尾《ひらお》村寺塚《てらづか》(現、福岡市中央区)の穴観音《あながんのん》(古墳の石窟《せっくつ》)に会し、決起を三月二十七日夜とするとともに(実際には二十八日未明)、編制を定めた。那珂川以西の四〇〇人を越知大隊長が、また以東の四〇〇人を武部大隊長が指揮する計画であった。しかし、田原坂は二十日には陥落していたから、決起はそもそも時機をいっしていた。

越知の口供書にみる決起の趣旨は、文明開化政策を推進する政府に士民一般が怨嗟《えんさ》した状況、千島《ちしま》・樺太《からふと》交換による国家財政の窮乏をみて「ますます政体《せいたい》のよろしきを得ざるを慷慨《こうがい》」するようになったことなどをあげている。

福岡の変

明治十年(一八七七)三月二十四日、西南戦争のさなかに『筑紫《ちくし》新聞』が発行された。「戸前《こぜん》には兵馬《へいば》の馳駆《ちく》する、運車《うんしゃ》の奔走《ほんそう》するあり。窓外《そうがい》を望めば戦艦汽船の黒烟《こくえん》を吐《は》きて港湾を出入するを見る」。第一号は、戦時の博多の情景をこう描いた。

三月二十八日未明、各所に集合した福岡士族は西新町《にしじんまち》副戸長・警察分署・監獄分場、七隈原《ななくまばる》(現、福岡市城《じょう》南《なん》区)の旧第一四大区調所、福岡城の鎮台分営などを襲撃したが、情報がもれていたため、まちかまえた鎮台兵の反撃にあい、福岡城から大休山《おおやすみやま》へと撤退する途中、沿道の民家に放火した。軍令では民家への放火を戒《いまし》めていたが、徹底していなかったようである。戦場は野芥《のけ》・金武《かなたけ》(現、福岡市早良《さわら》区)方面へ移り、追走する鎮台兵とのあいだで激しい戦闘となったが、一進一退の戦況のなか、野芥周辺でも戦闘にまきこまれた民家がつぎつぎに炎上した。

福岡の変（錦絵）　この事件の参加者を中心に翌明治11年秋，向陽社《こうようしゃ》が誕生した。

博多の民衆は戦火を避けて逃げまどった。

老幼男女・足弱の輩《やから》、東方を指して逃げ行き候事、実々以《じつじつもっ》て蛾《が》の群《む》れ這《は》うが如《ごと》し、且《か》つ家物・雑具を車力・人力・車馬《しゃば》にて持ち出し候儀、千という数を知らず。さて又、川原の砂原は一面、そのほか麦・辛《から》子《し》畑中まで、畳・戸障子《としょうじ》等を以て囲《かこ》いとし、家財・雑具を持ち出し、壮夫《そうふ》これを護《まも》り居《お》る（『横田徐翁日記』明治十年三月二十八日）。

決起士族は連絡がゆきとどかなかったことや、警察による事前の警戒・検束もあり、全体で百数十人しか集結しなかったといわれる。被処罰者と戦死者を加えた関係者数は五四二人にのぼる。

三月二十九日、福岡隊は曲淵《まがりぶち》（現、福岡市早良区）に屯《とん》集《しゅう》し、金武、野芥へ出兵、官軍は七隈に陣した。参加者の手記には、この日「風雪凛烈《りんれつ》」とあり、行軍は難航した。

三十日、金武峠で敗れた福岡士族は、肥前三瀬《みつせ》（現、佐賀市）へ本営を移し、三十一日、薩軍への合流をはかって久留米へと向かったが、疲労と、弾薬・食料の不足から秋月へと方向を転じ、四月一日夜明け前、前衛隊が乙隈《おとくま》（現、小郡《おごおり》市）で官軍に遭遇し、包囲されて三〇余人が全滅した。後衛隊《こうえいたい》七〇余人はそのまま進んで秋月城にはいった。越知《おち》隊のこもる秋月城は、官軍の包囲のなか、陥落。四月二日、残余の一七人はなお進んで薩軍に投じようとしたが、負傷者を含む一隊は穂波郡馬見《うまみ》（現、嘉麻市）で捕縛され、五日には夜須《やす》郡椎木《しいのき》村で越知らが捕縛されて、「福岡の変」は終結した（『西南記伝』『近世日本国民史』）。

越知彦四郎・久光忍太郎《ひさみつにんたろう》・村上彦十《むらかみひこじゅう》・加藤堅武《かたむ》は五月一日に処刑され、単身逃れていた武部小四郎は五月二日に逮捕されて、三日に斬首となった。

武部小四郎・加藤堅武・江上述直《えがみのぶなお》・久光忍太郎ら決起士族の指導者は、慶応元年（一八六五）十月に弾圧を受け、切腹を命ぜられた筑前勤王派の子弟であった。このような事情は、後世にいたって、勤王運動に払った犠牲の大きさに反して、維新政府が福岡藩に冷淡であったことが（贋札事件に対する処分）、彼らの決起の遠い背景をなしていたと語られることになる。

二　帝国議会の開設と政党運動の展開――

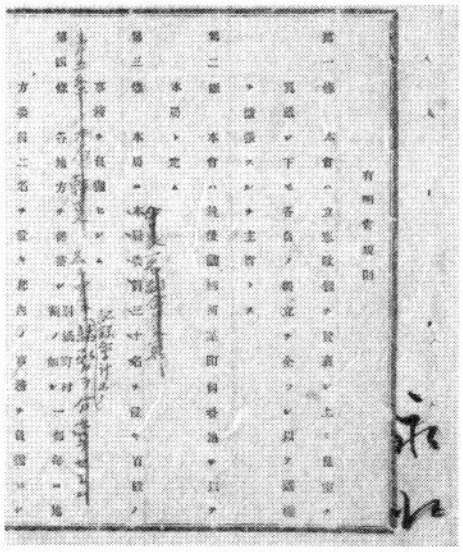

有明会規則

1　自由民権運動と福岡県における政社の成立

大区・小区制と公選民会

明治初年の地方制度は、あわただしく変転している。明治五年（一八七二）十月にはいわゆる大区《だいく》・小区《しょうく》制が実施され、行政の最小単位を旧来の数町村を統合した小区とし、数小区を単位に大区をおいた。大区に官選の区長《くちょう》、小区に戸長《こちょう》をおいて、その役場を大区調《しらべ》所《しょ》および小区扱所《あつかいしょ》とした。大区・小区とも一連の番号をつけて呼び、旧来の郡・町村の呼称を廃した。

こうして成立した県・大区・小区という地方行政機構を単位に、地方民会《みんかい》が開設される。明治十年二月には福岡県でも県会・大区会・小区会の仮規則を定めた。小区会議員の選挙権をもつのは、その町村の本籍戸主《こしゅ》で満二〇歳以上の者に限られた。大区議員は選出された小区の議員のなかから互選《ごせん》され、大区議員の互選によって県会議員が選出された。

県会・大区会・小区会の設置を前に、明治十年五月三日、県令《けんれい》渡辺清は県内諸町村の士族《しぞく》総代約二〇〇人を県庁に集めて、訓示《くんじ》を行っている。その場には、五月一日に除族《じょぞく》・免罪《めんざい》・赦免《しゃめん》となったばかりの「福岡の変」関係者二〇人ほども同席した。

士族に対する訓示のなかで渡辺は、県会・区会について、「上・下両院の立法会《りっぽうかい》とは大《おお》いに相違《そうい》」するものであると述べている。渡辺によれば県会・区会は県・区の政務を人民に相談するものであり、「新《あらた》に民費《みんぴ》を増減する等のことは一《ひ》と先《ま》づ人民の態見《たいけん》を聞き、然《しか》る後《のち》、取捨勘考《しゅしゃかんこう》して決定」するために、設けられたのである（『筑紫《ちくし》新聞』）。

こうして、明治十年六月以降、県下に大区会・小区会を起こし、県会議員選挙を行って選出議員五七人、員外議員二六人を決定した。しかし、このときの県会は、渡辺もいうように、あくまでも知事の諮問《しもん》に応じる受け身の組織にすぎなかった。

明治十一年七月に、いわゆる三新法《さんしんぽう》の一つとして、府県会規則《ふけんかいきそく》が公布された。県会議員の選挙権には財産制限を課し、満二〇歳以上の男子で地租《ちそ》五円以上をおさめている必要があった。選挙は、その年十月に行われ、五六人が当選した。府県会規則に基づく最初の県会は、十二年三月十二日に開会し、議長に中村耕介《こうすけ》（怡土《いと》・志摩《しま》・早良《さわら》郡）、副議長に十時一郎《とときいちろう》（山門《やまと》郡）を選出した。彼らは自由民権運動のリーダーとして活躍する。

福岡士族の再起

明治十年（一八七七）九月二十四日、西郷隆盛《さいごうたかもり》が鹿児島城山《しろやま》に自刃《じじん》したまさにその日、獄中にあった頭山満《とうやまみつる》らは出獄した（『頭山満翁正伝』）。彼らは萩《はぎ》の乱に呼応しようとして前年十一月に捕縛《ほばく》された堅志社《けんししゃ》のメンバーで、懲役《ちょうえき》一年の判決がおりた箱田六輔《はこだろくすけ》を除いて、無罪放免となったのである。彼らは西南戦争の全期間を獄中ですごしたおかげで、かえって命拾いしたといえる。頭山満・奈良原至《ならはらいたる》・進藤喜平太《しんとうきへいた》・阿部武三郎《あべたけさぶろう》・林斧介《はやしおのすけ》・大倉周之助《おおくらしゅうのすけ》など、いずれものちに自由民権運動で活躍することになる人びとである。

頭山らは翌年には、高知で板垣退助《いたがきたいすけ》をはじめとする立志社《りっししゃ》の人びとと交際を深めるようになっていた。当時、立志社は愛国社《あいこくしゃ》再興運動に取り組み始めたところだった。愛国社は明治八年二月、立志社の呼びかけでできた最初の全国政党だが、その後、活動休止の状態に追い込まれていたのである。

『自由党史』（明治四十三年刊）は、九州から愛国社創立に加わった人びととして、福岡の越知彦四郎《おちひこしろう》・武部小四郎《たけべこしろう》、中津《なかつ》の増田宋太郎《ますだそうたろう》・梅谷安良《うめたにやすよし》、熊本の宮崎八郎《みやざきはちろう》らをあげている。彼らはいずれも西南《せいなん》戦争に参加して、戦死ないし刑死することになるのだが、彼らの愛国社創立大会参加には疑問がだされている（森山誠一「愛国社創立大会（明治八年二月・大阪）の出席者について」）。

武部と越知は、明治七年末から八年初めにかけて東京にいた（「山中立木談話筆録」）。西南戦争に呼応した「福岡の変」での武部の口供書《こうきょうしょ》とあわせ考えれば、少なくとも武部については、明治八年春に福岡へ帰郷する途中、大阪で板垣と会見したのは確実である。口供書によれば、武部は板垣から「民権拡張《かくちょう》ノ論」を聞いておおいに同意し、帰県して同志の越知彦四郎・久光忍太郎《ひさみつにんたろう》・箱田六輔・宮川太一郎《みやがわたいちろう》と協議し、矯志社《きょうししゃ》・堅志社《けんししゃ》を設立してみずから社長になったという。越知はこれとは別に強忍社《きょうにんしゃ》の社長となっている。

しかし板垣は大阪会議（大久保利通《おおくぼとしみち》・木戸孝允《きどたかよし》との会談）後に参議《さんぎ》に復帰し、これに失望した武部らと愛国社との連絡は絶えた。口供書で武部は、「民権論は消滅し、実に意外の事」と述べている。愛国社創立に加わったのではなかったにしても、板垣に会って愛国社への加盟を意図した事実はあったと考えてよいだろう。

愛国社再興と植木枝盛の九州遊説

ここは西海《さいかい》福岡よ、自由の風が吹くぞいな、このうれしさよ（榎逕逸人「自主自由数え歌」）

これは、土佐《とさ》出身の民権家植木枝盛《うえきえもり》が書いた「自主自由数え歌」の一節である。この歌は九州地方で流行したという（『大瀛新報《だいえい》』明治十二年四月十九日付）。福岡がうたいこまれているのは、植木が実際に福岡に滞在したからである。

明治十一年（一八七八）四月、立志社は「愛国社再興趣意書《しゅいしょ》」を発表し、民権政社の全国的結集に乗りだした。同年九月十一日、大阪での愛国社再興大会に、福岡からは進藤喜平太《しんとうきへいた》・奈良原至・頭山満が参加した。豊《とよ》津《つ》からは友松醇一郎《ともまつじゅんいちろう》、久留米《くるめ》からは川島澄之助《かわしますみのすけ》が参加している。進藤は成美社《せいびしゃ》の名で参加しているが、成美社は、明治十年八月から二年間、『福岡新聞』を発行し、成美義塾《せいびぎじゅく》を経営していたことが知られる。

愛国社再興合議書は地方政社の勃興《ぼっこう》をうながした。福岡では、これを受けて同年秋、頭山らが出獄後に設立していた開墾社《かいこんしゃ》と成美義塾をあわせて、向陽社《こうようしゃ》が発足した。これが、福岡の民権運動の事実上の出発であった。向陽社の招きで、植木は九州を訪れる。『植木枝盛日記』には、この九州遊説の模様が詳しく記録されている。

翌明治十二年一月五日、あたかも向陽義塾《こうようぎじゅく》開校式の日、植木は向陽社を訪れる。この開校式で、植木は九州上陸後、最初の演説を行った。こののち三月にかけて、植木は九州各所で演説するとともに、久留米で川島澄之助・鹿野淳二《かのじゅんじ》に、夜須郡《やす》(のち上座・下座郡と合併して朝倉郡)甘木《あまぎ》で郡長小河久四郎《おごうきゅうしろう》、香月恕経《かつきゆきつね》・多田《ただ》作《さく》兵衛《べえ》らに会った。九州遊説で植木が働きかけたのは、豊津・福岡・久留米の士族で、尊攘派《そんじょうは》ないしは征韓派《せいかんは》士族と目され、投獄された経験をもつ人びとだった。

この点で甘木の多田作兵衛は異色である。のちに代議士となって「百姓《ひゃくしょう》議員」と呼ばれたように、出自《しゅつじ》は豪農《ごうのう》である。多田の名前が植木の日記にみえるのは、地方の豪農・豪商層が、ようやく自由民権運動に関わり始めていることを反映している。

植木は、福岡に滞在中、集文堂《しゅうぶんどう》船木《ふなき》弥助《やすけ》の依頼で、『民権自由論』を書き、四月に出版した。『植木枝盛自叙伝』には、この本は「俗文《ぞくぶん》」で民権自由がどんなものかをわかりやすく説明したもので、「中人《ちゅうにん》以下の輩《やから》」に大きな感動をあたえ、福岡での第一版は一冊残らず売切れになったと書かれている。明治十二年一月、箱田六輔を社長に迎え、向陽社の多方面にわたる活躍が始まる。それは、明らかに立志社に範《はん》をとったもので、植木のあたえた影響の大きさがうかがえる。

福岡向陽社の成立

向陽社の名は、現在ではほとんど知られていない。しかし、一時は立志社とならび称されるほどの世評をえた有力な民権政社であった。『朝野《ちょうや》新聞』は「筑前《ちくぜん》福岡の向陽社は近来ますます盛んにして、殆《ほど》んど立志社の上に出でんとするの勢あり」と記している（明治十二年五月二十三日付）。

向陽社は士族民権と分類されることがあるが、このような分類は適切ではない。右の『朝野新聞』は続けて、「市中の豪商は大概《たいがい》入社するにより、甚《はなは》だ資本に富《と》めり」と書いている。福岡・博多の豪商（旧町人層）が積極的に加わっていたことがわかる。演説会の聴衆はつねに千をくだらず、西南戦争で下獄《げごく》した人びと四〇〇人が釈放されて加盟したので、社員は一〇〇〇余人に達したと思われる。

向陽社成立の経緯については、『近事評論《きんじひょうろん》』（明治十三年二月十三日）の、「福岡向陽社実況」により明らかにできる。明治十一年（一八七八）春、福岡本町《ほんまち》に設立された成美義塾と、運営にゆきづまっていた開墾社とが合併し、十一年秋に向陽社が成立した。もっとも尽力したのは進藤喜平太・頭山満で、箱田六輔を幹事として招請した。十二年一月、公選により箱田が社長に当選し、民権の立場を鮮明にした。

向陽塾社の名で発表された「向陽社緒言《しょげん》」（明治十二年四月二十五日付）は、「義塾は則《すなわ》ち教育を以《もっ》て民権を培《ばい》養《よう》するの地なり」と宣言している。これは向陽社が民権思想を一般に広めるための手段として、向陽義塾を位置づけていたことを示している。

十二年五月、向陽義塾で、「九州交際会《こうさいかい》と唱《とな》ふる一会《いっかい》」を開き、議員は一社一員として、熊本観光社《かんこうしゃ》、久留米共勉社《きょうべんしゃ》をはじめ、豊津・筑後《ちくご》・秋月《あきづき》・佐賀《さが》の各社から参加があった（『朝野新聞』明治十二年五月二十九日付）。議長をつとめた箱田は、一郡一箇所の演説会の実行を提案し、人民に働きかけて「民権独立の方向を示」すことを主張していた(『保古飛呂比《ほごひろい》』)。

筑前共愛公衆会の誕生

明治十二年(一八七九)十月一日付で、「筑前国同胞《どうほう》諸君に移す檄《げき》」という題のついた一枚の檄文が、筑前の有志者にまかれた。条約改正について筑前人民のあいだで議論をつくしたいので、来たる十一月六日午前八時、福岡に来会せよ、と呼びかけるものである。発起人として、郡利《こおりとし》(福岡県六等属《ぞく》)・中村耕介《こうすけ》(怡土・志摩・早良郡長)ら県政にかかわっていた士族と、佐野弥平《さのやへい》(甘木《あまぎ》)・村上義太郎《ぎたろう》(博多)ら筑前でも有数の富商が名を連ねていたが、彼らがどのようにして結びついたのか、詳しい事情はわからない。檄文が自由民権運動を訴えたわけではないが、はからずも、これが自由民権運動史に特筆される筑前共愛公衆会《きょうあいこうしゅうかい》結成にいたる第一歩となった。

当時、嘉麻《かま》・穂波《ほなみ》郡長だった山中立木《やまなかたちき》(のち初代福岡市長)の回想によれば、会議前日、郡利・箱田六輔と山中とのあいだで議論となり、条約改正のほか、国会開設の請願を急務と主張する郡・箱田に対し、山中は国会開設を後日にまわすべきだと主張して対立した。しかし、翌日に会議をひかえて切迫《せっぱく》していた事情から双方の妥協がなり、条約改正・国会開設の建白をともに提案することになったという。

十一月六・七日の両日、博多聖福寺《しょうふくじ》に開かれた会議には筑前一区一五郡の有志八〇〇余人が結集した。各郡有志者のほか、向陽社・強忍社・漸強社《ぜんきょうしゃ》・養成社《ようせいしゃ》・習《しゅう》[集]志社《ししゃ》・清胸社《せいきょうしゃ》・篤志社《とくししゃ》・忠国社《ちゅうこくしゃ》など政社からの参加もあったと報じられている(『朝野新聞』明治十三年一月七日付)。「この会にのぞみ、これまで名も聞こえざりし人にて、大いに奮発《ふんぱつ》し、激切高尚《げきせつこうしょう》なる議論を立てし人も多かりき」(『朝野新聞』明治十三年一月七日付)といわれるように、民衆の積極的政治参加の機運《きうん》と合致していたこともみのがせない。

会議は諸説がでて紛糾したが、二日目になって、国会開設と条約改正の二件を別個に要求することで、ようやく意見がまとまり、改めて十二月一日に、「筑前全国の大集会」を開くことになった。この大集会は、十二月一日から八日まで聖福寺で開かれ、ここに筑前共愛公衆会が成立した。連合本部長には県官を辞職した郡利が就任した。会憲三章に、会の目的はつぎのように定められている。

第一　民人共同公愛《こうあい》の真理を守るべし
第二　国権を弘張《こうちょう》し帝家《ていけ》を輔翼《ほよく》することを努むべし
第三　自任《じにん》反省国本《こくほん》の実力を養ふべし

ただちに箱田六輔・南川正雄《みなみかわまさお》が建言《けんげん》委員に選出され、両者は建白書《けんぱくしょ》を携《たずさ》えて上京し、元老院《げんろういん》開院式の翌十六日、同院に条約改正と国会開設の両建白書を提出した。

条約改正建白書は、独立国として当然の権利である関税自主権《かんぜいじしゅけん》を奪われているために、「金貨の乱出、輸出入の不平均《ふへいきん》」はとどまるところを知らず、今や条約改正が一日遅れれば、国力の疲弊《ひへい》が一日増すと訴えている。国会開設建白書は、有司専制《ゆうしせんせい》への批判から、国会開設と、憲法制定を求めていた。国民主権論《しゅけんろん》に立って、立憲政体の実現をめざす内容のものだった。

筑前共愛公衆会の国会開設の建白は、同時期の岡山県有志の建白とともに、各新聞紙上に報じられ、反響を呼んだ。

郡単位で民会を組織

のちに『自由党史』は筑前共愛公衆会の国会開設建白書について、先駆者の名をとろうとしたもので、識者は眉《まゆ》をひそめたと非難している。しかし次節で述べるように、明治十二年（一八七九）十一月に、筑前共愛公衆会の結成準備と時を同じくして大阪で開催された愛国社第三回大会において、愛国社に一元化して請願しようという高知立志社の方針が、福岡から参加した平岡浩太《ひらおかこうた》郎《ろう》らの反対でくつがえされているのである。『自由党史』による筑前共愛公衆会批判は、いわば立志社中心史観とでもいうべきものであろう。

筑前共愛公衆会の特色は、有志の結合ではなく、「筑前一国九百三十三町村人民の結合」と意識されていたことである。連合本部長の郡利は、第二期会の「議案之緒論《しょろん》」において、会は「筑前人民公衆の結合する所にして、有志社会《ゆうししゃかい》の結合に非《あら》」ずと明言している。

だからこそ、筑前共愛公衆会の建白は「福岡県下筑前全州公衆の輿論《よろん》」なのであった（『朝野新聞』明治十三年一月七日付）。有志者が政社を構成し、政社代表を全国的に結集しようという愛国社とは、そもそも次元の異なる組織なのである。この意味で、筑前共愛公衆会は「筑前州会《しゅうかい》」の実現だった。

史料で判明するかぎりで中心メンバーをあげると、第二期会・第三期会では連合本部長郡利、副本部長中村耕介、第四期臨時会では、会長三木《みき》（小野《おの》）隆助《りゅうすけ》、副会長箱田六輔、このほか林斧介・香月恕経・南川正雄・多田作兵衛・小河久四郎・山中立木・樋口競《ひぐちきそう》・権藤貫一《ごんどうかんいち》・平岡浩太郎などが各種委員や、参謀《さんぼ》と呼ばれる役員になっている。

会は筑前一区一五郡を一五部に分け、各部には本部がおかれた。各部の組織は筑前共愛公衆会の支部にあたることになるが、必ずしも筑前共愛公衆会を称していない。のちに述べるように、御笠《みかさ》郡の思水会《しすいかい》など、郡単位の組織を設けたところも少なくないが、それらが筑前共愛公衆会の活動を地域で担う組織であったと考えられる。

このように、「毎郡に共愛会を設け、筑前を団結して共愛本部となし、猶《なお》他県の会合社と相連結するの目的」を定めていたが、明治十三年に公布された集会条例《しゅうかいじょうれい》により、活動を規制されることになった。明治十三年四月二十一日に福岡少林寺《しょうりんじ》で開催された臨時会（第三期会と考えられる）で、郡利は右のような連合は条例によって不可能となったので、筑前の名を除いて「共愛会」と改称し、全国の同志と団結すると語っている（『朝野新聞』明治十三年五月十五日付）。実際に第三期会の規約は「共愛会規約」であるが、しかし同年七月の第四期会は筑前共愛会を名のっている。

筑前各郡の結社

筑前共愛公衆会の成立に前後して、各郡には基盤となるさまざまな結社が成立した。怡土・志摩・早良郡には紫溟会《しめいかい》がある。三郡の郡長である中村耕介は、筑前共愛公衆会結成の発端となった「筑前国同胞諸君に移す檄」の発起人の一人である。中村は最初の聖福寺会議を受けて、明治十二年（一八七九）十一月付で怡土・志摩両郡の人びとに集会を呼びかけた。集会の趣旨は、国会開議を大主義とし、条約改正と憲法創立の請願、筑前一州の公論団結、全国の公論を興すことをうたったもので、まさに筑前共愛公衆会結成の準備作業にほかならない。

紫溟会の成立日時は正確にはわからないが、明治十三年十月三十一日の「紫溟会会憲・規約・役員」によれば、会長は中村耕介、副会長に南川正雄・樋口競《きそう》・神代梓の名があがっている。『福岡日日新聞』によれば、明治十三年十二月五日開催の懇親会には、小呂島《おろのしま》・玄界島《げんかいじま》・姫島《ひめしま》などの島嶼《とうしょ》部からも参加者があったことがわかり、興味深い。

御笠郡には思水会があった。思水は御笠川《みかさがわ》の雅称《がしょう》であり、思水会としての設立は明治十三年八月七日である（『朝野新聞』明治十四年十二月十六日付）。思水会は結成当初、御笠郡全五七カ村から少なくとも一人ずつの会員を募集することを目的に掲げていたが、一年余をへて会員は二〇〇人に達したと称している。

思水会の初代会長は小野（三木）隆助である。小野は明治十一年十月から十三年六月まで那珂《なか》・御笠《みかさ》・席田《むしろだ》郡長をつとめており、すでにみたように、第四期会で筑前共愛会の会長に就任している。

筑前共愛公衆会の各郡結社は、その多くがのちのちまでリーダー層の政治的基盤として機能しているが、思水会の場合はその典型であろう。小野隆助は第一回の衆議院議員総選挙に当選し、メンバーの河波荒次郎《かわなみあらじろう》ものちに大正六年（一九一七）の第十三回衆議院議員総選挙に当選している。岩崎一太郎《いわさきいちたろう》・杉村俊吉《すぎむらしゅんきち》・森山桂二《もりやまけいじ》・高原謙二郎《たかはらけんじろう》など、県会議員となった者も少なくない。小野隆助は第一議会で吏党《りとう》とされた大成会《たいせいかい》に所属し、河波荒次郎は憲政会《けんせいかい》に所属している。自由民権運動のリーダーシップは、単純に自由党中心史観でとらえることはできないのである。

下座《げざ》・夜須《やす》郡には甘木《あまぎ》の多田作兵衛を中心とする集志社《しゅうししゃ》があった。多田はすでにみたように、植木枝盛の来県時に接触をもっており、筑前共愛公衆会の第二期会で副議長、第四期会では参議に就任している。集志社は、筑前共愛公衆会の有力な支部であった。『福岡日日新聞』（明治十三年十二月十日付）は集志社について、「当時本州第一の自由郷《きょう》と云《い》へし」と述べている（「共愛会長巡回日誌」）。

多田作兵衛はのちに、明治二十七年の第三回衆議院議員総選挙から三十七年の第九回総選挙まで連続して当選する。自由党・立憲政友会《せいゆうかい》系の代表的な地主《じぬし》代議士である。

小野隆助

「共愛会長巡回日誌」は、那珂・席田両郡の親睦会についても伝えている。こののち、『福岡日日新聞』（明治十四年三月十一日付）の記事には、儺川義社《なせんぎしゃ》の名を確認することができる。儺川は那珂郡を貫いて博多湾にそそぐ那珂川の別称である。儺川義社の中心人物庄野金十郎《しょうのきんじゅうろう》は、のちに立憲政友会の衆議院議員となり、福岡日日新聞社の社長もつとめた。

これらのほか、明治十三年二月一日には、占部三折《うらべさんせつ》を本部長とする共愛会鞍手《くらて》郡支部の成立を確認することができる。鞍手郡支部は明治十三年十二月十八・十九日に各村有志者一八五人の集会で、鞍手郡協同期盛会《きょうどうきせいかい》と改称した。このときの会長はのちに糟屋《かすや》郡長、那珂・御笠・席田郡長をつとめた久野寂也《ひさのじゃくや》、参謀の一人に鞍手郡直方町《のおがた》（現、直方市）の出身で、のちに筑豊の炭坑経営者となった許斐鷹介《このみようすけ》の名がある。筑豊《ちくほう》では嘉麻・穂波郡に友愛会《ゆうあいかい》があったことが確認できる。会頭は初代福岡市長となる山中立木、のちに炭坑経営者として筑豊御三家の一人に数えられる麻生太吉《あそうたきち》も幹事をつとめている。

久留米地方の動向

久留米では、さきにみたように明治十一年（一八七八）の愛国社再興大会に、川島澄之助が共勉社《きょうべんしゃ》を名乗って参加している。川島は、もと山口藩士で脱走して久留米にいた大楽源太郎《だいらくげんたろう》の殺害事件に関係して、六年の獄中生活ののち、明治十年に特赦《とくしゃ》で釈放された。獄中でフランス・イギリスの法典を独学しており、共勉社は久留米に帰った川島を中心に結成された。

しかし久留米地方で組織的実態をともなった民権結社として最初に確認できるのは千歳会《ちとせかい》である。会名は筑《ち》後川《くごがわ》の別称である千歳川からとられている。

千歳会は明治十三年八月三十日付で会憲を定めているが、それは「皇室を尊戴《そんたい》し臣民《しんみん》の本分《ほんぶん》を尽くす可《べ》し」「国本《こくほん》の実力を養成し国権を弘張《こうちょう》す可《べ》し」「公愛の真理を守り固有の権理《けんり》を拡充すへし」の三カ条であった。千歳会は「各郡に部をおく」としており、筑前共愛公衆会と類似の組織構想をもっていたのかもしれない。「千歳会名簿」によって確認できるこのころの中心人物には、石井漣蔵《れんぞう》・松村雄之進《ゆうのしん》・杉本敬之・厨幾太郎《くりやきたろう》・横《よこ》枕覚助《まくらかくすけ》・川島澄之助・倉富恒二郎《くらとみつねじろう》などがあった。

翌年になると千歳会は改組されて筑水会《ちくすいかい》となる。明治十四年十月付の「会憲・規則」が残されており、結成されたのはこのころだろう。同じころに作成されたと思われる「筑水会旨趣書」は、国権の回復と皇室の安寧《あんねい》を永世《えいせい》に保護し、国民の権利伸張のために憲法制定と国会開設が必要であることを主張している。「旨趣書」は、明治二十三年を期して国会を開設するとの詔書が同年に出されたことをあげており、筑水会はそれを前提に政党結成をはかったと思われる。

明治十五年三月三日付の定期会決議録は、筑水会を親睦会とし、集会条例に抵触しない者で政党を組織して、これを「帝政立憲党《ていせいりっけんとう》と名称」するとしている。筑水会は次節で述べるように、九州改進党《かいしんとう》への参加問題を契機に分裂するが、政党結成問題は、これも後述するように、同時期の福岡県における民権運動の共通の主題であったのである。

柳川有明会

以上とは別に、筑後地方の三池《みいけ》・山門《やまと》郡では独自の動きが進行していた。この地方の民権運動は、のちに福岡県における自由党の基盤を形成し、そのなかから野田卯太郎《のだうたろう》・永江純一《ながえじゅんいち》らの自由党・立憲政友会《せいゆうかい》系の有力政治家を輩出《はいしゅつ》したことで注目される。

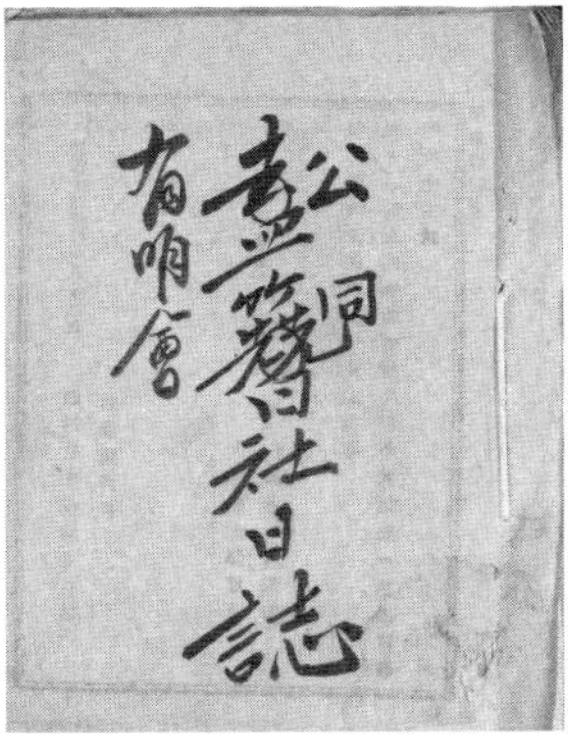

公同社有明会日誌表紙

史料的に確認できる結社の最初のものは、永江純一らにより三池郡で結成された盍簪社《こうしんしゃ》である。盍簪社は明治十三年（一八八〇）二月に設立されたと考えられ、「本社結合」の目的に「国会開設・条約改正ノ願望」を掲げていた。盍簪社は同年四月十八日、公同社《こうどうしゃ》と改称する。同じころに旧柳川藩領の柳川地方にも、城下士族を中心に民権運動が存在していた。十三年十一月の国会期成同盟第二回大会に参加した立《たち》花親信《ばなちかのぶ》は、「筑後国五郡有志百名総代」を称している。

福岡県の民権結社(明治８ 〜18年)

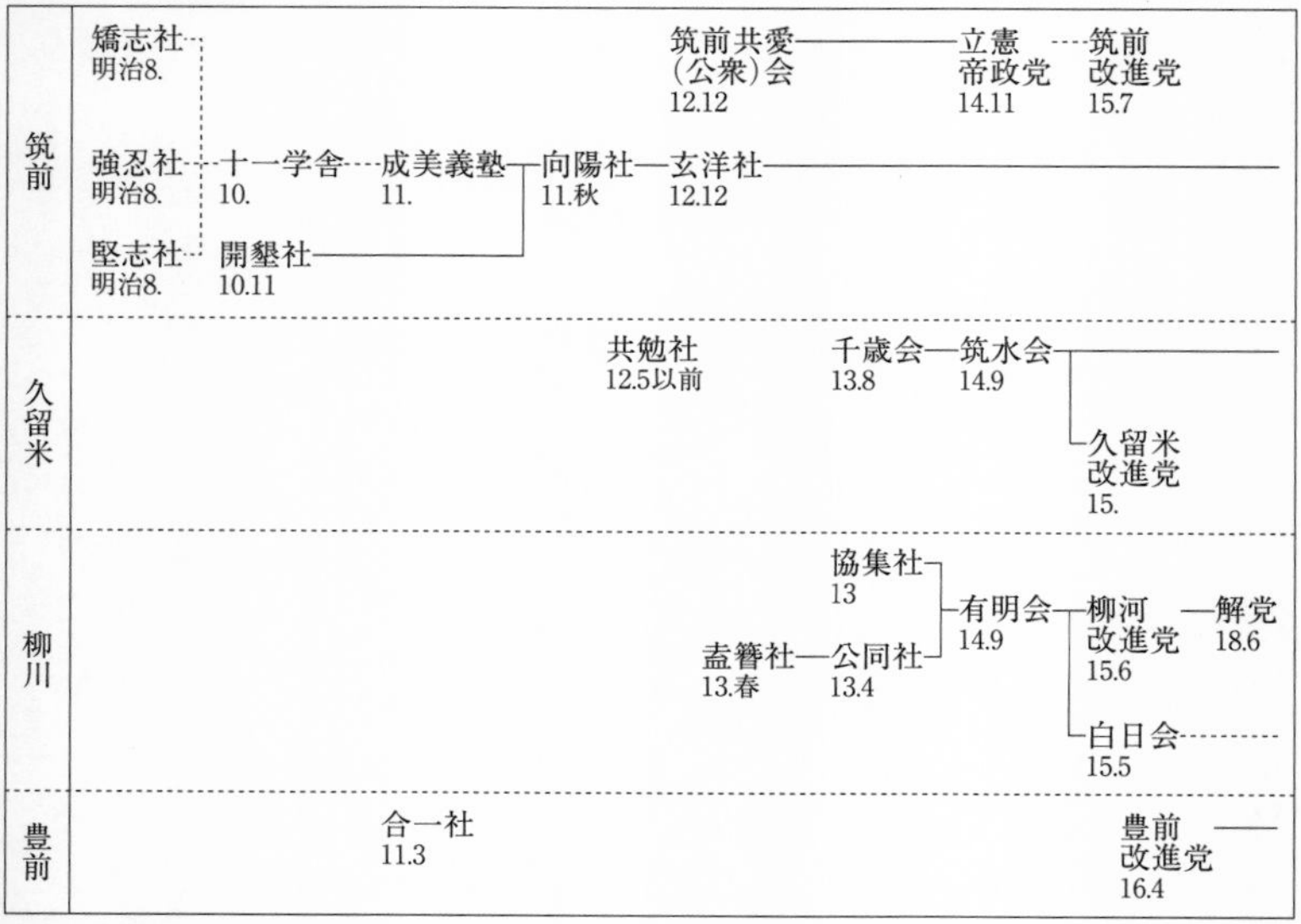

江島香氏作成。

1）数字は成立年月，または存在が確認できる年月を示した。

2）―はつながりが明確な場合を，┈は推定の場合を示した。

3）参考文献　石瀧豊美『玄洋社発掘』(西日本新聞社　1981年)，堤啓次郎「向陽社の成立」(『九州史学』94, 1989年)，福井純子「筑前民権運動についての一考察」(『立命館史学』1, 1980年)，上田俊美「筑前地方の自由民権運動について」(『九州史学』78, 1983年)，『福岡県史　近代史料編　自由民権運動』(1995年)。

その動きが現実化したのが、明治十四年九月に両者が合体した柳川有明会《ゆうめいかい》の成立である。柳川有明会は演説会・親睦会を開催して活発な運動を展開するが、早くも十五年五月には、柳川有明会の民権運動への傾斜を批判するグループが分裂し、白日会《はくじつかい》を結成した。白日会には盍簪社時代からの有力メンバーであった由布九郎《ゆふくろう》・津村宣《つむらせん》哲《てつ》らとともに、民権運動を批判的にながめていた渡辺村男《むらお》が参加している。

柳川有明会分裂の契機となったのは、九州改進党の成立をめぐる熊本をはじめとする諸団体の軋轢《あつれき》である。明治十五年にいたるまでの福岡県における民権運動は、のちに自由党系と反自由党系に分化する諸集団が、いまだゆるやかに結合を保っており、イデオロギー的な対立も顕在化していなかった。しかし次節で述べるように、九州の民権派が結集した十五年三月の九州改進党の成立は、熊本における紫溟会と相愛社《そうあいしゃ》の対立がもちこまれることによって、運動を分化させる契機となったのである。永江純一が立花親信に宛てた書簡によれば、同年の五月に熊本紫溟会員の古荘《ふるしょう》嘉門《かもん》らが三池に来訪し、由布九郎や津村宣哲と「大いに思想合致」したという。これに対する柳川有明会の主流派は、次節で述べるように柳川有明会を解いて、九州改進党の支部である柳川改進党の結成に向けて動いた。

豊前地方の動向

民権期の福岡県内の動向のなかで、もっとも不明な部分を多く残すのが豊前《ぶぜん》地方（旧豊津藩）の運動である。すでにみたように、愛国社再興大会には豊津《とよつ》から友松《ともまつ》醇一郎《じゅんいちろう》が参加しており、福岡向陽社や久留米共勉社とならんで豊津合一社《ごういつしゃ》の名がみえるが、その実態はよくわかっていない。これも前述したが、明治十一年（一八七八）十二月に植木枝盛が九州に来訪した際は、友松と杉生《すぎお》一郎《いちろう》が豊津で植木とあっている。

征矢野半弥

民権期の運動に直接つながる旧豊津藩士族の動向としては、新聞史料でしか確認できないが、明治十四年の豊英社《ほうえいしゃ》の成立をあげることができる。これよりさき、旧豊津藩士族中には懇会《こんかい》というものがあって諸事を決定していたが、近年の時勢の変化で士族のみの申合せで物事を決めることはできなくなり、「士農工商を分《わか》たず」豊前全体の有志者と懇親の実をあげようと、懇会の議をもって豊英社を設立、はじめ国会開設請願を目的とし、漸次《ぜんじ》全国有志者と親睦をめざしたという（『福岡日日新聞』明治十四年九月二日付）。

同年七月七日付の豊英社の規則によれば、総代として中川三郎《なかがわさぶろう》、友松醇一郎、飯森辰次郎《いいもりたつじろう》、征矢野半弥《そやのはんや》らの名があげられている（同前、九月七日付）。彼らはその後も政治家として活動した人物であるが、とりわけ征矢野半弥は明治二十七年の第三回衆議院議員総選挙に初当選して以降、計六回の当選を重ねた自由党系の有力政治家となる。

豊英社からの継承関係は明らかではないが、こののち豊前地方の結社としては、新聞紙上に公友社《こうゆうしゃ》の名を確認できる。明治十六年四月二十一・二十二日に、公友社員によって豊前改進党結党式が行われたという。中心となったのは、征矢野半弥らであった（同前、明治十六年四月二十五日付）。

2　九州改進党と政社の再編成

愛国社・国会期成同盟と玄洋社

すでにふれたように、明治十一年（一八七八）に再興された愛国社は、翌年十一月の第三回大会で国会開設請願とそのための全国遊説の展開を決定し、明治十三年の第四回大会で国会期成《きせい》同盟と改称した。これらの大会には福岡県をはじめ九州各県の活動家も参加し、彼らの何人かは全国遊説も行っている。しかしそれら九州派の動向は、愛国社運動の中心であった土佐の立志社《りっししゃ》とのあいだに、鋭い緊張をはらむものであった。

すでにふれたように、明治十二年十一月六日から大阪で開かれた愛国社第三回大会において、まず愛国社が先頭に立って国会開設の請願を行おうとする立志社の主張に、明確に異議を唱えたのは福岡の平岡浩太郎《ひらおかこうたろう》であった。平岡は、翌年三月に予定された請願運動のための会議は愛国社以外の有志者とともに行うべきだと主張し、参加者の支持を集めて立志社と対立した。第三回大会では結局、請願を「広く公衆とともにする」という方針が決定され、それに基づいて全国遊説が行われるのである。

注目すべきは、このような動きのなかから玄洋社《げんようしゃ》が成立したことである。向陽社のなかでは、同じ旧福岡藩士という出自をもつメンバーでも、愛国社への参加をめぐって微妙な差異が生じていた。参加に積極的だったのは箱田六輔・平岡浩太郎らで、彼らは向陽社のなかでは少数派だったが、「激論党《げきろんとう》」とみられていた。

玄洋社員　前列左から３人目頭山満，同５人目進藤喜平太。

玄洋社の成立については、いまだに多くの文献が『玄洋社社史』の記述に基づいて、明治十四年二月としている。実際には、明治十三年五月十三日付で玄洋社設置届けがだされ、八月二十一日に福岡県警察本署が認可しているのである。これらの事実は史料的根拠を提示して、すでに三〇年以上も前に石瀧豊美『玄洋社発掘』（昭和五十六年刊）によって明らかにされている。

事実に即して冷静に記述すれば、玄洋社は国会開設を求める運動のただなかで、向陽社内でそれにもっとも積極的にかかわったグループが結成したものである。また以下に述べるように、玄洋社はその後も九州における民権派の政党形成運動において重要な役割を果たし続ける。玄洋社が特別に国権主義的な立場に転向《てんこう》したというのは事実に反するのである。

九州改進党の結成をめぐって

九州各県の運動家が九州派と呼べるような方向性をもちはじめるのがいつごろからなのかは明確ではないが、明治十三年（一八八〇）十一月の国会期成同盟大会を前に、十月二十日に福岡で開かれた臨時会議では、九州連合本部を設置する件が予定されている（『朝野新聞』十月六日付）。また「国会期成同盟本部報」によれば、明治十四年一月八日付の報告として、「九州ノ団結」はすでに二、三年前からあったが、今回福岡本町の旧向陽社に本部をおいて、熊本の相愛社と福岡の玄洋社から一人ずつ常置員をおいて事務を取り扱うこととしたと報じられている。

これらの動きが、さきにみた愛国社・国会期成同盟における立志社との対抗関係のなかで、九州各県の民権結社による連合組織の成立につながったと考えられる。明治十四年十月一日に東京で開かれた自由党結成を議する会合で、九州の委員は土佐派の運営に反発して退場する。彼ら九州派は、明治十五年三月十二日、熊本の長国寺《ちょうこくじ》で大会を開き、九州改進党《かいしんとう》を結成した（水野公寿「九州改進党覚え書」）。会議には福岡県からは玄洋社の箱田六輔・頭山満、立憲帝政党《ていせいとう》を名のる中村耕介・南川正雄・吉田鞆二郎《ともじろう》、柳川有明会の十時一郎・岡田孤《こ》鹿《ろく》・立花親信らが参加し、永江純一・野田卯太郎も加わっている。

これより前、明治十四年から十五年にかけて、福岡県内の民権政社の動きはかなり混乱したものとなっている。その主要な要因は、明治十四年十月十二日に出された国会開設の詔書（一〇年後に開設する）であった。これによって、それまでの国会開設請願というわかりやすい運動の集約点が失われ、各地の民権政社は、国会開設を前提とした政党の結成に向かう必要に迫られた。

「地方巡察使復命書」は、十一月に筑前で立憲帝政党が組織されたことを報じており、「玄洋社と異名同質のもの」としている。しかし同書が幹部としてあげたうちの小野隆助・中村耕介・吉田鞆二郎は玄洋社員ではないし、箱田六輔らは九州改進党結成大会には立憲帝政党ではなく玄洋社として参加している。それはともかく、このころに筑前で立憲帝政党なるものの結成が提唱されたことは事実であろう。明治十五年三月には福岡で、筑前・筑後・豊前三国の親睦会が開催されているが、『朝野新聞』（明治十五年二月二十五日付）はこれについて、「従来三国に幷立せる政党を合併して新たに立憲帝政党を設立するの目的なり」と伝えている。事実とすれば、九州改進党結成の直前に、福岡全県を統一した政党結成の意図があったことになる。

また、柳川有明会の中心的な活動家であった永江純一の関係文書中には、三国親睦会への提案文書と思われる文書が残されており、そのなかに立憲帝政党に関するものがある。それは三国親睦会における有明会側の提案が立憲帝政党だった可能性を示唆する。しかし、旧三国を統一した福岡県立憲帝政党の形成は、九州改進党への対応という、各結社にとって微妙な問題を契機として内部に軋轢《あつれき》を生じ、流産してしまう。熊本会議の動向をみて議定すべきだという中村耕介らの主張に対して郡利らが反対し、「大《おおい》に互《たがい》の嫌忌《けんき》を生《しょう》し、延《ひい》て県会議場の軋轢を生するに至」ったのである（「地方巡察使復命書」）。

九州改進党成立後の福岡県の政社

九州改進党は明治十五年（一八八二）九月の長崎大会で党則を決定したと思われる。それによって、各地域の政社は原則として九州改進党の支部に位置づけられることになる。「改進党々則」（『福岡県史　近代史料編　自由民権運動』）によれば、本部のほか各地に地方部をおき、「改進党何部と称す」と定めている。地方部の組織方法は「其《その》自治に任《まか》す」とされており、党首をおかなかったことも含め、かなりルーズな組織だったことがわかる。

筑前地方については、県の警察資料である「当県下政党之景況《けいきょう》概略」がつぎのように述べている（『福岡県史　近代史料編　自由民権運動』）。すなわち、「福岡改進党は元共愛会及筑前立憲帝政党之合同したるもの」で、党員数は八二人にのぼり、筑前において「他日衆望《しゅうぼう》を得んものは此社《このしゃ》ならん」と。ここでいう「福岡」は県の呼称ではなく、筑前地方（旧福岡藩）をさすと思われる。

共愛会と立憲帝政党の合同というのは、これまでみてきた共愛会の組織原理からみて正当な理解とはいえないだろう。いずれにしても、筑前立憲帝政党が母体となって、筑前地方における九州改進党の支部を形成したらしいことがうかがえる。実際に『福岡日日新聞』（明治十五年十一月八日付）には「筑前改進党幹事」名による事務所移転広告が掲載されている。

これとは別に、「地方巡察使復命書」によれば、筑前改進党は九州改進党結成から二カ月後の五月に組織され、「筑前中少《すこ》しく名望あるもの」はおおむね党員であったが、翌十六年五月に解党したという。警察による県会議員名簿（『福岡県史　近代史料編　自由民権運動』）には、筑前改進党・柳川改進党・久留米改進党の表記がみられる。豊前地方については、『福岡日日新聞』（明治十六年四月二十五日付）によれば、同地方の公友社員は豊前大橋《おおはし》において、明治十六年四月二十二日に改進党結党式を挙行している。中心となったのは、のちに衆議院議員となる征矢野半弥らであった。

このように、九州改進党の結成を受けて、筑前・久留米・柳川・豊前それぞれに民権政社は九州改進党支部として再編成されたようにみえるが、それら各地域結社のゆるやかな連合体としての九州改進党という図式は、必ずしも円滑に形成されたわけではない。たとえば柳川の場合、前節で述べたように、九州改進党結成の影響は、まず柳川有明会の分裂となってあらわれた。公同社設立以来の中心メンバーであった津村宣哲らが、「〔熊本〕相愛社の如き異主義の党」との連合を不満として、脱会届を提出したのである。津村らと袂《たもと》を分かった柳川有明会は、六月十八日に柳川有明会を解いて柳川改進党を組織する。同年八月十二日の親睦会は、集会条例に抵触しない者はすみやかに柳川改進党に入党することを決定している。

しかし十月十五日に開催された柳川改進党臨時会では、柳川改進党の名称を解いて九州改進党直轄とするかどうかについての議論がなされており、「明治十五年誌」(永江文書)は「都合《つごう》ありて可否《かひ》を決せず」と記録している。ここにみられるような、政党組織をめぐる議論の混迷は、柳川に限らず各地方に共通するものであったといえよう。

九州改進党の解党

明治十七年(一八八四)になると、自由党員による激化《げきか》事件がつぎつぎと鎮圧されるなかで、十月二十九日には自由党が解党し、立憲改進党も十二月に総理大隈重信《おおくましげのぶ》らが離党して解体状態となる。このような状況を受けて、翌十八年五月に開催された九州改進党久留米大会は、「形而下《けいじか》の団結を解き形而上《けいじじょう》の交際に依り」親睦を固くするとして解党してしまう。

もっとも、旧九州改進党系の人びとは、解党後も毎年親睦会を開催し、人脈を維持している。そうした親睦会があらたな政治的再編成の母体となっていくのである。

ここで注意すべきは玄洋社の動向である。従来の研究では玄洋社については、九州改進党の結成大会において、相愛社との対立関係から退席した熊本紫溟会《しめいかい》に同調したことが強調されてきた。もちろん玄洋社は九州改進党に直接参加はしていないが、それはイデオロギー的な対立によるものとは言えない。警察史料(「当県下政党之景況概略」)は、玄洋社についてつぎのように興味深い説明を行っている。すなわち、社員の多くは明治十三年ごろまでの「疎暴《そぼう》の挙動《きょどう》」から、近来とみに「挙動実着《じっちゃく》」に赴いて「昔日《せきじつ》の面目《めんぼく》を一洗《いっせん》」している。それは別に主義を変更したわけではなく、各自が応分の事業に力をつくして自己の独立をはかってこそ「真の自由改進主義」に立つものであるとの「社論」から、荒蕪地《こうぶち》の開拓などに従事しているためである。

実際のところ、九州改進党結成以後も同党と玄洋社の関係は敵対的ではない。たとえば明治十七年四月二十日に芦屋《あしや》で開催された筑前国同胞《どうほう》親睦会には、中村耕介・不破国雄《ふわくにお》・南川正雄らとともに、玄洋社の藤島一造《ふじしまいちぞう》・大内義瑛《おおうちぎえい》なども参加している。さらに九州改進党は同年五月二日に博多聖福寺で第四回大会を開催しているが、その懇親会には箱田六輔・藤島一造・月成重三郎《つきなりじゅうざぶろう》・林斧介らの玄洋社メンバーも出席している。九州改進党が解党を決めた久留米大会にも、玄洋社の香月恕経・久田全《ひさだぜん》が参加しているのである。

また、かつて筑前共愛会に集まった地域結社も、九州改進党成立後も健在であり、独自の活動を続けていた。たとえば、明治十七年六月には儺川義社の春期大集会が開催され、思水会と懇親会を行うことが決定されている（思水会でも決定）。九州改進党期においても、地域結社の自立性は存在していたのである。

政談社の結成と大同団結運動

明治十九年（一八八六）六月に政談社《せいだんしゃ》が設置された。政談社は、福岡県全体の民権派の結集を意図する組織としては最初のものである。政談社組織の直接の契機は、六月十三日付の『福岡日日新聞』の社説「政談社の設置を促す」であった。こののち、両筑豊前六郡親睦会が甘木で開かれて政談社設置の議が整った。親睦会には、中村耕介・藤金作《とうきんさく》・大庭弘《おおばひろし》・香月恕経・庄野金十郎・多田作兵衛・吉田鞆二郎・大神輔義《おおがみすけよし》・森田正路《まさみち》・野村莠《はぐさ》らが出席している（『福岡日日新聞』明治十九年六月二十六日付）。

政談社は玄洋社系の一部の参加者をも加え、議会開設を前にした福岡県の民権派の組織として、また県会の多数派として機能し続けるが、のちに述べるように、その内部に複雑な対立をかかえていた。その対立はつぎにみる大同団結運動への参加をめぐって明らかなものとなっていった。

旧自由党の後藤象二郎《ごとうしょうじろう》によって提唱された大同団結《だいどうだんけつ》運動は、全国に大きな波紋《はもん》を投げかけた。福岡県においても、条約改正問題への対応などをめぐって、運動は非常に複雑な経過をたどった。とりわけ問題だったのは、旧九州改進党系に内部対立が存在したことである。おおまかにいえば、政談社の主流派は九州改進党系のなかでももっとも積極的な大同派であった。しかし同時に、政談社のなかには強硬な非大同派も存在し、両者は一時期激しい対立を繰り返したのである。

福岡大同派の運動は活発であった。彼らは明治二十一年二月二十二日に柳川で開かれた旧九州改進党親睦会で、全国各府県に同志者を派遣して遊説し、全国過半数の同意者をえたら東京で大会を開いて政社を設けるという議案を提出している。この提案は決定をみなかったが、同年秋には多田作兵衛・庄野金十郎が大阪以東を漫遊し、十月十四日に大阪で開催された大同団結全国有志大懇親会に参加している。同月二十八日の旧九州改進党親睦会山鹿会《やまがかい》は、鹿児島を除く九州全県が参加するという、九州改進党解党後としては最大規模のものとなり、大阪・秋田からも参加者をみた。この大会で、後藤や板垣退助と会談した多田の報告を受けて、大同団結のため委員を出すことを決議するにいたったのである。

反大同派の活動と九州の団結

徳富蘇峰《とくとみそほう》が主宰する雑誌『国民之友《こくみんのとも》』(三六号)は、大同団結運動に対する旧九州改進党系の動向について、つぎのように述べている。すなわち、熊本の多数は反対、佐賀・長崎・大分にも反対する者があり、鹿児島の旧九州改進党派の人びとも反対である。賛成するのは福岡地方だが、県内でも三池地方には、ずいぶん反対論もあると聞く。したがって、旧九州改進党系が大同団結に荷担するかどうかは、翌年一月の熊本大会をまたねば不明であると。

当時、東京に民友社《みんゆうしゃ》を起こして論壇に地歩を築きつつあった蘇峰は、熊本・福岡の反大同派の人びとと関係をもっていた。右の記事にある三池地方の反対論の代表者は野田卯太郎と永江純一である。柳川有明会の流れをくむ旧柳川改進党系は、岡田孤鹿・立花親信らの大同派と、野田・永江らの非大同派に分裂しつつあったのである。

このように、大同派と非大同派の緊張をはらみながらも、旧九州改進党系のなかでは、依然として「九州の団結」を保持しようとする力が働いていた。それは、九州連合同志会の成立となってあらわれる。すなわち、大日本帝国憲法ならびに衆議院議員選挙法公布直後の明治二十二年（一八八九）二月二十三日から開かれた、旧九州改進党熊本親睦会は、九州連合同志会の規約を議決し、同会の結成大会となった。この親睦会は熊本紫溟会の佐々《さっさ》友房《ともふさ》らの参加をめぐって紛糾し、結局、紫溟会や玄洋社系の人びとが退席したことで知られるが、同時に大同団結運動との関係では、九州連合同志会としては、大同団結会への委員派遣などはしないことも決めている。

岡田孤鹿

反大同派と筑前協会・三州倶楽部

九州連合同志会結成の翌月（明治二十二年三月）に、大同団結運動の提唱者であった後藤象二郎が入閣してしまう。これをきっかけに運動は大同倶楽部《クラブ》（後藤派）と大同協《きょう》和会《わかい》に分裂するが、福岡の大同派は大同倶楽部に参加する。また、四月に大隈重信外相が進めていた条約改正案が明らかにされると、これに対する反対運動が全国的な盛上りをみせるが、福岡では大同派と玄洋社系の人びとを中心に、六月に筑前協会《ちくぜんきょうかい》が結成される。筑前協会は「共愛会の遺志《いし》」を継ぐことをうたって結成されたが、結成の契機が条約改正反対運動であったことは明らかである。八月には政談社も条約改正案修正意見書捧呈《ほうてい》を決議する。

同年九月一日に筑前協会臨時大会が開かれ、条約改正中止の建言を満場一致で決議するが、このとき主義目的の発表および政治部の設置は否決される。おそらくはこの問題が契機となって、臨時会直後から政談社系の人びとの筑前協会脱退があいつぐ。分裂のもう一つの契機となったと思われるのが、八月に条約改正反対五団体連合（大同倶楽部・大同協和会・日本倶楽部・保守中正《ちゅうせい》派・九州団体）が結成されたことである。玄洋社はもちろんこの連合に参加したが、政談社派の主流にとっては、連合に参加することは旧九州改進党以来の対抗関係にあった熊本紫溟会と同席することになる。結局、政談社は九州大懇親会に参加しなかったのである。

ところで、この間、政談社内部における大同派・非大同派の対立は深刻なものとなっていた。八月の段階で永江純一は政談社を脱退していたが、十一月には柳川地方で、自由民権運動以来の同志であった人びとが完全な分裂状態となった。さらに、十二月に政府が条約改正の延期を発表し、条約改正問題がひとまず政治的争点としての意味を失うと、今度は永江純一・野田卯太郎らの非大同派と、大同派と分裂した筑前協会系との連合の動きがでてくる。これが三州《さんしゅう》倶楽部である。ここに、政談社（大同派）対三州倶楽部という福岡県の政界を二分するあらたな対抗図式が登場するのである。両者は明治二十三年二月の県会議員半数改選をめぐって激しく競合するなど、その対立は一時きわめて激しいものであった。

福岡自由倶楽部の成立

明治二十三年（一八九〇）四月に開かれた九州連合同志会鹿児島大会は、「自由党、立憲改進党、大同団結、愛国公党其他進歩的の主義を取る者」の連合をめざすと同時に、「各個随意《ずいい》に他の団体と連合することを得《え》ず」との但書《ただしが》きによって大同派を牽制《けんせい》した。結局のところ、五月初めの大会で、福岡政談社と三州倶楽部はそれぞれ鹿児島大会の決議支持を決定するのである。しかしこのとき、三州倶楽部の玄洋社系は、立憲改進党との連合および条約改正問題の不審議に反対し、結局、三州倶楽部は野田・永江らの旧政談社非大同派と玄洋社系にふたたび分裂することになる。

二カ月後にはじめての衆議院議員総選挙をひかえて、この段階は党派の離合集散を決する最終局面であった。その最終局面を迎えて、三州倶楽部（旧政談社非大同派）は、政談社と玄洋社の双方に合同を申し入れる。成否の可能性は別として、玄洋社をも含む合同の試みが最後までなされたことは記憶されるべきであろう。政談社は、衆議院議員候補者は各党派の自由にまかせること、立憲改進党の存在を理由に連合に躊躇《ちゅうちょ》しないことなどを条件に、合同を受け入れた。しかし玄洋社は、あくまで九州連合同志会決議の立憲改進党との連合に反対する立場から、三州倶楽部の申入れを謝絶したのである。

三州倶楽部は政談社の合同二条件を了承し、六月の初めに柳川の二派の和解が成立した。こうして、明治二十三年六月十五日に三州倶楽部と政談社は合同式を行い、福岡自由倶楽部が結成された。ここに、福岡自由倶楽部と筑前協会派の対抗という図式のもとで、七月一日の第一回衆議院議員総選挙を迎えることになるのである。福岡自由倶楽部は九月の立憲自由党の結成に、九州同志会の一部として参加する。そして、ここに成立した自由党対玄洋社という政治的対抗関係は、その後の総選挙をめぐる競争を通じて構造化され、福岡県における党派的対抗関係の基本的な構図となっていくのである。

3 議会の開設と政党の動向

市制・町村制の施行

大日本帝国憲法・衆議院議員選挙法が公布される前年の明治二十一年（一八八八）、地方制度の面から明治国家の骨格を形づくる法律が公布された。市制《しせい》・町村制《ちょうそんせい》であ

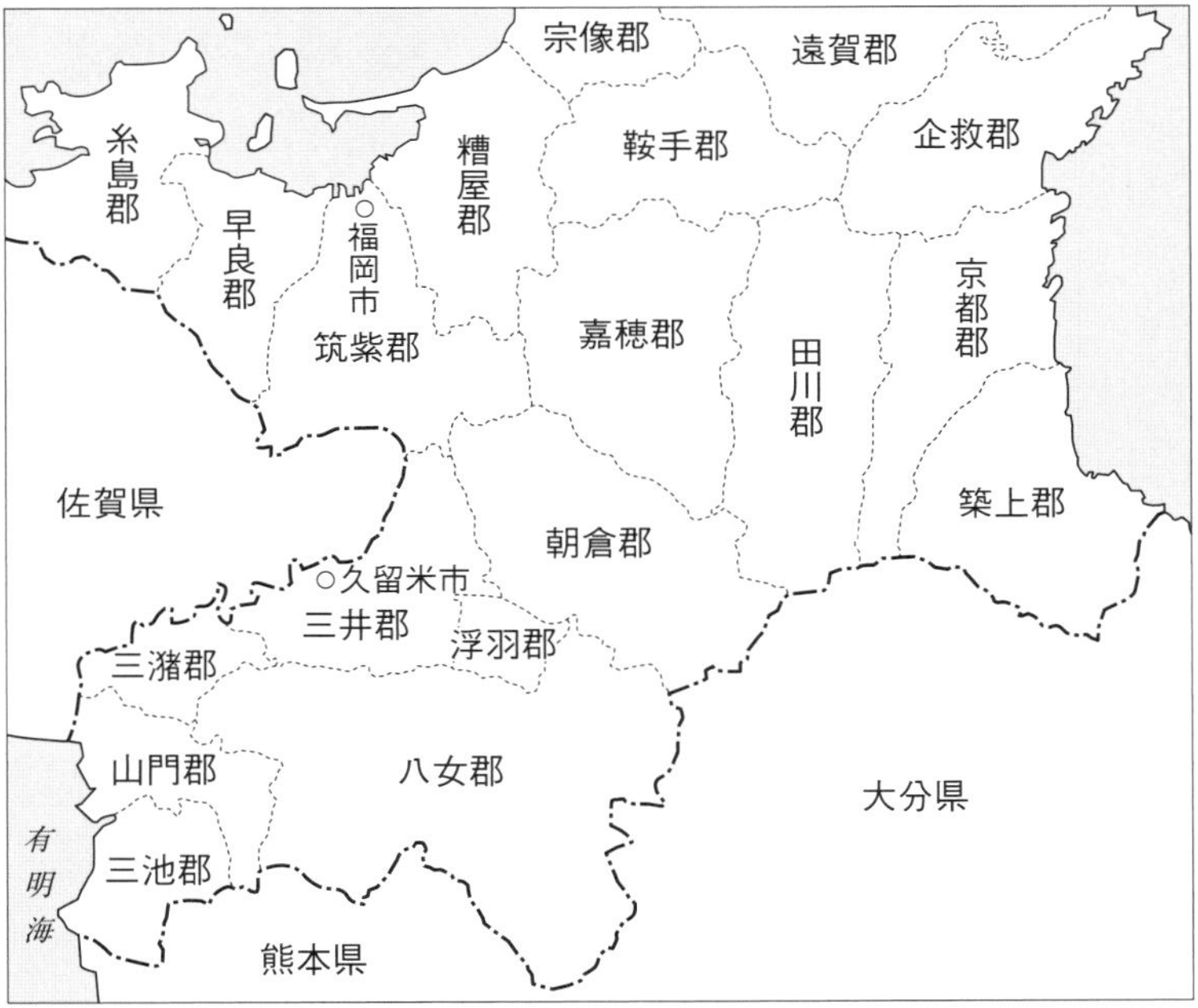

市郡域図

る。郡区町村編制法《ぐんくちょうそんへんせいほう》（明治十一年）以来の、地方制度の大改革である。政府の意図は、政府は政治の大綱を握って国家統治の実をあげるから、人民は自治の責任を担って地方の公益をはかれというものであり、ここに明治国家による統治の方向性が示されている。

　これによって町村は郡に包摂《ほうせつ》され、郡は府県に包摂される。市は直接、府県に包摂されるものとされた。市町村には条例・規則を制定することや、支弁《しべん》事業を行い、市町村税を賦課する権限があたえられた。市町村会には市町村長、助役《じょやく》、参事会員《さんじかいいん》の選任権がある。市町村会議員の選挙権・被選挙権をもつのは、満二五歳以上の一戸を構える男子で、直接国税二円以上をおさめる者（公民《こうみん》）である。市町村会は等級《とうきゅう》選挙制をとっており、公民は納税額によって区分され（市の場合は一〜三級、町村の場合は一、二級）、それぞれに議員が選出された。

福岡県の場合は、明治二十二年四月一日の施行と同時に、福岡区に那珂郡・早良郡の一部を加えて福岡市が、御井《みい》郡両替《りょうがえ》町ほかの町村が合併して久留米市が成立した。同年末の人口は福岡市が五万五五九人、久留米市が一万七五八七人である。

問題は町村合併である。町村制公布時の町村の多くは、江戸時代以来の、農業生産の共同体としての、いわゆる自然村であった。そのため、七〇％近い町村が戸数一〇〇戸以下という小規模なものであり、小学校の運営などを含むさまざまな行政を担うことは財政的に困難である。このため、地方行政を担いうる規模を維持するために、町村合併が構想された。福岡県の場合、町村制の施行にともなう合併によって、明治二十一年末現在で二七三町一六八五村であったものが、二三町三六一村となった。江戸時代からの共同体である旧町村は、合併で成立した新町村の大字《おおあざ》を形成した。

町村制の導入にともなう町村合併に対する旧町村の不満は多かった。町村制によってあらたに設定された町村が、人びとの帰属《きぞく》意識を規定し、生活感情に根ざした「地域」として定着するには、相応の時間が必要だったのである。

第一回衆議院議員総選挙

明治二十二年（一八八九）二月十一日、大日本帝国憲法と同日に衆議院議員選挙法が公布された。よく知られるようにこの選挙法は、直接国税一五円以上をおさめる二五歳以上の男子のみを有権者とする制限選挙であり、有権者数は全人口の一％をわずかに上回るにすぎなかった。選挙区制は、一選挙区の定員を一人（一部に二人の選挙区を含む）とする小選挙区制である。福岡県の選挙区割りは全八区であり、第二区（糟屋・宗像《むなかた》・那珂・御笠・席田・上座《じょうざ》・下座《げざ》・夜須の各郡）のみが定員二人であった。
　第一回衆議院議員総選挙は明治二十三年七月一日に実施された。結果は左表の通りである。表に明らかなように、多くの選挙区において二派の競争が出現している。玄洋社系の『福陵《ふくりょう》新報』は、対立する二派を「政談社派」「筑前協会派」と表記している。両派の候補者の多くは、自由民権期にはともに筑前共愛会などの活動を積極的に担った人びとである。両派の対立は民権派と反民権派の対立ではなく、旧民権派が異なる政治党派に分化したものなのである。

第１回衆議院議員総選挙の結果

1区	当選	津田守彦（筑前協会）896（*892*）
	落選	郡保宗（筑前協会）643（*641*）
	落選	樋口競（政談社）*348*
2区	当選	小野隆助（筑前協会）2562（*2565*）
	当選	香月恕経（筑前協会）2170（*2169*）
	落選	多田作兵衛（政談社）1752
	落選	吉田鞆二郎（政談社）1406
3区	当選	権藤貫一（筑前協会）1206
	落選	山中立木（政談社）1051
	落選	許斐鷹介（炭坑主）834
4区	当選	佐々木正蔵（筑後同志会）666
	落選	倉富恒二郎（政談社）466
5区	当選	十時一郎（政談社）*1241*
	落選	中村彦次（筑後同志会）*1224*
6区	当選	岡田孤鹿（政談社）973（*993*）
	落選	杉森憲正（筑後同志会）241（*250*）
7区	当選	堤猷久（元県農務課長）*713*
	落選	青柳四郎（政談社）*610*
8区	当選	末松謙澄（内務省県治局長）962
	落選	征矢野半弥（政談社）408

『福岡日日新聞』『福陵新報』による。両紙で票数が異なる場合,『福陵新報』の票数を（　）内に斜体で示した。斜体のみの記載は『福岡日日新聞』に票数の報道がないもの。

　最初の選挙運動がどのように展開されたかを、とりわけ競争が激しかった第二区を例に、具体的にみてみよう。選挙結果は筑前協会派の小野隆助・香月恕経が当選し、政談社派の多田作兵衛・吉田鞆二郎が落選した。
　この競争はかつての同志間の競争である。小野隆助は太宰府天満宮《てんまんぐう》の神官小野加賀家《おのかがけ》の生まれ。久留米藩の勤王の志士で、禁門《きんもん》の変に敗れて自刃した真木《まき》和泉守保臣《やすおみ》の弟氏伸《うじのぶ》

（小野家に養子にはいる）の次男である。明治十一年に那珂・御笠・席田郡の郡長となり、十三年に筑前共愛公衆会の会長となる。後年は香川県知事などをつとめた。香月恕経は秋月藩の医者の子として夜須郡（現、朝倉《あさくら》市）に生まれ、明治九年の秋月の乱で投獄されている。多田作兵衛とともに明治十二年、甘木に民権政社集志社を組織して社長となり、筑前共愛公衆会の幹部として活躍した。

一方、多田作兵衛は豪農の出身であり、明治十一年の最初の県会で上座・下座・夜須郡から選出されて以来の最古参の県議であり、衆議院議員を争う香月とともに集志社の中心人物であった。

御笠郡における総選挙では、旧思水会員による演説会があり（『福陵新報』明治二十三年六月二十七日付）、同じく思水会員であった斉藤庸一郎《よういちろう》の日記にも、鹿島譲次郎《かしまじょうじろう》・森山庄太《もりやましょうた》・高原謙二郎《たかはらけんじろう》ら旧思水会メンバーによる談合の記事がみられる。小野隆助の選挙においては、旧思水会人脈がフル回転したのである。

最初の帝国議会

総選挙を受けて召集された第一回帝国議会（第一議会）は、山県有朋《やまがたありとも》内閣のもとで明治二十三年（一八九〇）十一月二十九日に開院式が行われた。

第一党を形成したのは立憲自由党であり、議会開会時には無所属議員をあわせた院内会派として弥生《やよい》倶楽部を組織し、一三一人を擁《よう》していた。福岡県から当選した十時一郎・岡田孤鹿は立憲自由党員となる。自由民権運動以来のもう一つの政党、立憲改進党系は四三人を占め、これら両党はのちに「民党《みんとう》」と呼ばれるようになる。衆議院の定数は三〇〇人だから、数字のうえでは民党が連合すれば絶対多数を占めるのはいうまでもない。

他方で小野隆助・香月恕経を含む非自由党系の福岡県選出代議士は、同年八月に組織された院内会派の大成《たいせい》会《かい》に加入する。大成会は第一議会開会時に八五人を擁し、のちに「民党」に対して「吏党《りとう》」と称されるようになる。政府提出の予算案をめぐって「民党」と異なる態度をとったためだが、別に政府党であったわけではないし、明確な政党だったわけでもない。

第一議会は予算案をめぐって衆議院と政府が激しく対立したことで知られる。立憲自由党や立憲改進党は、今日でいう行政整理によって「政費節減《せいひせつげん》」を行い、それを減税（地租軽減）の財源にすることを主張した。当時の有権者の多数は地主・自作農であり、地租軽減はこれら衆議院議員の支持基盤の利害に直接かかわるものだった。

問題は、この場合の「政費節減」が憲法上の天皇大権《たいけん》に属する官吏定数や俸給《ほうきゅう》の削減を意味し、それらの歳出については、議会は政府の同意なしに削減・改廃できなかったことである。政府が事前に同意しようがしまいが、議会の査定《さてい》として予算削減を決議しようというのが、立憲自由党や立憲改進党の立場であり、採決前に政府の同意を求めようというのが大成会などの立場であった（大成会も「政費節減」そのものに反対していたわけではない）。衆議院は後者の動議を可決し、交渉の結果、政府は「政費節減」の一部を受け入れて予算案は衆議院を通過したのである。

このような第一議会における予算審議の過程が、「民党」と「吏党」という対立軸の起源となる。明治二十四年十一月召集の第二議会では、「民党」側は衆議院において軍艦建造費を含む政府予算案の大幅削減を行い、松方正義《まつかたまさよし》内閣はこれに解散で応じて、翌二十五年二月に第二回衆議院議員総選挙が行われることになる。このとき自由党系の『福岡日日新聞』は、第一、第二議会での小野隆助、香月恕経の態度をつぎのように批判した（明治二十五年一月二十八日付）。すなわち、両者は「硬派又は民党」に反対し、政費節減の査定案に反対し、「政府方」となったため、選挙区民の心もおおいに変じて、両者の再選をあやぶむ者も少なくないと。

右にみたように、別に大成会が政府党だったわけではないし、政費節減そのものに反対したわけでもない。

しかし自由党系のメディアでは、小野や香月は「民党」に対立する「政府方」に位置づけられているのである。以後、「民党」「吏党」は、政治的な記号として急速に地方の人びとにも流通するようになる。

第二回衆議院議員総選挙と「選挙干渉」事件

明治二十五年（一八九二）の第二回衆議院議員総選挙は、各地で死者を含む流血の衝突を生み、松方正義内閣の選挙干渉《せんきょかんしょう》として世に知られている。この選挙における衝突が、民党と吏党という対立図式に強いリアリティをあたえ、この図式を定着させたのである。

しかし、そもそも明治二十五年の衆議院議員総選挙に際して生じた流血の事態を、直線的に政府の指示による選挙干渉と結びつけて議論するのは問題がある。佐々木隆《たかし》は、流血の事態が政府の系統的な指令によるとする通説に疑義《ぎぎ》を呈《てい》し、知事の態度や地域的党派関係が複合的に作用した結果、暴発的に発生したものとする見解を示している（『藩閥政府と立憲政治』）。衝突が激しかった県の一つである福岡県の場合も、事態は同様だったと思われる。

福岡県では、もと熊本紫溟会員であった安場保和《やすばやすかず》県知事のもとで、自由党系と、吏党と呼ばれた玄洋社や熊本国権党《こっけんとう》（紫溟会を改称）などの壮士《そうし》たちのあいだで激しい衝突が起こった。安場知事による直接的な「干渉」の指示を示す史料は今のところ見当らない。しかし玄洋社や熊本国権党による襲撃事件の背景に、警察の黙認や暗黙の支持があったらしいことはうかがえる。第二区と第六区（山門・三池郡）を例に、党派間の衝突の実態をみてみよう。

第二区では今回は、多田作兵衛・藤金作《とうきんさく》対小野隆助・香月恕経の競争となった。藤金作は糟屋郡を地盤とする最古参の県会議員で、衆議院議員総選挙ではつぎの第三回から第九回総選挙まで連続当選する。多田作兵衛

となら ぶ、代表的な自由党系の地主代議士である。

一月三十一日、「反対党末派の者と民党末派の者と争闘」が起こった（『福岡日日新聞』明治二十五年二月二日付）。この衝突は「吏党」側の敗北に終ったようであり、このため翌二月一日に上座郡比良松《ひらまつ》（現、朝倉市）で開催された多田作兵衛の演説会は、「吏党」側の報復を予測して会場に竹矢来《たけやらい》をめぐらすなど、ものものしい雰囲気のなかで行われた。そこに玄洋社の大原義剛《おおはらよしかた》が二〇〇余人を引きつれて襲撃し、大乱闘になったのである（比良松事件）。

選挙結果は前回に続いて小野・香月が当選した。しかし二位当選の香月（二〇五一票）と次点の多田（一九六九票）の差は、前回の四一七票に対して今回は八二票に接近しており、激戦であったといえよう。「干渉」の成果かどうか、福岡県における自由党系の当選者は第六区の岡田孤鹿のみであった。この六区の選挙運動のなかでは、のちに衆議院議員になる自由党の永江純一が脚を切られて重傷を負うという事態も生じていた。永江自身が残した手記（「永江家文書」）によれば、永江は二月十日の未明に待ち伏せた「吏党」の壮士に刀で足を切られ、彼らが本部にしていた旅館に拉致された。旅館のなかでは四、五十人の壮士が靴《くつ》や下駄《げた》のままで室内を往来し、やってきた旧知の飯田《いいだ》警部は永江に気づかぬふりをする。あとからやってきた綾部《あやべ》という警部が命じて、ようやく永江は治療を受けるのである。福岡県では、玄洋社や熊本国権党の「壮士」たちが警察の黙認や、より積極的な荷担の下で活動していたことがわかる。

民党と吏党

最近の政治史研究が明らかにしているように、政策面で「民党」と「吏党」の違いは、とくに地域社会においてはなきに等しいものである。すでに繰り返し検討したように、第一回衆議院議員総選挙で対立した両派の候補者のほとんどは民権運動の同志だったのであり、非自由党系でも選挙地盤は民権運動以来の地域政社であった。少しのちのことになるが、自由党系の『福岡日日新聞』（明治二十九年七月二十四日付）は「筑紫《ちくし》郡の大地主」という記事を掲げている。それによると、総計二三一人の大地主中に自由派が一一九人、国民派は一一一人である。「国民派」とはのちにふれる国民協会《こくみんきょうかい》系のことであり、要するに小野隆助ら「吏党」と称された人びとの呼称である。「民党」と「吏党」のあいだには、階層差もないことが示されている。にもかかわらず、「民党」と「吏党」という言葉は、地域社会を政治的に区分する言葉として強力に流通し続けた。そのきっかけとなったのが、第二回衆議院議員総選挙に際しての地域における党派対立だったのではなかろうか。

さらに民党対吏党という対立図式が社会に浸透した根拠の一つが、「民」「吏」という言葉の価値意識に根ざすものであったことはまちがいないだろう。地域社会におけるプラスの価値意識としての「民」がいち早く使われ、一人歩きしはじめてからは、それを政治的記号として独占した党派は言説上の闘いで優位に立つことができたと思われる。

三　大陸への衝動

満洲義軍の玄洋社員

1 日清戦争前後の大陸問題

朝鮮問題と玄洋社

自由民権運動を担った福岡の士族層は、征韓《せいかん》論争において征韓派の立場に近い者が多かった。したがって、旧自由党の大井憲太郎《おおいけんたろう》らが朝鮮半島に渡って、金玉均《きんぎょくきん》らの改革派を支援して日本の国内改革に結びつけようとした大阪事件と相似形をなすように、玄洋社《げんようしゃ》の一部は朝鮮の政争への関わりを契機に大陸問題への傾斜を深めていく。

明治十五年(一八八二)七月に、朝鮮の首都漢城《かんじょう》(現、ソウル)で壬午《じんご》事変と呼ばれる争乱が起こる。政権を握って軍制改革を進めていた閔妃《びんひ》(高宗《こうそう》の妃《きさき》)一族に対して、権力を回復しようとした大院君《たいいんくん》(高宗の父)配下の兵士が反乱を起こしたのである。反乱軍は日本公使館を襲撃し、公使館員や日本人軍事顧問が殺害された。このとき玄洋社の平岡浩太郎は薩摩人《さつまじん》の野村忍介《のむらおしすけ》と語らって義勇軍《ぎゆうぐん》を計画したという。また『玄洋社社史』が記すところによれば、壬午事変ののちも玄洋社や熊本の民権結社相愛社《そうあいしゃ》の有志が朝鮮に渡る計画があり、これには中江兆民《なかえちょうみん》、樽井藤吉《たるいとうきち》、宗像政《むなかたまさ》(熊本相愛社)、長谷場純孝《はせばすみたか》らもかかわっていた。

大井憲太郎らの計画が進行しているころ、東京在住の玄洋社員来島恒喜《くるしまつねき》・的野半介《まとのはんすけ》らも、樽井藤吉らとはかって朝鮮挙兵を計画していた。これは明治十七年に漢城でクーデタを起こし(甲申《こうしん》事変)、清国軍に敗れて日本に亡命していた朝鮮開化派のリーダー金玉均を擁《よう》して挙兵しようというものであったが、実行されなかった。しかし頭山満《とうやまみつる》は亡命中の金玉均と会い、援助を続けている。

朝鮮半島のみならず、中国大陸との関わりも明治十年代に発している。『東亜先覚志士記伝《とうあせんかくししきでん》』の記すところによれば、甲申事変ののち、長谷場純孝・中江兆民・末広重恭《すえひろしげやす》（鉄腸《てっちょう》）・樽井藤吉らの人びとは大陸問題での活動を申しあわせ、平岡浩太郎・頭山満の賛成をえたという。このような明治十年代の朝鮮問題・大陸問題に関する活動では、しばしば自由民権運動の著名な活動家の名前をみることができる。朝鮮半島をめぐって清国と対峙した明治十年代の国際環境は、強い対外的危機感をもたらしていたのである。

とはいえ明治十年代における直接的な大陸活動は、いまだ萌芽《ほうが》的なものであった。やや具体的なものとしては、明治十七年に上海《シャンハイ》に設立された東洋学館《とうようがっかん》がある。これは熊本相愛社の日下部正一《くさかべしょういち》が長崎で平岡浩太郎と出会い、上海で青年子弟を養成して他日の大陸経営に備えようと説いて賛同を得たことに始まるという（『東亜先覚志士記伝』）。東洋学館は末広重恭を館長に、樽井藤吉・宗像政・佐々友房《さっさともふさ》・中江兆民らが参加したという。経営にあたって尽力した一人が玄洋社の大内義瑛であり、ここでもまた自由民権期の活動家が多数登場するのである。

荒尾精と日清貿易研究所

東洋学館はさしたる成果もあげられないまま一年余りで閉鎖しているが、大陸問題に活躍する人士の養成という点でより実質的な成果をもたらしたのは日清《にっしん》貿易研究所である。これは、陸軍退役軍人の荒尾精《あらおせい》によって、明治二十三年（一八九〇）に上海に設立された、対中国貿易の人材養成を目的とする教育機関である。荒尾の本来の意図は、これを日本の大陸進出の一段階となすことにあった。そして、この日清貿易研究所の設立に福岡の人びとが熱心に応じたのである。

荒尾精は安政《あんせい》五年（一八五八）尾張《おわり》に生まれ、明治十三年に陸軍士官学校入学、同十八年に参謀本部《さんぼうほんぶ》に転じると、翌年に清国に渡って「支那《しな》問題」をめぐる活動を開始したのである（井上雅二『巨人荒尾精』）。

荒尾は上海に薬店楽善堂《らくぜんどう》を経営する岸田吟香《きしだぎんこう》（画家岸田劉生の父）をたずねて交遊を深め、さらに漢口《かんこう》に進ん

荒尾精

で売薬・書籍などを販売しながら現地の実情調査を行い、有志の糾合《きゅうごう》をはかった。彼らはいわゆる「大陸浪人《ろうにん》」の先駆的存在といえるだろう。彼らの思想の特徴は、清国を改造して日清が提携し、西洋列強の重圧に対抗しようとするものであった。

荒尾は明治二十二年四月に日清貿易研究所設立の案をもって帰国するが、このとき参謀本部に提出した「復命書《ふくめいしょ》」は当時の荒尾の対清認識をよく示している（『対支回顧録』下）。注目すべきは、日本にとっての清の位置に関する現実主義的な認識であろう。荒尾にとって清国とは、国力が大いにふるうときは日本の脅威《きょうい》となり、逆に弱体化して欧米列強に分割されるのも日本の独立を危うくするのである。このような観点から、荒尾は日本のとるべき政策として単純な和《わ》戦《せん》のいずれをも否定している。清の国勢は腐敗沈滞《ふはいちんたい》して、ともに東洋の回復をはかるにたらぬという理由で、和親の政策は退けられる。同時に、清の軍事力に対して充分な勝算がないことから、主戦論《しゅせんろん》も否定される。そこで荒尾は、有為《ゆうい》の士《し》が機の熟するのをまって清国内に義兵を起こして不平の徒《と》を糾合し、清朝を駆逐《くちく》すること、そのために志士を中国各地に配して、商業その他を営みながら調査を行うことを提唱する。この戦略が、日清貿易研究所設立につながるのである。

日清貿易研究所と福岡

荒尾はその構想を政府有力者に説くとともに、地方を巡回して志願者をつのった。その一環として明治二十二年（一八八九）十二月に福岡市・久留米市で演説会を行っている。福岡市の橋口《はしぐち》町勝立寺《しょうりゅうじ》で行われた演説会には、修猷館《しゅうゆうかん》生徒六〇〇余人、博多商業生徒六〇余人、県庁書記、山中立木《やまなかたちき》福岡市長、そのほか実業家・有志者が参加したという（江島茂逸《えじまもいつ》編述『荒尾精氏日清貿易

談　博多青年須読《すどく》』）。

荒尾の演説は、日本のおかれた国際環境を説いて、「腕力気節《わんりょくきせつ》にのみ奔《はし》」る風潮を戒め、「実利実業を第一《だいいっ》着《ちゃく》に務《つと》むること」を主張し、日清貿易に従事する日本人の失敗の原因、清国商人の技量、将来の挽回策《ばんかいさく》を詳述したものである。福岡・久留米における遊説は相当の効果をもったようであり、福岡市では山中立木市長や博多商工会（商業会議所の前身）が積極的に募集に動き、福岡市・久留米市、糟屋《かすや》・那珂《なか》・御笠《みかさ》各郡は公費での生徒派遣を決定した。前掲の『博多青年須読』の著者江島茂逸自身が、博多商業会議所設立運動のなかで生徒募集にかかわっていたのである。同書は県内からの志願者二六人が全員合格したとしているから、合格者一五〇余人のなかに占める割合は相当なものである。このなかにはのちの博多商工会議所会頭太田勘太郎《おおたかんたろう》、玄洋社員香月恕経《かつきゆきつね》の息子梅外《ばいがい》らも含まれ、また実際に渡航はしなかったが大熊浅次郎《おおくまあさじろう》（のち博多商業会議所書記）も当初の出願者であった。

日清貿易研究所は明治二十三年九月二十日をもって上海に開所式をあげ、語学（英語・中国語）を重視し、商慣習《しょうかんしゅう》や物産などの実地調査を行わせるなど、独特の貿易実務者養成教育を行い、明治二十六年に当面の活動をおえている。久留米両替《りょうがえ》町出身の研究所生高橋正二《しょうじ》の残した史料は、研究所における教育の実際を詳細に語っている。高橋は明治三年に久留米に生まれ、久留米中学、東京英語学校をへて日清貿易研究所に入学した。日清戦争に際して陸軍省に入り、明治二十八年台湾憲兵隊《けんぺいたい》付、のち三井物産《みついぶっさん》勤務をへて昭和十年（一九三五）から東亜同文書院《とうあどうぶんしょいん》（日清貿易研究所の後身）教授をつとめている（篠原正一『久留米人物誌』）。

高橋の『日誌』は、時に民衆蜂起の見聞《けんぶん》、人物の往来、諸行事などを比較的客観的な筆致で記している。また学業、とくに試験の成績についてそのたびに細かに記しており、これによれば英語六科目・清語（中国語）

三科目が課せられ、語学が重視されていたことが知られる。また『在清見聞録』と題する記録は、通貨・金融・貿易・商慣習・度量衡《どりょうこう》・諸物産・労賃《ろうちん》などをはじめ、風俗習慣一般におよぶきわめて多岐にわたるもので、実地の見聞・調査に基づいたものである。日清貿易研究所の直接の活動は、平時においては貿易実務者養成の教育機関だったのである。

日清戦争と福岡

明治二十七年（一八九四）になると、朝鮮半島をめぐる日清間の緊張が高まり、清国との開戦を主張する対外強硬《たいがいきょうこう》派《は》の活動が活発になっていった。その先頭に立った集団の一つが玄洋社である。

この年の三月に亡命中の金玉均が上海で暗殺されると、彼らは激高し、旧福岡藩士で玄洋社員の的野半介が、陸奥宗光《むつむねみつ》外相や川上操六《かわかみそうろく》参謀総長を訪問して開戦論を説いた。事実かどうか定かではないが、このとき川上は暗に志士の決起をうながし、それが天佑俠《てんゆうきょう》の組織につながったという（『東亜先覚志士記伝』）。

天佑俠とは、東学《とうがく》の乱に参加しようとした日本人の集団である。朝鮮では一八九三年から各地で農民の反乱が起こっていたが、翌年春に東学の二代目教祖であった崔時亨《さいじこう》が全羅道《ぜんらどう》で蜂起すると、一大農民戦争に発展した。東学とは一八六〇年に崔済愚《さいせいぐ》がおこし、民衆のあいだに浸透していた思想であり、そのため反乱は東学の乱（甲午《こうご》農民戦争）と呼ばれる。この鎮圧のために出兵した日清両国は鎮圧後も撤兵せず、それが日清開戦の発端となったのである。

天佑俠の一団は玄洋社の頭山満・平岡浩太郎・的野半介などの支援を受け、朝鮮の奥深くはいりこんで活動したようである。その中心にいた玄洋社員が、平岡浩太郎の甥にあたる内田《うちだ》良平《りょうへい》と、大原義剛《よしかた》であった。明治七年生まれの内田は、玄洋社を組織した人びとから一世代下の人間である。『東亜先覚志士記伝』は天佑俠の活動を日清開戦の端緒を開いたものとして重視し、多くの紙数を費やしているが、わずか十数人の一団の活動がどれほどの実効性をもったかは疑わしい。

これらの動きとは別に、福岡人士《じんし》のなかには日清戦争時に軍事通訳や諜報《ちょうほう》活動に従事した者も少なくない。そのうちの何人かは日清貿易研究所の卒業生である。すでにふれたような徹底した語学教育が生かされたのであろう。鞍手《くらて》郡出身の山崎羔三郎《やまさきこうざぶろう》は創立時の日清貿易研究所の事務にかかわり、その後漢口《かんこう》で写真屋を開業していたが、日清戦争勃発とともに従軍して、軍事探偵・通訳官をつとめている。三潴《みずま》郡出身の鐘崎三郎《かねざきさぶろう》は陸軍幼年《ようねん》学校を志したのち、日清貿易研究所にはいっている。この二人は、鹿児島出身の藤崎秀《ふじさきひいづ》とともに「三崎《さんさき》」と称されたという。

このほか福岡県出身の日清貿易研究所生としては、浮羽《うきは》郡出身の大熊鵬《おおくまほう》、久留米市出身の猪田正吉《いだしょうきち》、福岡出身の向野堅一《こうのけんいち》がおり、彼らはいずれも偵察《ていさつ》・諜報《ちょうほう》活動に従っている。山崎ら「三崎」は金州《きんしゅう》で清国軍に捕えられて処刑された。また大熊と猪田の二人は偵察中に消息を絶ち、死亡したものと思われている。死地を逃れて帰還したのは向野のみであった。これら処刑されたり行方不明となった人びとは、烈士《れっし》と称されるようになる。

対外活動と歴史意識

これまでみてきたような、地域における対外活動を通して興味深い現象は、その意義を説明するときに、「歴史」が引用されることである。典型的なのは、日清貿易研究所の生徒募集にかかわった江島茂逸の『荒尾精氏日清貿易談　博多青年須読』であろう。同書は福岡・博多の人士の歴史意識を知るうえで格好の史料でもある。

江島は、荒尾精の活動が博多の青年にとってなぜ必読なのかと問い、その根拠を全面的な歴史の引用で示し

『博多青年須読』の表紙

ている。いわく、博多は「古昔《こせき》より九州咽喉《いんこう》の要港」であり、古く遣唐使《けんとうし》の最澄《さいちょう》・空海《くうかい》らも博多から渡航した。近くは島井宗室《しまいそうしつ》・神屋宗湛《かみやそうたん》らの「豪邁《ごうまい》の人物」があいついで対外貿易に従事した。今回の荒尾による日清貿易の唱道《しょうどう》は、鎖国によって窒息させられた博多商業史の復活である。

博多が古来大陸への窓口であったとは、現在にいたるまで地域振興を強調する歴史的根拠として用いられている、いわば決まり文句である。江島の叙述はそのような語りの祖型と考えてよいであろう。また『博多青年須読』は、日清貿易研究所に福岡市から派遣された生徒三人が、出発に際して伊藤小左衛門《こざえもん》の墓に参ったというエピソードを伝えている。伊藤小左衛門は、江戸時代初期に鎖国の国禁《こっきん》をおかして対外貿易に従事し、処刑された博多商人である。さらに福岡市長山中立木の壮行《そうこう》演説は、「諸君が我《わ》が袖《そで》の港《みなと》を解纜《かいらん》し」で始まり、「着錦《ちゃっきん》の帰朝を我が袖の港の埠頭《ふとう》へ迎《むかえ》んと期するのみ」と結ばれる。博多の古称である「袖の港」（和歌などに用いられる雅称《がしょう》で、実体はなかったとされる）で修辞されているところにも、日清貿易振興を語る文脈が、地域の歴史意識に訴えることで形成されていることをみることができるだろう。

歴史の物語に仮託《かたく》して対外意識を語る行為は、ナショナリズムの特徴である。そして、そのような歴史の動員は、まさに地域社会が行っていたのである。

2　日露戦争前後の大陸問題

日清戦争後の対外硬運動と福岡人士

日清戦争後、フランス・ドイツ・ロシアの圧力によって遼東《りょうとう》半島を清国に返還した三《さん》国干渉《ごくかんしょう》や、対露関係の緊張を背景に、日本国内では強硬外交を主張する政治集団の動きが活発となった。彼らは対外硬派《たいがいこうは》と呼ばれる。このような対外硬運動に、玄洋社を中心とする福岡の在野政治集団は深くかかわっていた。

明治三十三年（一九〇〇）に中国で義和団《ぎわだん》の乱が起こると、日本とロシアを含む列強八カ国はこれに軍事介入する（北清《ほくしん》事変）。ロシアは事変の終結後も満洲から撤兵せず、日本の在野有志のあいだに対露《たいろ》強硬論が高まり、同年九月に、貴族院議長であった近衛篤麿《このえあつまろ》を会長として国民同盟会《こくみんどうめいかい》が成立した。同会の成立には、神鞭知常《こうむちともつね》・佐々友房・大竹貫一《おおたけかんいち》らとともに、平岡浩太郎・頭山満が深くかかわっている。

同会は明治三十五年に日英同盟が締結されたことなどから、国民のあいだに一時的に緊張感が弱まったことを背景にいったん解散される。しかし、ロシアの撤兵が進まないことに強く反発した対外硬派は明治三十六年四月に対外硬同志会を結成、上野《うえの》に大会を開催するなど活動を活発化させた。さらに対露開戦論が高まると、八月九日に改めて対露同志会を結成し、対露主戦論の先頭に立つのである。

内田良平と黒龍会

この時期の対外硬派として異彩《いさい》を放っているのは黒龍会《こくりゅうかい》であろう。内田良平は葛生《くずう》能久《よしひさ》、吉倉旺聖《よしくらおうせい》、武田範之《たけだはんし》、玄洋社の大原義剛などとはかって、明治三十四年（一九〇一）二月三日に、自身を主幹《しゅかん》として黒龍会を結成した。黒龍会という名称の由来は、黒龍江《こくりゅうこう》（アムール川）

内田良平

におよぶ大陸経営を策することを企図《きと》したことによる。

内田良平は明治七年、旧福岡藩士内田良五郎《りょうごろう》の子として生まれ、同二十五年、叔父《おじ》の平岡浩太郎に従って上京、翌年には東洋語学校に入学してロシア語を学んでいる。明治二十七年に天佑俠を組織して日清開戦をあおったのは、すでにみたとおりである。内田とともに黒龍会を組織した人びとは天佑俠以来の内田の盟友《めいゆう》であり、日韓合邦《がっぽう》運動・中国革命運動の支援など、その後も内田とともに対外運動に従事している。彼らの活動は、明治・大正期日本の大陸進出の裏面につねにみえ隠れする。彼らは、欧米列強との協調を基本とする日本外交に対し、在野から強硬論をもってこれを批判し、日清・日露戦争などの軍事行動に際しては、時としてみずから死地《しち》に赴くことも辞さず、義勇兵《ぎゆうへい》的な活動を展開した。

これらの活動の多くは当事者の回想談を祖型《そけい》に、『東亜先覚志士記伝』などが伝えるところによっており、近代的な歴史学の立場からは根拠薄弱《はくじゃく》な伝承にすぎないことになる。しかし同時に、明治国家日本の大陸進出が随伴《ずいはん》した、これら多分に冒険主義的な在野の活動を、粗大《そだい》で盲目《もうもく》的な行動として単純に斬《き》りすてることにも問題がある。

たとえば内田良平は、将来ロシアとの衝突が起こることを想定して、日清戦争の直後にウラジオストックに渡り、明治三十年にシベリア横断旅行を企てて、翌年には首都のペテルブルグにいたっている。彼らの冒険主義は、語学を学び、多大の困難をおして現地調査を行う周到さもあわせもっていたのである。

内田は黒龍会結成の年に、自身のロシア体験を踏まえて、『露西亜《ろしあ》亡国論』を出版しようとして発行禁止の処分を受けている（改訂して『露西亜論』を刊行）。ロシアと一戦をまじえる必要があることを主張したためである。同時に黒龍会は同年五月から機関誌『黒龍』を発行して、盛んに日露開戦を主張した。

日露戦争時の玄洋社系の活動として、後年にいたるまで語り継がれたのが満洲義軍《まんしゅうぎぐん》である。実際に満洲義軍に参加した金子克己《かねこかつみ》の回想（石瀧豊美『玄洋社　封印された実像』）によれば、満洲義軍創設の中心となったのは玄洋社の安永東之助《やすながとうのすけ》である。安永は宮崎滔天《みやざきとうてん》・内田良平・末永節《すえながみさお》・頭山満らにはかり、頭山は外務省政務《せいむ》局《きょく》長の山座円次郎《やまざえんじろう》（福岡出身）を介して満洲軍総司令部《そうしれいぶ》参謀の陸軍少将福島安正《ふくしまやすまさ》を説いたという。安永ら玄洋社員八人は特別任務隊の一員として、明治三十七年六月に朝鮮に上陸、鴨緑江《おうりょくこう》を渡って募兵《ぼへい》し、馬賊《ばぞく》と呼ばれていた武装集団を組織した。

彼らの活動が戦略的にどれほどの意味をもったかは検証しがたいが、関係者の回想がすべて誇大《こだい》な作り話ともいえないだろう。彼らの活動は明治後期に始まる日本人民間人士の雑多な大陸活動を彩る一面であった。

東亜同文会と大内暢三

日清戦争後、国内においては、清国が列強に分割されるのではないかという危機感が高まっていった。そのようななかで形成された対中国観が支那保全論《しなほぜんろん》である。支那保全論はそのなかにさまざまな政治的立場を含むが、明治三十年代の初めには、日本は列強による中国分割を防いで独立を保持させるべきであるとする考え方が強まっていった。

そのような立場を代表するのが、明治三十一年（一八九八）に成立した東亜同文会《とうあどうぶんかい》である。これは陸羯南《くがかつなん》・三宅雪嶺《みやけせつれい》・犬養毅《いぬかいつよし》・平岡浩太郎らが結成した東亜会《とうあかい》と、近衛篤麿・陸羯南・大内暢三《ちょうぞう》・五百木良三《いおぎりょうぞう》らの同文《どうぶん》会《かい》が、興亜会《こうあかい》などの団体を吸収して合同したものである。

東亜同文会が担ったのは、さきにみた国民同盟会などの対外強硬論に立つ政治活動のみではなかった。近衛

東亜同文書院（昭和初期）

は日中関係に活躍する人材を養成するため、明治三十三年に南京《ナンキン》に同文書院《どうぶんしょいん》を開設し、翌年に上海に移転して東亜同文書院を開校した。初代院長の根津一《ねづはじめ》は、かつて日清貿易研究所を設立した荒尾精の盟友ともいうべき人物であり、東亜同文書院は、日清貿易研究所の理念と活動を継承するものであったともいえるだろう。

　これら東亜同文会の政治活動から文化活動にいたるまで、広く中心人物の一人として活躍したのが大内暢三である。大内は旧柳川藩士の子として明治七年に上妻郡《こうづま》（郡制施行後の八女郡《やめ》）に生まれた。父精一郎《せいいちろう》は明治二十一年から二期にわたって福岡県会議員をつとめている。大内は海老名弾正《えびなだんじょう》が校長をしていた熊本英学校《えいがっこう》をへて早稲《わせ》田《だ》大学に学び、明治二十七年に渡米してコロンビア大学に留学している。ヨーロッパをへて帰国後に早稲田大学で教鞭《きょうべん》をとり、高田《たかだ》早《さ》苗《なえ》の紹介で近衛篤麿の知遇をえることになる。

　欧米滞在中に人種差別問題に深く感ずるところがあった大内は、帰国後に人種差別批判の激しい論陣を張ったという（『対支回顧録』）。その所論が近衛の目にとまり、大内は近衛の秘書役として東亜同文会設立、対露同志会結成に参画するのである。

　大内は日露戦争後に政界に進出し、明治四十一年の衆議院議員総選挙で初当選後、最初の普通選挙である昭和三年（一九二八）の選挙まで五回の当選を果たしている（この間二回落選）。政治的には犬養毅に近く、明治四十三年に犬養らが立憲国民党《こくみんとう》を組織するとこれに属した。ところが大正二年（一九一三）に桂太郎《かつらたろう》が提唱した新党が、桂の死後立憲同志会《どうしかい》として結成されると、立憲国民党内の改革派（藩閥との提携も辞さないグループ）がこれに参加し、立憲国民党の勢力は半減した。犬養と行動をともにした大内はこのとき立憲国民党にとどまるが、玄洋社系は曲折《きょくせつ》をともないながらも立憲同志会に参加するのである。

このように、日露戦争後の対外硬派の活動は、政治党派の再編成と地方における政治状況の狭間《はざま》で、人脈的なねじれ現象を発生させた。こののち、福岡県内の立憲国民党派（犬養派）としては、ほとんど大内が孤塁《こるい》を守る状況となる。

しかし、大内暢三の名を後世に残したのは、そうした代議士としての閲歴《えつれき》よりも、東亜同文書院長としてのそれであったかもしれない。東亜同文書院は大正十五年（一九二六）から近衛文麿《ふみまろ》（篤麿の子）を名目上の院長としていたが、実際の事務は大内が扱っており、昭和六年（一九三一）十二月から大内が正式に院長となる。就任は満洲事変《まんしゅうじへん》が勃発して日も浅い時期であり、翌一月には書院の所在地である上海で日中両軍の衝突が起こる（上海事変）。

このとき大内は、日本人居留民幹部が書院の学生を義勇軍に参加させるよう迫ったのに対し、これを一蹴《いっしゅう》するとともに、学生に対しても、一人たりとも戦場に出ることを許さぬ、強いて出る者は即刻退学を命ずると訓示したのである（『対支回顧録』）。大内はその後も、現地日本人の強い反発に対して謝罪を拒否したという。『対支回顧録』の刊行は昭和十一年である。戦後的価値観とは無縁の場所でなされている同書の記述は、信ずるにたるであろう。このことは、明治ナショナリズムの系譜が多様なものであったことを示している。

日露戦争前後の対外問題と福岡の人びとの関わりを論ずる際に、避けてとおれないのは韓国の植民地化（韓国併合）である。杉山茂丸《すぎやましげまる》・内田良平・武田範之らはそのプロセスに少なからぬ関わりをもったが、彼らの行動はここでも正史の裏面に潜在するものであった。

韓国併合と内田良平・杉山茂丸

日本による韓国の保護国化は日露講和後に急速に進められた。保護国化とは、今日の主権国家の概念からみれば、条約によって内政干渉《ないせいかんしょう》の権限を獲得するということである。それは隔絶《かくぜつ》した軍事力の差を背景に行われた。明治三十八年（一九〇五）十一月に締結された第二次日韓協約は、実質的に韓国の外交権を剝奪《はくだつ》するものであった。この条約で韓国統監府《とうかんふ》がおかれ、伊藤博文が初代統監として着任する。この段階で伊藤がただちに併合を考えていたわけではない。伊藤としては、韓国の「自治」の名のもとに日本の独占的保護の実質が確保されれば充分であったと思われる。

こうした伊藤の方針が転換を余儀なくされたのは、反日義兵《ぎへい》運動と呼ばれる抵抗運動が激化したからである。伊藤は義兵運動の鎮圧をはかるとともに、併合を視野にいれつつ、親日政権と親日勢力の育成をはかった。伊藤は日本に接近をはかった李完用《りかんよう》内閣と、民間の親日勢力である一進会《いっしんかい》を使って韓国皇帝（高宗《こうそう》）に譲位させ、明治四十年七月に第三次日韓協約を締結させた。これによって日本は実質的に韓国内政を掌握した。

この過程で一進会と深い関係を結び、彼らの活動を伊藤に結びつけたのが内田良平や武田範之であった。武田範之は久留米藩士の子として生まれ、僧侶の身で天佑俠の時代から内田と行動をともにしている。一進会は、東学教徒による民間団体の指導者李容九《りようきゅう》と宋秉畯《そうへいしゅん》によって組織された団体で、日露戦争時には偵察や鉄道工事などで日本軍を援助した。内田は伊藤を説いて、韓国政府から圧迫された一進会を重用させた。内田の意図は、一進会を利用して、韓国内部から日本への政権委任の動きをつくりだすことにあった。

韓国軍隊の解散を含む第三次日韓協約は、韓国内の義兵闘争を活発化させた。しかし、併合への最後の引き金となったのは、伊藤の死である。明治四十二年に統監を辞した伊藤は、その年の十月二十六日、ハルビン駅頭において韓国人青年の安重根《あんじゅうこん》に暗殺される。この事態を受けけて一進会は、同年十二月に韓日合邦の建議書を皇帝純宗《じゅんそう》、李完用首相、曾禰荒助《そねあらすけ》統監に提出する。内田らはまた、杉山茂丸などをとおして桂太郎の諒《りょう》解《かい》をとりつけていたといわれる（西尾陽太郎『李容九小伝』）。

これら韓国内の合邦《がっぽう》運動を取り上げる形で、明治四十三年八月二十二日に、日韓併合条約が、寺内正毅《てらうちまさたけ》統監と李完用首相のあいだで調印された。韓国皇帝が統治権を日本の天皇に譲与《じょうよ》するという形式の条約である。一進会が求めたものが対等の「合邦」であったとするならば、会員の多くが裏切られたと感じたのも当然であろう。一進会は併合にともなって解散するが、李容九は憤死《ふんし》ともいえる病死をとげる（西尾前掲書）。しかし、当時の国際環境のなかで、対等な「合邦」は夢想的であった。内田良平ら日本側関係者のリアリズムのなかに、そのような夢想が介在する余地はなかっただろう。

武田範之

李容九

他方で、帝国主義時代の国際政治に翻弄《ほんろう》されるなかで、皇帝高宗は、列国の相互牽制《けんせい》メカニズムに依拠した勢力均衡《きんこう》政策によって独立を保持しようとした。しかしその結果、韓国内の諸政治勢力がロシア・日本・アメリカなどの列強との結びつきによって存在意義をもつことになり、それが韓国内の政治関係を構造化してしまったのである(森山茂徳『日韓併合』)。日露戦争後に勢力均衡が失われ、日本の圧倒的な優越性と、その国際的な承認が実現すると、韓国内の政治党派は政治的アイデンティティの組替えを余儀なくされる。一進会による日韓合邦運動は、韓国政治勢力が直面したこのような苦しい状況を前提とせずには理解しがたいだろう。

明治日本の対外進出欲求のすべてが、玄洋社や黒龍会のような冒険主義に彩られた志士的活動だったわけではない。政党政治家といえども日露戦争後の大陸政策と無縁だったわけではないし、彼らが非膨張的だったわけでもないのである。ここではそのことを、野田卯太郎の大陸経営論を通してみてみよう。

政党政治家の大陸経営論

日本政府は併合前の明治四十一年(一九〇八)に、農業投資をはじめとする韓国の開発を目的に、半官半民の国策《こくさく》会社、東洋拓殖《とうようたくしょく》株式会社(東拓《とうたく》)を設立した。野田卯太郎は大正二年(一九一三)十二月に副総裁に就任している。注目すべきは、副総裁としての野田が、東拓の満洲進出を企図した東拓法改正問題に中心的に関与したことである。

野田はこの時期しばしば「挙国一致《きょこくいっち》、日露同盟《にちろどうめい》、満蒙解決《まんもうかいけつ》」をセットにした構想を、政財界や寺内正毅朝鮮総督などに積極的に働きかけていた。野田のいう満蒙解決とは、満蒙と朝鮮を連結した開発政策のことであり、そのために東拓の金融機能を満洲にまで拡大しようとするものであった。そして挙国一致とは、そのころ大隈《おおくま》重信《しげのぶ》内閣のもとで野党に転落していた立憲政友会《せいゆうかい》の失地回復を、寺内を擁立《ようりつ》する挙国一致内閣の樹立ではかろうとするものである。

野田の働きかけは立憲政友会や満鉄関係者、三井関係者、寺内ら朝鮮総督府関係者、さらに井上馨《かおる》・松方正義などの元老《げんろう》方面にもおよんだ。

このような野田の構想は、山県有朋《やまがたありとも》—寺内の路線と合致するものであった。寺内および陸軍の寺内系は、権益強化のために鉄道・金融・経営機関のすべてにわたって満洲および朝鮮のそれを一体化することを主張していたのである。

東洋拓殖株式会社京城支店

ここにみられる、野田のきわめて積極的な大陸進出欲求は、単に満蒙経営にとどまらず中国本土そのものへの政策も内包《ないほう》していたと思われる。ややのちの袁世凱《えんせいがい》死去（一九一六年）に際しては、原敬《はらたかし》に宛てた書簡のなかで、「支那《しな》の如《ごと》きは是非《ぜひ》とも硬軟《こうなん》両法《（ママ）》之手段に依《よ》り、早く横領的《おうりょうてき》始末《しまつ》を付する得策」であるとも述べている。

東拓法改正を軸とする野田の構想は実現しなかった。しかし野田の構想は、日露戦争後という時代に政党領袖《りょうしゅう》がいだいていた大陸政策の一例として、きわめて興味深いものといえるだろう。

3　中国革命と福岡

辛亥革命をめぐる語り

玄洋社・黒龍会などの福岡人士《じんし》を中心とする対外硬派《たいがいこうは》集団を語るとき、現在にいたるまでつねに引証《いんしょう》されるのが、孫文《そんぶん》をはじめとする中国革命派への援助活動である。それらの語りは、いわゆる辛亥《しんがい》革命を一つの頂点とする革命運動史の枠組みにそって成立し、そこから逸脱《いつだつ》するところがない。そのことが今日にいたるまで、たとえば玄洋社という集団の評価の二面性をもたらしている。

これらの集団を、暴力的な侵略主義者というかたよった評価から救済するというモチーフに立てば、玄洋社による中国革命支援の強調は理解しやすいだろう。辛亥革命は、戦後歴史学のなかで正統性をもった中華人民共和国の淵源《えんげん》である。それへの共感と支援は、玄洋社的な大陸運動イコール侵略主義というレッテルを修正する根拠となる。

他方で近年の中国近代史研究は、孫文中心のいわゆる革命運動史という視点からは遠ざかっている。注目されているのは清末における立憲制への動きであり、省《しょう》を単位とする地方の自立化傾向と中央政府の統治能力の低下である。それらはいわゆる辛亥革命をめぐる状況を構成した要素ではあるが、事態は孫文を中心とした革命派の蜂起による清朝の打倒という単線的な理解とは、かなり異なったものである。一般に辛亥「革命」と呼ばれているものは、革命派、必ずしもそれとイコールではない清朝からの独立を宣言した諸省、列強の支持を背景とする袁世凱などの諸勢力のあいだの複雑な力学のもとに成立したものであった。以下では近年の研究動向を参考にしながら、より広い視野から中国革命と福岡人士の関係をみていきたい。

中国同盟会の成立と福岡人士

中国の革命派を結集した組織として、明治三十八年（一九〇五）八月二十日に、東京で中国同盟会が結成された。清朝の打倒をめざす革命運動にはいくつかの流れがあり、有力だったのは広東《カントン》派の興中会《こうちゅうかい》（孫文ら）、湖南《こなん》派の華興会《かこうかい》（黄興《こうこう》・宋教仁《そうきょうじん》ら）、浙江《せっこう》派の光復会《こうふくかい》（蔡元培《さいげんばい》・章炳麟《しょうへいりん》ら）である。孫文ときわめて親しい関係にあった宮崎滔天《とうてん》（熊本県荒尾《あらお》出身）とともに、これら三組織を統一しようとしたのが、末永節《みさお》や内田良平らであった。

末永節は日清戦争後の明治二十八年に、広島の移民会社で宮崎滔天と知りあい、宮崎らと暹羅《シャム》（タイ）に移民するが、病をえて帰国している。滔天は明治三十年にはじめて孫文と知りあうが、末永も宮崎の紹介で孫文に会い、平岡浩太郎に説いて孫文を援助させている。内田良平も明治三十一年にシベリアから帰国後、滔天の紹介で孫文と会っている。内田の回想によれば、このとき孫文が中国革命への日本有志の援助を依頼したのに対し、内田は日本にとってロシアと戦うのが先決問題だが、日露戦争にさきだって中国に革命が起こったら、対露計画を中止して孫文を援助しようと語ったという。石瀧豊美は、宮崎滔天や末永節の内面で、満洲義軍と中国同盟会は矛盾なく連続しているると述べているが（『玄洋社　封印された実像』）、内田良平にとっても同様であっただろう。末永はまた明治三十五年ごろ、孫文から中国の秘密結社哥老会《かろうかい》と三合会《さんごうかい》の首領を紹介された際、この両者を一つにして興中会をつくらせたとも回想している。

明治三十七年、華興会の黄興と張継《ちょうけい》が亡命して、東京ではじめて宮崎滔天と会見した。滔天は末永を彼らに紹介し、黄興らは末永の下宿に同居することになる。翌年の七月に孫文がアメリカから戻ると、滔天・末永らは斡旋《あっせん》して黄興・張継と会見させた。黄興・張継はこのときまで孫文を知らなかったのである。七月三十日には、内田良平宅で組織合同の準備会が開かれ、八月十三日には黄・張・宋教仁ら革命派の中心人物が主唱者となって、飯田橋の富士見楼《ふじみろう》で孫文の歓迎会が開催された。約一〇〇〇人を集めたとされるこの会合で、日本人の来賓として招かれたのは滔天と末永のみであったとは、後年末永が誇らしげに回想するところである。こうして同月二十日、赤坂霊南坂《れいなんざか》の坂本金弥《さかもときんや》宅で三〇〇人を集めて中国同盟会が成立した。末永はその後、同盟会の機関誌『民報《みんぽう》』の印刷名義人となっている。

末永節

末永節の活動は、玄洋社系の人びとや宮崎滔天のそれと重なる側面も多いが、彼らとは異なる特異な行動もめだっている。末永は国学者で筥崎宮《はこざきぐう》の神官であった末永茂世《しげつぐ》の子として、明治二年（一八六九）に筑紫《ちくし》郡住吉（現、福岡市博多区）に生まれる。のちに狼嘯月《ろうしょうげつ》と号した。同じく大陸問題で活動した純一郎《じゅんいちろう》は兄である。若くして不羈奔放《ふきほんぽう》の風で知られ、生涯浪人をもって一貫せんと決意して二十代の初めに国内航路の船員となる。日清戦争の勃発に際しては内田良平・鈴木天眼《てんがん》・大原義剛らとさまざまな策謀をめぐらしていたが、戦況たけなわになったころ、衆議院議員であった平岡浩太郎の鞄持ちとして大本営《だいほんえい》のあった広島に行き、『九州日報』の記者となる。このころ兄純一郎は『日本』新聞の記者となって従軍していたが、その関係で同紙の記者として海軍に従軍することとなる。

日清戦争後、的野半介の紹介で広島の移民会社で宮崎滔天とはじめて会い、宮崎の紹介でのちに中国革命に挺身する平山周《ひらやましゅう》らを知る。滔天らとの暹羅《シャム》移民が失敗して帰京したのち、滔天の紹介で孫文と知りあったことは前述したとおりである。孫文はフィリピン独立運動の志士アギナルド一派の領袖ポンセと提携していたが、末永はまずフィリピン独立を援助して、それと関連して中国革命を遂行することを画策し、明治三十一年に上海に渡っている。一方、滔天らはシンガポールで孫文と連絡しつつ活動したがイギリス官憲に捕らえられ、結局この一連の動きはなんら成果を産むことがなかった。

なお末永はさきに述べた東亜同文会の設立にも参加している。東亜同文会の前身の一つである東亜会は、末永が井上雅二《まさじ》らとはかって組織したものであった。その関係で、末永は明治三十一年の東亜会と同文会の合同式にも出席している。

左端が末永節　右から孫文，２人おいて宮崎滔天，内田良平。

辛亥革命と末永節

中国同盟会の成立後、各地で革命派による武装蜂起があいついだが、いずれも失敗に終っている。これらは同盟会の単一の指導によるものではなく、それぞれの集団が独自の戦略に基づいて行ったものである。たとえば孫文派は同盟会以前の明治三十三年（一九〇〇）に恵州《けいしゅう》蜂起に失敗し、明治四十三年の広東蜂起、黄花崗《こうかこう》蜂起にも失敗していた。

辛亥革命の端緒となる武昌《ぶしょう》蜂起は、上海にいた宋教仁らの一派が、武漢《ぶかん》における武装蜂起を計画したことに始まるものである。実際には、計画した明治四十四年十月六日までには準備が整わず、逆に政府側によって蜂起の首謀者が逮捕され、銃殺されるなどした。このような動きをみた武昌城内の兵士が十月十日に反乱を起こし、翌日には漢陽《かんよう》・漢口《かんこう》の軍隊も蜂起して、武漢三鎮《さんちん》は革命派の手に落ちた。孫文はこのとき、アメリカにいたのである。

武昌蜂起に際して日本人のなかで最初に駆けつけたのは末永だといわれている。蜂起のとき大連《だいれん》に滞在していた末永は、革命軍蜂起の報に接してただちに上海に宋教仁をたずね、ここで内田良平や北一輝《きたいっき》への発電を相談して、宋より一足先に漢口に向かった。末永が漢口に入ったのは十月十二日、黄興と宋教仁が到着したのは十三日といわれている。

革命に駆けつけた日本人志士の武勇伝的な物語は数多いが、事態は列強をまきこんで複雑化していった。諸省の独立宣言があいつぎ、革命軍は十二月二日に南京を掌握するが、清朝の内閣総理大臣となった袁世凱に指導される鎮圧軍も漢口と漢陽を奪還《だっかん》するなど、革命派も軍事的には苦境に陥っていた。末永も、一時は黄興と一緒に逃げ歩いたと回想している。

十二月二十五日に孫文がイギリス経由で帰国すると、南京で臨時大総統に選出され、翌明治四十五年一月一日、中華民国臨時政府の樹立が宣言された。しかし、革命派が影響力をもったのは南方のみであり、清朝に対して独立を宣言した諸省のあいだに、共和制をしくという以外にあらたな国家構想が共有されていたわけではない。列強は袁世凱を支持しており、イギリスは前年の十二月から南北両政府間の和議を斡旋しようとしていた。袁世凱は清朝皇帝の退位によって権力を掌握しようとはかり、革命派にも清朝打倒で袁と妥協しようとする機運が強くなる。

こうして明治四十五年三月十日に、袁世凱は北京で共和国である中華民国の臨時大総統に就任し、南北妥協が成立した。

無責任な日本の浪人の多くは南北妥協に憤慨《ふんがい》したが、末永節の行動はそれらとは異なるものであった。末永は親しかった胡瑛《こえい》が革命後に外交部長になると、外交顧問の肩書きを得る。しかし末永が考えていたのは立憲帝政であった。末永はこのため、一時期は立憲帝政を模索していた袁世凱を援助しようとして、北京に赴いたりしている。末永自身の回想によれば、末永は平生から、中国を南北に両分し、北方の帝国は南方の共和国と連合して全土を保全すべきだという構想を考えていたのだという。袁世凱支持にまわった末永は、浪人たちから強い非難をあびることになるのである

　末永の構想はきわめて夢想的なものであったが、生涯を一貫したものでもあった。彼は後年、大正十一年（一九二二）に肇国会《ちょうこくかい》なるものを創立するが、これは「南北満洲及内外蒙古《ないがいもうこ》と貝加爾《バイカル》以東の地域」を連結して「大自由国」を創建し、それをもって「世界的中立国土」とすることをうたっている。また大正十三年ごろには、満洲で水田開発を行い、高麗《こうらい》自由国と称する独立国を建設しようという朝鮮人の活動に支援をあたえたりしている。

『続対支回顧録』は末永を評して、「君《くん》は資性卓犖《しせいたくらく》、常に詰襟《つめえり》の洋服で押通《おしとお》して毫《ごう》も辺幅《へんぷく》を飾《かざ》らず」と述べている。

地方有力者の辛亥革命支援

　これまでに述べた大陸浪人の系譜に属する人びとの活動は、実践的ではあっても多分に冒険主義的なものであったが、それらと関連しつつ、政財界に影響力をもつ人びとによる革命運動への経済的な支援も存在した。

　たとえば明治三十年（一八九七）に最初の亡命で日本にいた孫文の生活費の面倒をみたのは平岡浩太郎である。これは宮崎滔天を介して孫文を知った末永節が、平岡浩太郎を説いて援助させたともいう。末永はまた炭鉱経営者の中野徳次郎《とくじろう》を説いて五〇〇〇円をださせて孫文らの活動資金としている。内田良平によれば、これは明治三十三年に義和団《ぎわだん》の乱に乗じて挙兵しようとした孫文の活動資金になったという（内田は一万円と書いて

安川邸での孫文と安川敬一郎　中央少女の後ろが孫文，１人おいて左が安川。

いる)。

大正二年（一九一三)、孫文は中華民国政府の要人（鉄路総《てつろそう》弁《べん》）として日本を訪問した。二月十三日に長崎に着いた孫文は、二〇日間の東京滞在ののち、北九州・福岡・大牟田《おおむた》を訪れている。北九州では安川敬一郎《やすかわけいいちろう》邸に宿泊、安川の創設した明治専門学校や八幡《やはた》製鉄所を見学、福岡では平岡浩太郎、安永東一郎の墓参、玄洋社訪問、旧友会、九州帝国大学での講演など多忙なスケジュールをこなした。大牟田では、宮崎滔天生家（荒尾）の訪問はもちろん、三池炭鉱や三池港の施設を見学している。

日本における朝野をあげての大歓迎をあとに帰国した孫文を待ちうけていたのは、袁世凱との政権の主導権争いであった。孫文の日本滞在中に、宋教仁が暗殺された。これは袁世凱の指示によるといわれるが、袁は続いて彼に批判的な地方長官を罷免するなどして権力基盤の強化をはかった。これに反発する諸省は中央政府に対して独立を宣言した（第二革命）。これらの動きは袁世凱によって鎮圧され、孫文や黄興はまたも日本に亡命する。このとき孫文に生活費を提供したのが安川敬一郎である。

福岡藩士の子であった安川は、炭鉱経営と石炭販売で財を成し、経営を多角化して成功した、「地方財閥」と称される財界人の代表的存在である。同時にその行動原理の根底には旧福岡藩士としてのアイデンティティがあり、頭山満や平岡浩太郎などの玄洋社系の人物と深い関係をもっていた。とりわけ困難をきわめた初期の炭鉱経営で、共同経営者として艱難辛苦《かんなんしんく》をともにした平岡浩太郎については、「無二の親友」であり「兄弟も啻《ただ》ならざるの友誼《ゆうぎ》」を厚くした人物と語っている。また頭山とも肝胆《かんたん》相照らす仲であったといってよい。

日本人による孫文らへの財政的支援は、それが事実であることを疑う必要はないが、全体に伝聞に基づいており、跡づける具体的史料には乏しい。そのなかで例外的なのが安川敬一郎の場合であろう。安川個人の支出を記録した『出納簿《すいとうぼ》』（安川家文書）によると、亡命中の孫文が安川邸を訪問したのちの大正二年十二月に一三〇〇円、翌年十二月に一八〇〇〇円の援助を行っている。同史料によれば、このとき安川は、両度とも頭山にも二〇〇〇円を提供していることがわかる。これら地方財界人の行動の意味を明らかにすることも、地域社会の対外問題を考えるうえで重要であろう。

四　工業化と都市化

官営八幡製鉄所東田第一高炉(1900〈明治33〉年)

1　企業の勃興と石炭産業の発展

明治十九年（一八八六）後半から明治二十二年まで、全国的に近代産業の企業設立ブームが起こった。これが第一次企業勃興《きぎょうぼっこう》であり、それは日本における「会社」の時代の始まりであった。

地方の時代

明治二十年前後の企業勃興を牽引《けんいん》したのは、はじめ鉄道業、続いて綿糸紡績《めんしぼうせき》業、石炭産業をはじめとする鉱山業が続いた。また、これらに資金を供給する銀行業を中心とする金融機関の存在も重要であった。

企業設立ブームは東京・大阪が中心であったが、地方における企業設立も活発であった。福岡県においても、明治十九年末の会社数が五四社であったのが、同二十三年末には一六九社に、資本金額で六五万二〇〇〇円から一九九三万八〇〇〇円に増加している。四年間に会社数で三倍強、資本金額で実に三〇倍強の増加であり、全国的な地位でみても資本金額で三位（全国比八・八％）を占めている。（中村尚史『地方からの産業革命』）

このように、日本の産業化の開始を告げた企業勃興は、中央だけでなく地方の積極的な動きによって支えられていた。日本の産業化の出発点である明治二十年前後は、文字どおりの意味で「地方の時代」と呼ぶことができるのではないか。福岡県はその典型例の一つといってよい。

はじめに、企業勃興を最初に牽引したといわれる鉄道についてみてみよう。

九州鉄道の成立

明治政府の鉄道政策ははじめ官営《かんえい》事業として、イギリスの資本や技術を導入して行われ、明治五年（一八七二）に新橋《しんばし》（東京）・横浜《よこはま》間が開通、七年には大阪・神戸《こうべ》間が開通した。しかし、その後の鉄道建設は資金難から停滞したため、明治十四年四月には民間（主として華士族《かしぞく》）の資金を導入した日本鉄道会社が設立されるなど、政策転換の動きがでてきた。

そのようななかで、福岡県における鉄道建設をめぐる議論が本格的に登場するのは明治十三年二月の筑前《ちくぜん》共愛会《きょうあいかい》第二期会においてである。筑前・筑後・熊本をつなぐ構想は、この段階ではほとんど現実性をもたないものであったが、明治十五年には福岡県会副議長の岡田孤鹿《ころく》が、旧藩主の立花寛治《たちばなともはる》に鉄道敷設《ふせつ》を建言している。旧藩主の立花を説いたのは、華族層からの資金調達による鉄道建設を構想していたからである。

筑後川鉄橋の図

このような民間における鉄道敷設への欲求に対しては、県令《けんれい》をはじめとする地方官も無視できなかったと思われる。明治十九年二月に安場《やすば》保《やす》和《かず》が県令として赴任すると、九州鉄道の構想は大きく動きだすのである。なお、同年七月の地方官官制で県令は県知事に改められた。

安場は熊本藩出身で、福島県令、愛知県令、元老院議官《げんろういんぎかん》などを歴任しており、明治十三年には岩倉具視《いわくらともみ》に、日本最初の民間鉄道会社である日本鉄道会社の設立を働きかけていた。安場は福岡県令として着任した年の六月に、総理大臣宛に「九州鉄道布設《ふせつ》之議上申《じょうしん》」を提出し、七月には九州鉄道設立の許可が出されている。安場の構想は、政府の補助金を得ながら民設民営《みんせつみんえい》方式をとるものであった。

これを受けて、地元では設立に向けての動きが加速した。同年九月に福岡県で結成された創立委員会の委員は、筑前の中村耕介・藤金作、筑後（旧久留米藩）の林田守隆《はやしだもりたか》・三谷有信《みたにゆうしん》、旧柳川藩の岡田孤鹿・立花親信・永江純一、豊前の征矢野半弥《そやのはんや》・福江角太郎らである。一見してわかるように、自由民権期に地域のリーダーとして台頭し、県会議員をつとめている者が多い。

しかしこののち、路線問題をめぐる各県委員の議論が紛糾し、設立に向けての動きは混迷する。安場の説得もあり、最終的に路線問題が決着するのは、明治二十年一月に開かれた三県（福岡・熊本・佐賀）合同の創立委員会である。それを受けて、九州鉄道会社発起人総代《そうだい》の名で九州鉄道創立願《そうりつねがい》が三県知事に提出され、翌年六月に政府から会社設立および配当に関する特別保護が認可された。株式の募集については、おりから日本経済が松方デフレから脱却し、投資ブームが起こっていたことから、申込みが殺到するような状況であったという（中村前掲書）。

明治二十二年十二月十一日、九州鉄道は博多─千歳川（久留米）間で営業を開始した。開業時の時刻表によれば、所要時間は一時間二三分であった。

繊維産業の展開

鉄道とならんで企業設立ブームの主役となったのが、綿糸紡績業であった。福岡県で最初に設立された本格的な紡績会社は、久留米紡績会社（明治二十二年四月創立）と三池紡績会社（大牟田《おおむた》町、明治二十二年五月創立）である。

久留米紡績会社は、地場産業である久留米絣《がすり》や久留米縞《じま》などへの原糸《げんし》供給を目的として設立された。発起人は、久留米の有力な綿糸・呉服商の大藪房次郎《おおやぶふさじろう》（社長、のち立憲政友会《せいゆうかい》代議士）らの地元資産家、林田守浩《はやしだもりひろ》（第二代社長）らの旧久留米藩士などが中心であった。開業したのは明治二十四年で、伝統的な機業《きぎょう》地帯である旧久留米藩領域を中心に製品を供給したが、やがて輸出も行うようになる。

野田卯太郎（右）と益田孝（中央）

野田卯太郎（右）と永江純一（左）

他方、三池地方における紡績会社設立の動きは、三井物産社長の益田孝《ますだたかし》が地元有志に働きかけたものである。その背景には、次節で述べる官営三池炭鉱の払下げ問題がからんでいた。明治二十一年四月に三池鉱山払下《はらいさげ》規則が公布されると、野田卯太郎・永江純一らの地元有志も引受けの準備に動いたが、結果的に三井物産が落札することとなった。それ以前に、官営炭鉱の石炭一手販売権を三井が獲得していたことで、地元資本は石炭流通からも排除されており、三井としてはなんらかの地元融和策が必要だったのである。

益田は三井養之助《ようのすけ》（高明《たかあき》、三井物産社主）と大牟田を訪れ、三池鉱山局長の小林秀知《ひでとも》と紡績会社設立を議論し、それを永江・野田らの地元有力者に説いた。永江・野田は旧柳川藩士を中心とした三池・山門《やまと》郡の有力者を説いて、明治二十二年に三池紡績会社が創立された。社長は旧柳川藩士で三池・山門郡長、県会議員などを歴任した大村努《おおむらつとむ》である。

原料の綿花の輸入と製品の輸出は三井物産を介《かい》して行われ、明治二十年代後期には上海《シャンハイ》・香港《ホンコン》などの大陸市場や朝鮮に市場を拡大していった。しかし明治三十年代になると、紡績業界の不況によって経営が不振に陥り、明治三十二年に三池紡績は久留米紡績、熊本紡績（明治二十六年創立）と合併し、九州紡績株式会社が成立した。その九州紡績も、明治三十五年に三井資本系列下の鐘淵《かねがふち》紡績株式会社（鐘紡《かねぼう》）に合併されることになる。

地方の時代の担い手

「地方の時代」は、誰によってどのように担われたのだろうか。

第一次企業勃興当時は、民間における資本の蓄積も市場も未成熟であった。そのようななかであいつぐ会社組織の企業設立を可能にしたのは、地方における資産家や企業家の存在であった。豪農・豪商をはじめとするいわゆる地方名望家《めいぼうか》や旧藩主家《はんしゅけ》などは代表的な資産家であり出資者であった。企業家には旧士族層も多かったが、「士族の商法」という俗説とは裏腹に、彼らは地域内外にさまざまなネットワークを形成しながら出資者と関係を結び、資産を蓄積していった。

さきにみた九州鉄道の場合、はじめ岡田孤鹿らによって県会で取り上げられ、それと岸良俊介《きしらしゅんすけ》や後任の安場保和などの地方官の意向が結びついた。岡田に代表されるのは自由民権運動以来の地方政治家であり、実際に福岡県内の創立委員は多くがそうであった。彼らの多くは自由民権運動のなかで台頭してきた地方有力者としてのネットワークを形成しており、その背後には出資者となる地域の資産家・有力者が存在した。安場保和はもともと熊本紫溟会《しめいかい》のメンバーであり、福岡県会における自由党系とは党派的な緊張関係にあったはずであるが、九州鉄道の創立過程においては、そうした緊張は双方において抑制されている。

企業勃興における地域的なネットワークがより鮮明にあらわれているのは、三池紡績に代表される山門・三池郡の動向である。野田卯太郎や永江純一は、この地方で自由民権運動以来の政治的指導者であると同時に、企業活動の中心的な存在でもあった。紡績会社以前にも、明治二十年（一八八七）に三池銀行・三池土木会社を創立し、三池土木会社は三池炭鉱や九州鉄道関連の事業によって成長する。

野田や永江とともにこれらの企業にかかわったのは、旧柳川藩上級家臣であり、また柳川有明会《ゆうめいかい》の担い手で、明治二十年代には戸長・村長・県会議員などをつとめていた人びとである。永江・野田らの新たに台頭してきた若手有力者を核に、彼らによって形成された地方的ネットワークは、同時に政治的・経済的な地域秩序をも形づくっていたのである。

それらに加えて、三池・山門郡地方の場合は、益田孝や団琢磨《だんたくま》などを介して三井との太いパイプが形成されていたことも大きな特徴である。また、官の要素を無視することもできないだろう。九州鉄道創立における安場保和県知事や、三池紡績創立における県鉱山局長小林秀知らの存在は重要である。

三井との関係は、ローカルなネットワークがナショナルなネットワークにリンクしていく契機ともなった。政治家であり起業家でもある地方の人士《じんし》が、中央政界や財界で活動するようになるのである。紡績連合会の綿糸輸出税撤廃運動にかかわるなかで、中央の政財界の知遇をえて台頭していった野田卯太郎の場合が代表的な事例であろう。

三池と筑豊

石炭がエネルギー源として、明治日本の産業化に重要な役割を果たしたことはいうまでもない。とりわけ福岡県は、筑豊《ちくほう》と三池という大産炭地を擁し、その地位は決定的なものであった。

筑豊の石炭は江戸時代から採掘・移出されていたが、当時はそれぞれ小倉藩・福岡藩の支配と統制のもとにあった。三池炭鉱でも同様に、江戸時代には柳川藩・三池藩によって開発が行われていた。明治政府は明治五年（一八七二）三月に鉱山心得《こころえ》書を公布して、土石《どせき》以外の鉱物は政府の所有とし、鉱業は政府からの請負いとする方針を明らかにした。翌年に公布された日本坑法《こうほう》もそれらの原則を引き継ぐとともに、私人の鉱山経営にいわゆる借区制《しゃっくせい》を導入した。出願して借区を取得すれば、一五年を期限に採掘できる制度である。これによっていわゆる「自由掘り《じゆうぼ》」の時代が出現したが、筑豊では中小坑主による零細な小坑が乱立し、明治十二年には五一九坑が確認されている。しかし、これらの零細経営では洋式機械の導入は困難であり、生産の拡大は明治二十年代初めの選定坑区《せんていこうく》制の導入をまたねばならなかった。

他方で三池については、政府は直営化の方針を採用した。すなわち、工部《こうぶ》省は明治六年に鉱山官僚の小林秀知を責任者として派遣し、官営を開始したのである。三井への払下げに際して、小林が三井と地元有志者との関係を調整するうえで重要な役割を果たしたことは、前節で述べたとおりである。

三池が筑豊と異なるのは、官営時代から三井による経営と閉山までをとおして、単一の経営体によって操業が続けられた点にある。また、三池の炭層の厚さは平均八尺《しゃく》（約二・四メートル）といわれ、この点でも炭層の薄い筑豊とは対照的であった。三池炭鉱は単一の経営体による一つの炭田《たんでん》として、日本で最大規模のものであり続けたのである。

三池ではお雇《やと》い外国人の指導のもとで、比較的初期から洋式機械をはじめとする技術導入がはかられた。蒸気機関の導入による排水や、坑内に線路を敷設した斜坑捲上機《しゃこうまきあげき》の設置、あらたな竪坑《たてこう》の開鑿《かいさく》、坑内の馬匹運搬《ばひつうんぱん》、馬車鉄道による坑外《こうがい》運搬などである。また三池では、炭層を碁盤の目状に区画して支柱として掘り残す、残《ざん》柱式《ちゅうしき》と呼ばれる採掘法が採用された。これらによって三池炭鉱の出炭量は、明治六年の三万トンから、明治二十年の三二万トンへと急増した。

忘れてならないのは、このような生産の増大を担ったのが、主として囚人《しゅうじん》労働だったことである。三池では明治六年から昭和五年（一九三〇）までの長きにわたって、囚人労働が存在した。官営末期でも囚人労働は全労働者の五〇％を超えたのである。

筑豊の発展

初期の採炭事業で隘路《あいろ》となったのは、地下水の排水対策であった。筑豊では蒸気機関の導入をめぐって明治九年（一八七六）ごろから試行錯誤《しこうさくご》が続いたが、明治十三年に杉山徳三郎が目尾《しゃかのお》坑で、蒸気動力によるポンプ排水と捲上げの運転に成功、翌年から実用化された。杉山は長州の出身で、幕末から長崎などで汽船の製造などにかかわった経験をもつ技術者である。

しかし、冒険的な坑主による機械の導入と失敗が繰り返されたこともあり、筑豊の炭坑は依然として弱小な資本の乱立状態のままで、経営の拡大は進まなかった。このため福岡県は明治十八年に石炭坑業人組合準則《こうぎょうにんくみあいじゅんそく》を制定、これを受けて、同年十一月に、筑前の遠賀《おんが》・鞍手《くらて》・嘉麻《かま》・穂波《ほなみ》、豊前の田川《たがわ》の五郡による同業組合が成立した（のちに筑豊石炭鉱業組合と称する）。初代総長となったのは、県勧業課《かんぎょうか》で鉱業を担当していた石野寛平《いしのかんぺい》である。

明治二十年代にはいって筑豊の石炭生産は、急速に拡大した。筑豊の出炭量は、明治三十年には全国出炭量の五二％に達し、石炭産業における筑豊の地位は確固たるものとなった。そのおもな要因は、石炭需要の拡大と輸送手段の発展のほかに、坑区の拡張による経営基盤の拡大と中央資本の進出があった。

政府は明治二十一年に筑豊の炭層調査を実施し、それに基づいて翌年末までに二四の坑区を選定した。いわゆる選定坑区制の実施である。これは坑区（一つの竪坑《たてこう》で採掘できる区域）を最小で一九万坪《つぼ》、最大で二五万坪に選定・統合し、それを借区の単位とするものである。これによって濫立《らんりつ》する小坑の既得権《きとくけん》は否定され、熾烈《しれつ》な坑区獲得競争にたえられない弱小坑主が閉めだされた。

若き安川敬一郎（左）と平岡浩太郎（右）

選定坑区は村落の枠を超えて設定されており、借区が村落の規制を脱する契機となった。さらに明治二十三年九月に制定された鉱業条例は、それまで採掘出願には地主《じぬし》のみならず村の承諾が必要であったのを不要とした。選定坑区制と鉱業条例は、筑豊農村および農業に対する石炭産業の優位を決定づけるものともなったのである。

選定坑区の獲得をめぐっては、激しい競争が展開された。借区を獲得し、その後の競争にも生き残った土着資本家には、士族出身者では旧福岡藩士の松本潜《ひそむ》・安川敬一郎兄弟、平岡浩太郎、旧佐賀藩士の山本貴三郎《きさぶろう》などがおり、麻生太吉《あそうたきち》（嘉麻郡）・蔵内次郎作《くらうちじろさく》（築上《ちくじょう》郡）らのような庄屋《しょうや》経験者もあった。また貝島太助《かいじまたすけ》や中野徳次郎《とくじろう》らはみずから炭坑労働に従事するなかからのしあがってきた炭坑主である。さらに玄洋社《げんようしゃ》のリーダーであった頭山満《とうやまみつる》や平岡浩太郎は、借区を獲得して三井・三菱などの中央資本に斡旋《あっせん》・売却したりしている。

選定坑区制は中央の大資本が筑豊に進出する契機ともなった。坑区の獲得や生産の大規模化・機械化などは多額の資金を必要とする。しかし、日清戦争というビッグチャンスがめぐってくるまで、明治二十年代の炭価は低迷していた。後述するように三池の払下げで三井に敗れた三菱《みつびし》は筑豊への進出に積極的で、明治二十二年には新入《しんにゅう》炭坑（現、直方《のおがた》市）を買収し、さらに資金繰りに窮していた麻生から鯰田《なまずだ》炭坑（現、飯塚《いいづか》市）を買収した。貝島は主力である大之浦《おおのうら》坑（現、宮若《みやわか》市）を売却こそしなかったものの、援助を乞うた三井に販売面を掣肘《せいちゅう》されることになる。

中央資本の進出は日清戦争後に拡大し、三菱は方城《ほうじょう》・上山田《かみやまだ》坑などを入手、古河《ふるかわ》も下山田《しもやまだ》・目尾《しゃかのお》坑などを買収した。三井は三池炭鉱の獲得に注力したため筑豊への進出は遅れていたが、明治二十九年に山野《やまの》坑を、三十二年にはやがて筑豊における三井の拠点となる田川坑を入手した。また明治三十年に開庁した官営八幡《やはた》製鉄所は、同三十二年に高雄《たかお》・潤野《うるの》の二坑を買収し、製鉄所二瀬《ふたせ》営業所（現、飯塚市）を設けて経営した。

筑豊とはなにか

「筑豊《ちくほう》」という地名は、日本の近代化がつくりだした地域社会という問題を考えるとき、独特の位置を占める歴史地理的な概念である。それは日本の近代化という歴史性によっていわば暴力的に形成され、のちに述べるように一九五〇年代から六〇年代の政策転換によって暴力的に解体された空間である。

筑豊は筑前と豊前にまたがる産炭地をさし、遠賀、鞍手、嘉麻、穂波（明治二十九年に合併して嘉穂《かほ》）の筑前四郡と、豊前の田川郡からなる。石炭採掘が産業化される以前には、もちろん筑豊という地域名称は存在しない。さきに述べた筑前・豊前五郡の坑業組合が、設立翌年の明治十九年に筑前国豊前国石炭坑業組合を名のり、別に筑豊石炭坑業組合（のちに鉱業組合）とも称したことが、「筑豊」の初見であるという（永末十四雄『筑豊』）。その後、明治二十四年に筑豊興業《ちくほうこうぎょう》鉄道が営業を開始するなど、地域名称として一般に定着していった。

筑豊という地域は、単に産炭地であるというだけでなく、川筋気質《かわすじかたぎ》と呼ばれる独得の気風や風土によって特徴づけられてきた。筑豊の産炭地はほぼ遠賀川《おんががわ》水系の範囲に重なる。内陸深くに位置する筑豊の炭坑にとって、輸送の問題は死活問題である。鉄道にとってかわられるまでの石炭輸送は、川艜《かわひらた》あるいは五平太船《ごへいたぶね》と呼ばれる扁平《へんぺい》な舟底《ふなぞこ》の川舟《かわぶね》によっていた。遠賀川をくだった川艜は、中間《なかま》村（現、中間市）の水門から、江戸期に開削

川舟船頭と鉄道　嘉麻川の芳雄鉄橋を走る機関車を恨めし気に見つめる舟頭の姿。（山本作兵衛の炭坑記録画）

された運河の堀川をへて若松《わかまつ》港にいたる。若松港は国内向けの筑豊炭積出し港である。

川艜の数は明治二十七年で約七〇〇〇艘《そう》近くあったといい、水路の混雑による非能率は石炭輸送の隘路《あいろ》であった。そのため、しばしば船《せん》頭《どう》による炭坑主への運賃値上げ要求を生み、荷物・荷主の争奪、荷主への脅迫《きょうはく》、船頭の喧嘩《けんか》などは日常茶飯事《さはんじ》であった。遠賀川水運は実力と駆引《かけひ》きの世界であり、しばしば顔役《かおやく》と無法者《むほうもの》の温床《おんしょう》とみられたのである。

遠賀川の船頭のあいだに醸成された気風は、筑豊の炭鉱地帯の気風でもあった。坑業主は不安定な市場のなかで、零細《れいさい》な資本をもって機械化や借区《しゃっく》獲得競争に浮沈《ふちん》をかけなければならなかった。生き残ったのは、胆力《たんりょく》や技術導入への先進的意識、そして幸運にめぐまれた一部の坑業主のみであった。そのような炭坑主も坑夫をたばねる頭領《とうりょう》（納屋頭《なやがしら》）の扱いは容易ではなかった。しかも炭坑に暮らす人びとは、坑業主であると頭領であると坑夫であるとを問わず、差別的な視線を向けられる存在であった。

他方で、石炭産業の発展が農業を圧倒するなかで、農村から流入する労働人口はあらたな町場《まちば》を形成した。そこでは村落共同体から切り離された坑夫が、独特の相互扶助《ふじょ》的な秩序を形成していったのである。こうして筑豊という地域社会は、一方で厳しい坑内労働と時に暴力をともなう過酷な管理の場として、他方で濃密《のうみつ》な人間的結びつきによる相互扶助的な関係の場として、二面的に語られ続け、そこに成立した義理人情《ぎりにんじょう》を尊ぶ任《にん》俠《きょう》的な気質は、長きにわたって地域社会を特徴づける気風とされたのである。

三池炭鉱の近代化

明治二十一年（一八八八）、官営であった三池炭鉱は競争入札《にゅうさつ》で三井が落札《らくさつ》し、払い下げられた。もともと三井物産会社は明治九年、三池炭の一手《いって》販売権を獲得し、上海・香港に店舗を設けて輸出をはかり、巨額の利益をえていた。一手販売権の獲得については、工部卿《こうぶきょう》であった伊藤博文《いとうひろぶみ》や、物産会社社長の益田孝と井上馨《かおる》（西郷隆盛から「三井の番頭《ばんとう》さん」といわれた）の関係など、長州閥と三井との親密な関係が背後に存在していた。

三井は明治二十二年に三池炭鉱社を設立し、団琢磨が事務長に就任した。二十五年には三井鉱山合資《ごうし》会社（翌年、合名《ごうめい》会社）となり、四十年には持株《もちかぶ》会社三井合名会社に改組されて、三井鉱山は合名会社内の鉱山部となる。明治四十四年、三井鉱山株式会社となって、三井コンツェルンが完成するのである。

三池炭鉱の特徴の一つは、団琢磨という技術者が経営の最高責任者となったことである。団は福岡藩士の子として生まれ、明治四年に、岩倉遣欧《けんおう》使節に随行した旧藩主黒田長知《ながとも》の従者として金子堅太郎《かねこけんたろう》とともに渡米、そのままボストン工科大学（現、マサチューセッツ工科大学）に留学する（金子はハーバード大学）。帰国後は東京大学理学部助教授をへて、明治十七年に工部省にはいり、三池鉱山局技師となる。そして三池炭鉱の払下げとともに三井に移るのである。

団琢磨　昭和7（1932）年，財閥批判を強めていた国家主義団体血盟団《けつめいだん》の若者に暗殺された。

団のもとで三池炭鉱は急速に近代化をとげていく。明治二十四年には港までの運炭《うんたん》のために三井専用汽車鉄道が竣工する。採炭・運搬技術では、同年にエンドレスロープの導入が開始さ

三池港　閘門は現在も稼働している。

れた。三十四年からは本格的な電化が始まり、電動エンドレスが設置された。

竪坑の開発では、明治三十五年に二七一メートルの深度をもって東洋一の大竪坑と称された万田《まんだ》第一坑が竣工《しゅんこう》した。筑豊では、大竪坑時代と呼ばれた大深度坑の開発は一九一〇年代になってからである。これによって坑内規模は飛躍的に拡大し、鉄骨の竪坑櫓《やぐら》、鉄製炭車、坑内電車などが導入された。しかし、三池では炭層が厚く坑内が広いため、人力による採炭が必ずしも非効率とはみなされず、切羽《きりは》採炭における機械化の進展は一九二〇年代以降になってからであった。

輸送の面で画期的であったのは、三池港の築港である。三池炭鉱は臨《りん》海《かい》炭鉱であったが、有明海《ありあけかい》は干満《かんまん》の差が大きく、石炭は小舟で対岸の島原半島南端にある口之津《くちのつ》港に運ばれ、そこで再度積みかえられて移出されていた。三池築港は団によって提案されて明治三十五年に着工され、四十一年に完成した。現在も築港時の形態を残して世界遺産に登録されている三池港は、内《ない》港と外《がい》港に分かれて、あいだに閘門《こうもん》が設けられ、干潮時も水位を一定に保つ構造になっている。貯炭場《ちょたんじょう》に隣接する内港には一万トン級の船が三隻《せき》接岸できるようになった。

労働と災害

筑豊研究において参照すべき古典とされる高野江基太郎《たかのえもとたろう》の『筑豊炭礦誌』（明治三十一）は、当時の坑内労働のようすをつぎのように描いている。

坑夫は数百尺《しゃく》の地下で、暗黒のなかでカンテラの明かりを頼りに労働している。炭層が薄くて天井の高さ四尺（約一・二メートル）以下のところでは、腹ばいになって切羽に近づき、腹ばいのまま鶴嘴《つるはし》をふるって採炭することもまれではない。ボロを身にまとい（あるいは裸体《らたい》で）、全身まっ黒なものが出てくるさまは、ほとんど人間とは見えないだろう。乳児をかかえて坑内に入り、あやしながら運炭する婦女子もあり、話に聞くだけでは容易に信じられないだろう。

高野江によれば、右にみたような過酷な労働条件のもとでも坑夫となる者が多いのは、「其の賃銭自《おのず》から他種労働者よりも高額」だからであるという。

筑豊では、坑内の労働管理は炭鉱が社員によって行い、坑夫の生活管理を納屋頭に担当させる納屋制度が、日清戦争前後に確立していた。納屋は坑夫の住宅であるが、納屋頭は坑夫の募集、雇入れ、納屋における日常の世話、賃金の受取りと配分、坑夫の坑内への繰込《くりこ》みを担っていた。石炭が産業として確立して以降、筑豊では労働力は家族単位で受け入れられることが多く、納屋制度も家族もちを単位とするものが大部分であり、独身坑夫は大《おお》納屋にはいった。

納屋制度は多くの弊害をともなう。坑夫への過酷な取扱い、賃金のピンハネ、賭博《とばく》などの風俗を乱す行為、納屋頭間の抗争などがそれである。このため三井は納屋制度を採用せず、安川のように廃止する経営者もあらわれたが、日露戦争後においても完全に直轄《ちょっかつ》制に移行したわけではない。

一方で三池においては、三井に払い下げられたあとも囚人労働は継続された。明治十六年には大浦《おおうら》坑で大規模な囚人の暴動事件が起こり、囚人労働は世論《よろん》の批判をあびるようになる。そうした動向を背景に、監獄《かんごく》も徐々に囚人を使役《しえき》に出さないようになり、一八九〇年代から囚人労働が激減した。

それを受けて、三池では会社が募集請負人《うけおいにん》と契約して坑夫募集を行う坑夫募集請負人制度が採用された。これは三池の納屋制度ともいうべきもので、請負人は納屋頭に相当する。明治三十四年には坑夫募集請負人制度も廃止され、直轄坑夫募《ぼ》集人《しゅうにん》制度が採用された。直轄坑夫募集人制度が採用されることで、納屋制度は解体に向かったのである。

炭坑労働は、閉山にいたるまで災害と背中あわせであった。炭坑における災害の要因は、落盤《らくばん》やガス爆発、出水《しゅっすい》などのほかに、炭車などの運搬にともなう事故や、捲上機《まきあげき》などの機械操作にともなう事故など多様である。最初の大規模災害は、明治三十二年に豊国《ほうこく》炭坑（現、田川郡）で発生したガス爆発である。豊国炭坑は平岡浩太郎と山本貴三郎が経営する優良炭鉱であったが、この爆発事故では、確認されただけで二一五人の死者がでた。犠牲者のなかには生後まもない赤ん坊を含む、少なからぬ幼児が含まれていた。高野江の記述にあるような、幼児をつれて入坑する女性が多かったことがうかがわれる。

豊国炭坑は明治四十年にもガスへの点火が炭塵《たんじん》爆発を誘発し、死者三六六人（一説に四二九人）にのぼる、明治期最大の爆発事故を引き起こしている。炭塵は石炭の微細な粉塵で、空気中に浮遊する粉塵に引火して大爆発を起こすのが炭塵爆発である。

大正三年（一九一四）には、三菱方城《ほうじょう》坑（現、田川郡）で死者六六七人にのぼる爆発事故が発生した。これはわが国最大の炭鉱事故とされている。以上のような巨大事故に至らないものを含めると、筑豊では毎年死者をともなう数多くの爆発事故が繰り返された。福岡県内の炭坑では、とくに日露戦争後に、死者をともなう災害件数が激増している。筑豊発展の時代は災害激増の時代でもあったのである。

開業当時の門司駅

2 都市化と工業地帯の成立

鉄道網の形成

明治二十年代から三十年代にかけて、筑豊の石炭生産は急速に拡大した。それはもちろん日本の工業化にともなう石炭需要の増大がもたらしたものであるが、同時に需要に応じる輸送体制が整備されたからでもあった。

まず九州鉄道のその後を概観しよう。明治二十四年（一八九一）四月、九州鉄道の起点として門司駅《もじ》（のちの門司港駅《もじこう》）が開業し、同年七月、門司駅よりさらに東の大里《だいり》（のちの門司駅）—熊本間が全通した。やがて九州鉄道は、筑豊鉄道（筑豊興業鉄道の後身）・豊州《ほうしゅう》鉄道をはじめとする諸鉄道を合併・買収し、わが国第二位の鉄道会社に成長する。

なお、現在の日豊《にっぽう》本線についてみると、明治二十八年に九州鉄道によって小倉—行事《ぎょうじ》（現、行橋《ゆくはし》）間が開業し、明治三十年には後述の豊州鉄道によって行橋—長洲《ながす》（現、柳ケ浦《やなぎがうら》）間が開通して、小倉から直通運転が行われた。九州鉄道は明治三十九年に成立した鉄道国有法に基づいて、翌年七月に買収されて国有化された。

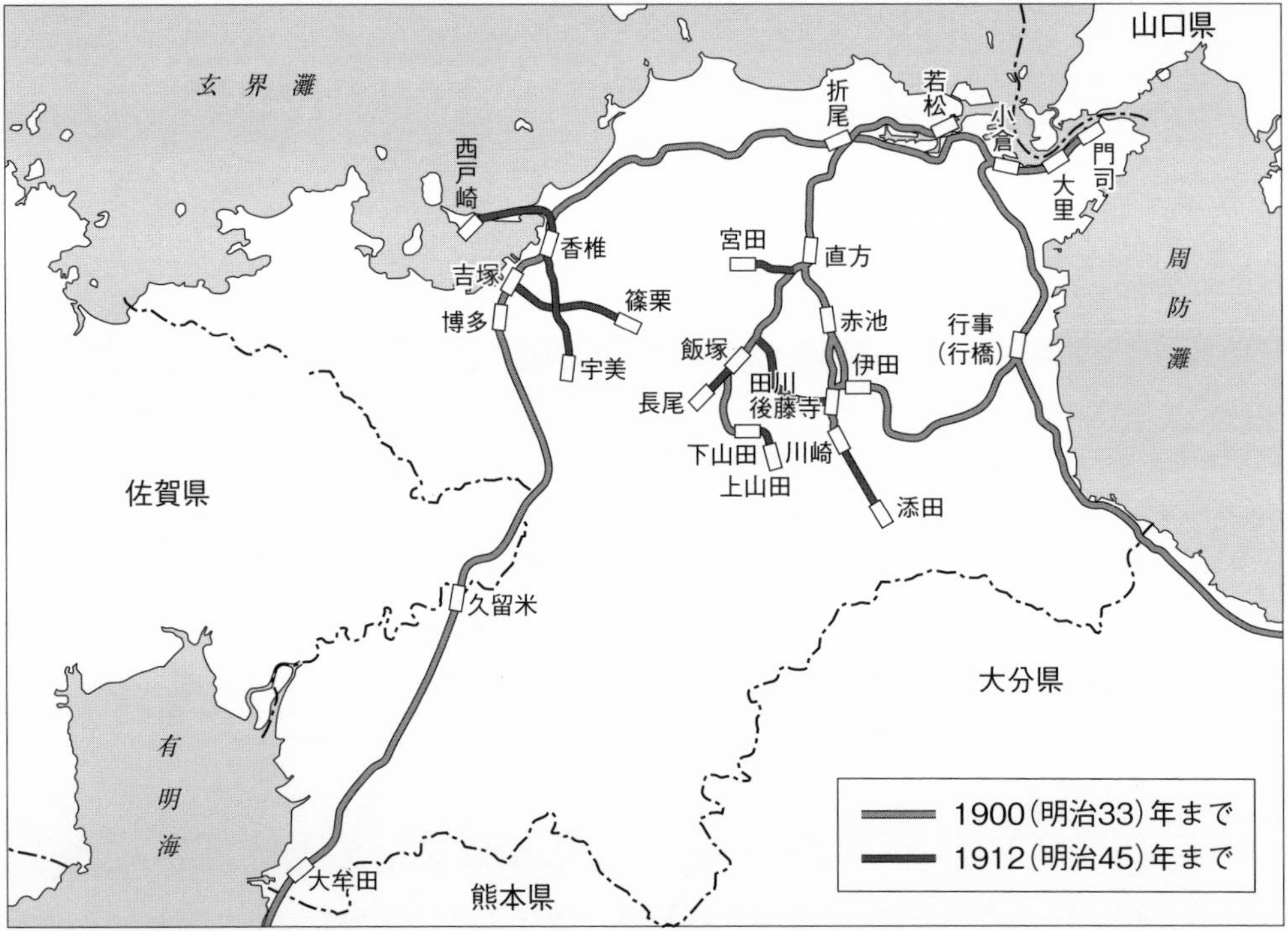
玄 界 灘
山口県
西戸崎
香椎
吉塚
博多
篠栗
宇美
折尾
若松
小倉
門司
大里
周防灘
宮田
直方
赤池
伊田
行事
(行橋)
飯塚
田川
後藤寺
長尾
下山田
上山田
川崎
添田
佐賀県
久留米
大分県
有明海
大牟田
熊本県
1900(明治33)年まで
1912(明治45)年まで

主な鉄道の拡張図

筑豊の石炭輸送がもたらした地域経済への影響という点では、筑豊興業《こうぎょう》鉄道の役割が重要である。筑豊興業鉄道は筑豊五郡の有志を発起人として、若松と赤池《あかいけ》を結ぶ石炭輸送を目的に、明治二十二年十月から建設工事が始まった。しかし、用地買収に困難を生じたため、安川敬一郎と麻生太吉は三菱の鉱山技術者長谷川芳之助《はせがわよしのすけ》らと経営者の刷新をはかり、三菱による株式買収、三菱と渋沢栄一《しぶさわえいいち》による社債引受けを実現した。こうして炭鉱資本家と三菱が経営の主導権を握るなかで、明治二十四年に若松—直方間が開通し、三菱の新入《しんにゅう》坑などの石炭輸送を開始、明治二十六年には若松—飯塚間が全通した。また同年には折尾《おりお》で九州鉄道に連絡し、門司への運炭も開始された。

このほか田川採炭会社（のちに三井に買収される）の関係者が関西資本の援助を得て豊州鉄道創立をはかり、明治二十八年に行橋—伊田《いた》間が開通し、翌年には後藤寺《ごとうじ》まで全通した。前述のように筑豊鉄道は明治三十年に、豊州鉄道も三十四年に九州鉄道に合併される。

鉄道の建設・経営は巨大な資本を必要とするために、地場《じば》資本の力では対応できず、三井・三菱などの中央資本が導入された。このように鉄道の建設は、炭鉱の開発や後述する港湾の整備とともに、中央の大手資本が九州に進出する重要な契機となった。

若松・門司の発展

鉄道の建設によって、門司港・若松港の地位は高まった。若松港は筑豊炭の生産拡大にともなって、わが国最大の石炭積出し港となるが、そのためには浚渫《しゅんせつ》をはじめとする港湾の整備が不可欠であった。筑豊石炭坑業組合総長であった石野寛平《いしのかんぺい》は、旧福岡藩士の平岡浩太郎を介して、岩崎弥之助《いわさきやのすけ》・渋沢栄一らの出資を受け、明治二十五年（一八九二）に若松築港《わかまつちっこう》株式会社の開業にこぎつけた。初代社長は石野寛平、重役陣に堤猷久《つつみみちひさ》・安川敬一郎らを配している。堤は明治二十三年の最初の衆議院議員総選挙で、非自由党系で当選した人物である。

若松港は筑豊興業鉄道の開通により、石炭積出し港として急速な発展をとげた。さらに洞海湾《どうかいわん》の対岸に官営八幡製鉄所が開業すると、製鉄所を中心とする周辺工業都市の発展と結びついて、関連産業の発展をみた。

一方、門司は安場保和によって九州鉄道の起点とされたことで発展の契機をつかんだ都市である。当初、港湾としての機能はほとんどなかったため、明治二十一年に企救《きく》郡の青柳四郎《あおやぎしろう》・福江角太郎《ふくえかくたろう》らによって、門司築港会社の設立が出願された。青柳・福江はのちに自由党系の政治家となる人物である。門司築港会社は有力出資者に大倉喜八郎《おおくらきはちろう》・渋沢栄一・安田善次郎《やすだぜんじろう》・浅野総一郎《あさのそういちろう》らの中央資本家を迎え、翌年に創立された。門司港は石炭・米など五品目の特別輸出港に指定され、明治二十三年に石炭の輸出を開始している。特別輸出港とは、開国にともなって指定された開港場以外に、特定の品目に限って輸出を認められた港湾である。

明治二十七年に九州鉄道が折尾で筑豊興業鉄道と連絡することにより、門司港の石炭移出量は飛躍的に増大した。明治三十年の石炭移出量は、石炭移出開始時の一〇倍に達している。築港会社は塩田《えんでん》などを埋め立てて鉄道用地を造成するとともに、市街化を推進した。開発された土地には、三井物産・三菱合資・大阪商船・日本郵船などの支店や出張所が開店して市街地を形成した。築港会社の出資者の一人であった浅野は、明治二十六年に浅野セメントの分工場を開業している。

他方で港湾施設は貧弱であり、艀《はしけ》で停泊した船まで運び、荷役《にやく》労働者によって積みかえる沖積《おきづ》みが中心であった。この点では若松港も同様である。門司港には磯部《いそべ》組・自念《じねん》組・いろは組などの荷役会社が勢力を張った。

門司港が輸出入に関する制約から解放されるのは、条約改正によってである。すなわち、明治二十七年に日英通商航海条約が調印され、以後、ほかの各国とも同様の条約が調印された。治外法権《ちがいほうけん》の撤廃によって外国人居留地《きょりゅうち》の制度が廃止されるため、開港場は意味をもたなくなる。同条約が発効した明治三十二年に、門司港は制約を離れた貿易港になる。

門司港の貿易は、日清・日露の二つの戦争をへて拡大した。日露戦争後には貿易額が長崎港にかわって九州第一位となり、明治四十二年には長崎税関区《ぜいかんく》から独立した。貿易・産業の基地として発展した門司は人口も急増し、明治二十七年に町制を、明治三十二年には市制を施行した。

発展にともなう問題も発生する。門司は、町場の歴史がないところに急激に発展した近代港湾都市である。このため上下水道や、学校・病院などの整備の遅れが社会問題を生んでいった。さらに急増する人口の多くは他府県からの流入人口であり、そこに形成される社会関係は、土着性の薄い新住民によって形成される。長い歴史のなかで形成された意思決定システムのようなものは存在せず、このため、衆議院議員総選挙の結果がきわめて流動性の高いものとなるなど、興味深い現象も発生している。

地域の変貌

門司・若松の発達をはじめ、関門《かんもん》海峡から洞海湾にかけての沿岸部は、工業化に牽引《けんいん》された新興都市の様相を深めていく。旧城下町であった小倉では、日清戦争前後から地場資本による紡績会社・織物会社・電灯会社などが起業している。小倉の他の一面は、「軍都《ぐんと》」である。明治四年（一八七一）に小倉城跡に鎮台《ちんだい》がおかれ、八年には陸軍第十四連隊《れんたい》が設置された。さらに日清戦争後の師団《しだん》増設で、明治三十一年に第十二師団司令部《しれいぶ》が設置された。これより前、明治二十九年には、委員を上京させて師団誘致の運動を行っている。この運動は、門司の開港をめざす運動や製鉄所の誘致運動と前後して展開されており、これら国策レベルの施策と連動した運動のなかで、「北九州」という地域観が形成されていったのだろう。小倉は明治三十三年に市制を施行するにいたる。

北九州諸都市のなかで、都市化という点で戸畑《とばた》はもっとも後発であったが、明治三十二年には町制を施行している。明治三十五年には九州鉄道の戸畑駅が開業した。明治四十二年には、安川敬一郎が私財を投じて明治専門学校（現、九州工業大学）を開校した。明治専門学校は東京帝国大学総長をつとめた山川健次郎《やまかわけんじろう》を総裁に迎え、四年制の工業専門学校として特異な存在を誇った。

北九州の諸都市と密接不可分《ふかぶん》な筑豊に目を転じると、筑豊の石炭産業は農業を完全に圧倒し、飯塚・直方・後藤寺・伊田などの炭坑町が形成される。後藤寺や伊田（のちに合併して田川市）は、町場の伝統がないところにまったく新たに出現した町であった。このほか大炭坑が存在するところでは、同じような類型の町が続出し、この時代に筑豊は、石炭産業を核とする地域的特性が確立されるのである。

日露戦争後の筑豊は、深部採炭の能率化をめざして、いわゆる大竪坑時代にはいった。赤レンガの大煙突が林立し、発電所・汽罐場《きかんじょう》などを擁する大竪坑時代の炭鉱は、三井・三菱などの大資本の決定的な優位を象徴するものであった。筑豊炭田はその黄金時代を迎え、大正二年（一九一三）には出炭量一〇〇〇万トンを突破した。三池も同年に二二〇万トンを超え、大正期の最高水準に達した。第一次世界大戦の戦時景気が到来すると炭価も急激に高騰し、炭鉱はかつてない好況を迎えた。

しかし戦後恐慌《せんごきょうこう》が始まると炭価は急落し、炭鉱は送炭制限の実施による価格の維持と、機械化と人員整理による合理化を迫られることになった。それまでの、鶴嘴《つるはし》やノミにかわってカッター（チェーンソー様式の採炭機）・オーガー（削岩用のドリル）・ピック（採炭用の小型削岩機）などが進出し、坑内運搬にはコンベヤーやエンドレス・ロープが使用されるようになった。また、爆薬の使用も普及した。こうした機械化が本格的に導入されるのは、大正末から昭和初期にかけてである。

官営製鉄所の八幡立地

製鉄業については、政府が早くから関心を示していたが、民力休養論に立つ民党によって、製鋼所建設案は衆議院で否決され続けた。しかし、日清戦争は明治政府と民党の接近の契機になるとともに、製鉄事業を緊急とする認識を強めた。

明治二十八年（一八九五）の第九議会で、衆議院が「製鉄所設置建議案」をはじめて可決し、農商務次官の金子堅太郎（旧福岡藩士）を委員長とする製鉄事業調査会が設置された。委員のうち、和田維四郎《わだつなしろう》は農商務省鉱山局長として筑豊・三池と浅からぬ関係があり、工学博士長谷川芳之助はコロンビア大学留学から帰国後、三菱に入った人物である。これよりさき、明治二十六年に農商務省に設置された製鉄事業調査局には、和田・長谷川らとともに、旧藩主黒田家の当主黒田長成《ながしげ》や、のちに筑豊鉄道・九州鉄道の社長をつとめる仙石貢《せんごくみつぐ》などが委員となっている。このように、製鉄所設置をめぐるプロセスには当初から北九州や三菱と関係が深い人物がみられる。

八幡への立地が内定するのは明治二十九年の十一月、翌年の六月に役所としての官営八幡製鉄所が開庁する。八幡立地は、当時の技術では鉄の生産に大量の石炭を要するため、筑豊を背後にもつ石炭立地が選択されたためであるが、同時に地元の誘致運動と、背後の政治工作が注目される。

八幡では明治二十九年の春ごろから誘致運動が本格化し、村民大会は一〇万坪とも一五万坪ともいわれる土地の提供を決定している。同じころ、調査委員会委員長の金子農商務次官が来県し、北九州各地を視察して演説を行っている。大隈重信《おおくましげのぶ》・松方正義もあいついで北九州を訪問しており、平岡浩太郎・安川敬一郎らの歓迎を受けている。

安川らは若松の築港拡張による条件整備をアピールしつつ、渋沢栄一や岩崎弥太郎《やたろう》による中央の政財界への働きかけを工作し、旧藩主黒田家や金子堅太郎・和田維四郎らの人脈を動員していたのである（『北九州市史』）。それらの動きは、三菱の筑豊進出や筑豊鉄道と若松築港への三菱資本導入と連動したものであった。

製鉄所は当初、銑鉄《せんてつ》を購入して製鋼《せいこう》を行う構想であったが、明治三十年、ヨーロッパでの調査報告を受けた第二代長官和田維四郎の意見書によって、高炉《こうろ》を建設して銑鋼《せんこう》一貫の生産体制をとることに方針転換した。こうして、戸数三五〇戸余りの、農・漁業を主とする八幡村は、日本を代表する重工業都市への第一歩を踏み出すのである。

鉄都八幡と北九州工業地帯の成立

官営八幡製鉄所は明治三十四年（一九〇一）二月に高炉への火入れ式が行われ、十一月に開所式が実施された。しかし、順調に操業が行われたわけではなく、当初は失敗の連続であった。火入れはしたものの高炉が爆発するなどの事故があいつぎ、野呂景義《のろかげよし》（帝国大学工科大学教授兼農商務省技師）の指導による高炉の改造、コークス製造の改良をへて、日露開戦から五カ月後の明治三十七年七月に再操業にこぎつけた。翌年には第二溶鉱炉《ようこうろ》が操業を開始し、増産に成功する。

日露戦争後になると民間の鉄鋼需要が拡大し、これに対応するために明治三十九年から四十三年にかけて第一期拡張工事が行われ、ここに銑鋼一貫の生産態勢が確立した。さらに明治四十四年から大正五年（一九一六）にかけて、第二期拡張工事が行われた。これらの拡張工事によって、銑鉄の生産は一三万トンから三〇万トンに、鋼材は一六万トンから二九万トンに増大している。

大正三年に始まる第一次世界大戦によって、欧米からの輸入が途絶したことをきっかけに、重化学工業《じゅうかがく》が発展をとげた。それにともなって国内の鉄鋼需要が増大する一方、鋼材の輸入は途絶した。こうした事態は、日本の鉄鋼企業に大きな利益をもたらし、生産は拡大した。八幡製鉄所は、大正六年から六カ年計画で第三期拡張工事を実施している（実際の完成は昭和四年）。この計画は、鋼材生産能力を年間三〇万トンから一気に六五万トンに高めようとする大規模なものであった。

この時期には民間の製鉄会社の発展もめざましかったが、それでも八幡製鉄所は、戦争が終結した大正八年の段階で、銑鉄で全国生産の四七・二％、鋼材で五〇・七％を占め、とくに銑鋼一貫体制という点で弱体な民間企業に対し、依然として優位を保っていた。

熊本山（現，高炉台公園）より見る八幡製鉄所（明治後期）

第一次世界大戦が終結すると、戦後恐慌《きょうこう》による需要の落込みや、ワシントン海軍軍縮条約の成立（大正十一年）にともなう軍需の減少によって、鉄鋼業界は深刻な不況にみまわれる。このため官民間の販売競争は激しさを増し、弱小企業は倒産・整理されていった。このため、大正末には主要企業のあいだで生産・販売の調整（カルテルの形成）が行われるようになった。

八幡製鉄所に限らず、第一次世界大戦期の民間重化学工業の発展はめざましいものがあった。北九州諸都市はそれらの工場立地によって、この時期に北九州工業地帯としての実質を備えるにいたったのである。大正初期までに立地していた工場に加えて、小倉には東洋陶器《とうようとうき》・東京製《とうきょうせい》鋼《こう》小倉製鋼所・大阪砲兵工廠《ほうへいこうしょう》小倉兵器製造所・西部瓦斯《さいぶガス》など、戸畑には明治《めいじ》紡績（明治四十二年）などに加えて、東洋製鉄《とうようせいてつ》・旭硝子《あさひガラス》など、若松には、日本油脂《ゆし》・帝国鋳物《いもの》など、八幡には安川《やすかわ》電機・黒崎窯業《くろさきようぎょう》・九州製鋼《せいこう》などの工場が新設された。

このような大正期における北九州一帯の工業都市化につれて人口も急増し、明治期の門司、小倉に続いて大正三年に若松、大正六年に八幡が、また大正十三年には戸畑が市制を施行するにいたった。

コンビナートの街大牟田

三井鉱山三池鉱業所（三池炭鉱）を中心に、三井資本による産業化が進められた大牟田《おおむた》地方でも、この時期に産業の高度化が進展した。大牟田の工業は、明治以来紡績業（鐘紡《かねぼう》）が最大のものであったが、第一次世界大戦を契機に、昭和初期にかけて石炭化学コンビナートが形成されていった（『福岡県史』通史編近代　産業経済二）。石炭を原料とする化学工業は、コークス生産の副産物利用に始まる。石炭を原料にコークスを生産する際の副産物であるコークス炉ガスやタールを利用した、化学肥料《ひりょう》や合成染料《せんりょう》の生産である。

副産物を利用した化学工業の展開を推進したのは、団琢磨《だんたくま》の女婿であった牧田環《まきたたまき》である。牧田によって、三井鉱山を中心に、副産物の相互利用によって、三井系の企業間における原料・製品のネットワークが形成された。その画期となったのは、大正四年に北海道苫小牧《とまこまい》に設立された電気化学工業株式会社（電化《でんか》）の大牟田工場である。

明治末から大正期にかけて、わが国の農業においても化学肥料（硫安《りゅうあん》）の使用が普及していたが、その消費量は第一次世界大戦後に飛躍的に増大した。延岡《のべおか》を拠点とする日本窒素《ちっそ》肥料と並んで硫安供給の二大拠点となったのが、大牟田の電化である。

染料工業も、第一次世界大戦によるドイツ染料の輸入途絶《とぜつ》によって発展のきっかけをつかみ、昭和初年にはドイツ染料と肩を並べるようになる。三池においても薬品・染料生産が開始され、このようにして、動力源および原料としての石炭を基盤に、関連する工場が有機的に結合されたコンビナートが大牟田に形成されていった。大牟田・三池地方はより高度な形で、三井の企業城下町としての性格を強めていくことになる。工業化の進展にともなって人口が急増した大牟田町は、大正六年に市制を施行するにいたった。

在来産業都市久留米の近代化

近代化によってすべての人びとの生活形態が一挙に西洋化したわけではない。日常生活を構成する衣食住の必需品は、着物をはじめ、おおむね伝統的な生産品で構成されていた。それら江戸時代以来の伝統的な商品の生産に携わる産業を、ここでは在来《ざいらい》産業と呼ぶ。主として家族労働を中心とする小経営によって成り立つ産業であり、機械制大工場で経営されるもの以外の繊維《せんい》産業や、醸造《じょうぞう》業などが典型的なものである。それらの産業のなかには、機械などの移入された近代的技術で生産することであらたな発展をとげたものもあった。

久留米絣《がすり》や久留米縞《じま》に代表される綿織物の発展は、都市と農村のあらたな関係をつくりだしている。旧城下町である久留米の近代都市としての展開は、久留米絣の生産の発展によってもたらされたのである。

久留米絣の生産者は一般に規模が零細であり、主として近隣農家の婦人による家内労働（機織《はたお》り）によっていた。織機《おりはた》の所有者は業者であり、彼らは近隣農村に機を貸して原料を提供し、賃織《ちんお》りをさせるのである（出《だ》し機《はた》）。絣製造業者のなかには数百人規模の工場組織をもつ者もあったが、多くは小規模であり、製品の販売は工場経営も行う少数の問屋が握っていた。多くの小規模業者は彼らの下請け化していったのである。こうした関係をとおして、久留米という都市は周辺農村へ強い経済的影響力をもっていた。

久留米絣は日露戦争後には大陸にも販路を拡張し、ピーク時の明治四十一年（一九〇八）には製造戸数約一五〇〇戸、生産反数約二二万九〇〇〇反に達した。しかし、明治末年以降は低落傾向を示し、第一次世界大戦の好況でもちなおし、戦後恐慌で打撃を受けたのち再度もちなおすという浮沈《ふちん》を繰り返した。しかし、生産過剰による価格低落に苦しみ、昭和恐慌期以降は衰退の道をたどる。最終的にとどめを刺したのは、日中戦争以降の戦時経済統制であった。

このような大正後期から昭和期にかけての衰退は、日本の多くの在来産業に共通する運命であった。その背景には、都市化の進展と人びとの生活様式の変化という時代の流れがあったのである。

ゴム底靴のポスター 「志まや」と並ぶ「つちや」足袋でも，地下足袋やゴム靴が生産された。

明治末から経営に苦しんだ絣と入れかわるように、足袋《たび》生産が久留米における産業の中心に成長していった。足袋生産の担い手は、染色《せんしょく》・織布《しょくふ》・縫製《ほうせい》の工程を一貫して自社生産する専業メーカーである。彼らは絣にならって、周辺農村の家内婦人労働力を自宅職工（出《だ》し縫《ぬ》い）として組織するなどして生産を拡大し、第一次世界大戦後には生産額で絣を上回り、久留米における産業の中心をなしていった。

とくに石橋徳次郎《いしばしとくじろう》・正二郎《しょうじろう》兄弟の経営する志《し》まやたび（のち日本足袋株式会社）は、新しい発想による先進的な経営で、第一次世界大戦後に新分野を開拓して成功をおさめた。それが大正十年（一九二一）に販売を開始した地下足袋《じかたび》（足袋にゴム底をつけて労働用にしたもの）とゴム靴の生産である。日本足袋の二代目社長となった石橋正二郎は、こうしたゴム工業の発展のうえに立って、昭和四年（一九二九）に自動車用タイヤの製造に踏み切った。こうして、昭和六年にブリヂストン・タイヤ会社が設立されたのである。

このように、久留米は在来産業の発展を契機に、ゴム工業という近代産業を地場産業として展開することで、近代都市としての発展をとげた。久留米における在来産業の盛衰と近代化の試みは、日本における近代都市形成の一つの類型であると同時に、それによって都市と農村の関係が再編成される興味深い事例といえるだろう。

3 農業と農村の変容

主要産業としての米

明治・大正期の日本社会における経済活動において、農業は依然として大きな比重を占めていた。鉄と石炭を軸に工業化が進展した福岡県でも、事態は同様であった。たとえば、明治四十四年（一九一一）の福岡県生産物価額の割合をみると、農林水産業三八・九％、工業三四・八％、鉱業二六・三％（鉱工業合算六一・一％）である。総体的にみると、明治末年にいたって鉱工業優位の産業構造が確立したといえるが、違う見方をすれば、八幡製鉄所が本格的に稼働《かどう》しはじめた明治末年でも、福岡県を代表する産業は石炭と鉄にならんで農業（米）だったともいえる。

とりわけ明治中期までの福岡県の米生産は、全国的にみてもぬきんでた地位を誇っていた。明治九年から十一年の数値でみると、福岡県の一人当り米生産量は〇・九七〜一・二五石であり、全国平均の〇・七一〜〇・七四石を大きく上回っている（『全国農産表』）。

明治中期でみても、明治二十一年の水田耕地面積と米の生産高は、いずれも新潟県についで全国第二位である。同時期の福岡県内における農業の比重を人口面でみると、総人口一二一万二六二三人に対して、農家人口は八二万七三七〇人であり、総人口の六八・二％を占めていた（太田遼一郎「明治前・中期福岡県農業史」）。

『勧農新書』の表紙

林遠里

福岡県米ははじめ全国的な名声をえていたが、明治後期にはその地位を後退させてゆく。その主要な要因は、工業化の進展による農業と農村社会の変化にあった。石炭産業の隆盛や北九州工業地帯の形成は、県内の農村から労働力を流出させた。大正期になると、都市化の進展にともなって、蔬菜《そさい》や花卉《かき》生産などの都市近郊の商業的農業が拡大していく。

このような事態は、都市と農村の関係に変化をもたらすと同時に、農村内部の社会関係も変容させていく。県産米の市場価値回復をめざして県が明治末年に導入した産米検査《さんまいけんさ》が、小作人《こさくにん》の激しい反対で政治問題化したり、大正期に農民組合運動が急速に拡大したりする事態は、その現れであった。

福岡農法と勧農社・勧業試験場

福岡県の農業は農業技術においても、「福岡農法」として明治前半期には全国でも先進的な地位を誇った。福岡農法は農談会《のうだんかい》・共進会《きょうしんかい》・品評会《ひんぴょうかい》・種子交換会《しゅしこうかんかい》などのさまざまな形の勧農《かんのう》活動を通じて県内から全国に浸透した。その中心をなしたのは、民間の農業塾である勧農社《かんのうしゃ》と、福岡県農学校・勧業試験場であった。しかし両者の関係は、その農法において鋭い緊張をはらむものであった。

勧農社を創立したのは林遠里《えんり》である。林は福岡藩士の子として天保《てんぽう》二年（一八三一）、筑前国早良《さわら》郡鳥飼《とりかい》村（現、福岡市中央区）に生まれ、明治二年（一八六九）ごろから農業を志した。林の農法は、種子を寒中から水に浸《ひた》し春に蒔《ま》く、いわゆる寒水浸法《かんすいしんぽう》や、水浸した種子を発芽《はつが》まで土中に貯蔵する土囲法《つちがこいほう》、馬耕《ばこう》による深耕《しんこう》などを中心とするものであった。林は自身の農法を『勧農新書』（明治十年）に著わして広く配布するとともに、内《ない》国《こく》博覧会に出品して宣伝につとめた。

林遠里の名を高めたのは、明治十六年の勧農社設立と、勧農社員の全国的な活動である。勧農社は林が移住した早良郡入部《いるべ》村（現、福岡市早良区）に本部をおいて、すぐれた卒業生を実業教師として全国各地に派遣した。たとえば、自由民権期に御笠《みかさ》郡の思水会《しすいかい》のメンバーとして活動した高原謙二郎《たかはらけんじろう》は、勧農社の実業教師として京都府に派遣されている。

林やその周辺に限らず、明治前期の福岡県には老農《ろうのう》と呼ばれる熱心な営農家《えいのうか》が輩出し、彼らが相互に経験を交流しつつ農業技術の普及者の役割を果たしていた。彼らの存在によって、明治前期の福岡県は農業先進地として知られたのである。

民間の活動に劣らず、県もまた積極的な勧農政策、農事改良《のうじかいりょう》政策を展開していった。福岡県は明治十二年に、那珂《なか》郡春吉《はるよし》村中洲《なかす》（現、福岡市博多区）に勧業試験場を設置した。勧業試験場は「農産改良拡張」を目的とし、試験場内に農学校を設置、翌年には県立農学校兼試験場に改組されている（農学校は明治二十年に廃止され、ふたたび福岡県勧業試験場に改組された）。

この農学校・勧業試験場に、農学校教頭兼勧業試験場長として着任したのが、林遠里の最大の論敵となる横《よこ》

横井時敬

井時敬《いときよし》であった。横井は安政《あんせい》七年（一八六〇）に熊本藩士の子として生まれ、熊本洋学校をへて明治十一年に駒場《こまば》農学校（東京大学農学部の前身）を卒業、明治十五年から二十二年まで、福岡県勧業試験場長・農学校教頭をつとめた。

しかし、横井の名を高めたのは、明治二十年ごろから提唱した塩水選《えんすいせん》であった。塩水選とは、種籾《たねもみ》を塩水にいれて浮いた籾を除き、比重の重いものを用いる農法である。

横井の塩水選は、西洋農学による在来農法批判の一環として、林農法と鋭く対立することになった。結果的には、横井らのいわゆる学理農法が老農技術にとってかわることになる。ただし、学理農法が勧農社の活動のすべてを否定したわけではない。明治十五年ごろから老農を中心に盛んになった農談会には、横井も積極的に参加している。このような、官民が相互に浸透して農業技術の改良を志す動きのなかで横井農法も普及し、福岡県の農業生産の優位を形成していったのである。

産米検査反対運動

明治初期において全国的な名声を博していた福岡県産の米は、全国市場での順位を下落させていった。このため県当局は、県産米の市場価値を高めることを目的に、明治四十四年（一九一一）に福岡県米穀《べいこく》検査規則を制定し、生産米および県外移出米の検査を開始した。検査によって県外移出米に等級をつけ、低落する県産米の市場評価を高めようとしたのである。

しかしこれは、結果的に大正前期の福岡県農政において最大の争点となる。検査にともなうさまざまな負担が、地主・小作人を問わず農民側の強い反発を生んだのである。検査に際しては俵装《ひょうそう》を統一すること（二重俵装）、それまで地域によって不統一であった容量を一定にすること（一俵四斗《と》）、品種を統一することなどが要求された。とりわけ小作人は、地主から検査合格米による小作米納入を要求されるため、不満をつのらせた。

産米検査の施行は各地に紛争を引き起こし、県会もこれをめぐって紛糾した。このため、大正八年（一九一九）に至っても六つの郡が未施行という状況が発生したのである。とりわけ反対運動が激しかったのが、大正三年から実施が予定されていた糸島《いとしま》郡と遠賀《おんが》郡である。糸島郡では同年十一月に三〇〇〇人の農民が集まって検米反対大会を開催しており、同月二十二日には郡農会総会の開催を要求して集まった農民が騒擾《そうじょう》化《か》し、いわゆる糸島郡騒擾事件に発展する大問題となっている。

産米検査に反対する農民は、郡や村単位で農民団を名のることが多かった。後述するように、これらの農民団運動はしばしば反立憲政友会系の政治勢力と結びついており、糸島郡では玄洋社系が農民団を支援している。

都市近郊農業

大正期になると、都市近郊を中心に商業的農業が広く行われるようになる。福岡県における商品作物の栽培は、江戸時代から続く蠟《ろう》の原料としての櫨《はぜ》が代表的なものであった。明治期には櫨栽培が後退し、明治末から養蚕《ようさん》の発展にともなって桑《くわ》の栽培面積が増大していった。しかし、桑の栽培面積は昭和初年がピークであり、これにかわって中心的な商品作物となったのが蔬菜《そさい》や園芸《えんげい》作物である。とくに蔬菜生産は大正中期ごろから盛んになり、北九州や福岡市の周辺、筑後《ちくご》地方において、都市近郊農業として急速に発展している。

また、久留米を中心とする筑後地方では蔬菜生産の発展とともに、ツツジをはじめとする花卉《かき》類などの園芸農業が盛んとなった。久留米地方では、明治後期には宣教師《せんきょうし》の手によってチューリップなどの西洋花卉の栽培が導入されており、またツツジは明治末から久留米ツツジの名で広く知られるようになった。

高崎正戸

これらは大正から昭和期にかけて、街路樹や公園植栽など、都市化にともなう需要に対応するものとして発展をとげている。久留米市の農業統計によると、昭和五年（一九三〇）末の園芸農産物蔬菜花卉の生産額は、米についで第二位であり、筑後平野で盛んな麦の生産額を上回っている（『久留米市誌』）。昭和初期には久留米市が園芸都市化構想を打ち出すなど、今日でも久留米市の筑後《ちくご》川《がわ》中流域は、果樹や植木生産が主要産業となっている。

このような都市化にともなう農業の変容は、農村内部の社会関係や都市と農村の相互関係の変化と無関係ではない。その点で、高崎正戸《たかさきまさと》によって大正十年（一九二一）に組織された福岡都市農事改良組合の事例はきわめて興味深い。高崎正戸は明治十七年（一八八四）、福岡県宗像《むなかた》郡に自作農《じさくのう》の子として生まれ、宗像郡農学校を卒業後、農会技手となり、大正六年に糟屋《かすや》郡農会の園芸技術員となっている（森谷宏幸「高崎正戸論ノート」）。

福岡都市農事改良組合は大正十年三月に箱崎町《はこざきまち》公会堂で創立大会を開いている。同組合の運動は、福岡市と糟屋・早良・席田《むしろだ》・宗像各郡の関係町村農会に参加を呼びかけ、主として福岡市に対して糞尿汲取代《ふんにょうくみとりだい》の値下げを要求するものであった。この糞尿争議は、市から六割値下げの回答をえて解決をみている。興味深いのは、県・市当局との交渉に参加した人物のなかに、糟屋郡地方を地盤として明治期に代議士として活躍した、立憲政友会の藤金作《とうきんさく》の名がみえることである。

それ以上に興味深いのは、彼らの主張の内容であろう。組合の問題意識はつぎのようなものであった。すなわち、福岡県は「七つの都市を有し、二個師団の存住し、尚《なお》至る処炭礦《ところたんこう》業や諸会社工場等日に日に盛んになり、人口稠密《ちゅうみつ》の度《ど》も亦《また》増加して行く」にもかかわらず、「日常生活に就《つい》て欠《か》く可《べ》からざる副食物の主要品たる蔬菜類の需要供給の状態」は寒心《かんしん》にたえないものがある。また「草花等観賞植物其他の園芸、公園施設改良等の点に就ても同様」である。これは「各都市の発達の速度が余《あま》り急激に長足《ちょうそく》の進歩」をしたため、蔬菜や園芸作物の供給が追いつかないからである、と。

ここに表現されているのは、都市化の進展による都市近郊型農業の成立と、それにともなうあらたな農業問題の発生である。高崎と福岡都市農事改良組合の本拠地であった箱崎町が、福岡市近郊で最初にタマネギ生産を始めた地域（『糟屋郡志』）とされているのは、その意味で象徴的である。

後述（一五八頁参照）するように、高崎はのちに日本農民組合福岡県連合会を結成する中心人物となる。これらの経緯が示すのは、明治末から大正期にかけての農業構造の変化が、都市と農村の関係や農村内部の社会関係の変化と結びついていたということである。

五　多元化する地域社会

東亜勧業博覧会のポスター(1927〈昭和２〉年)

1 日露戦争後の政治と社会

立憲政友会の成立と福岡県政界

明治期の福岡県政界における政党の勢力関係をみると、第三回衆議院議員総選挙以降、自由党の相対的優位が成立していることがわかる。非自由党系は、議会においては大成《たいせい》会《かい》や中央交渉部、国民協会に所属したが、それらは地域において単一の政党として機能していたわけではない。政治的に機能していたのは、玄洋社のような民権期以来の政治党派や代議士個人の地《じ》盤《ばん》であり、その玄洋社も選挙においては、福岡市を中心に旧福岡藩領で影響力を行使しうるローカルな政治集団にすぎなかった。

そのような福岡県政界も、帝国議会における藩閥と政党の関係が変化するにつれて大きな変動をこうむる。明治二十九年（一八九六）に成立した第二次松方正義内閣は、旧立憲改進党を中心に同年結成された進歩党と提携したが、地租《ちそ》増徴《ぞうちょう》問題をめぐって提携が破れ、松方内閣は衆議院を解散して総辞職する。後継の第三次伊藤博文内閣も事態を収拾できず、明治三十一年三月の衆議院議員総選挙からわずか三カ月後に再度の衆議院解散を行った。この間、提携を深めていた自由党と進歩党は合同して憲政党《けんせいとう》を組織、伊藤は内閣を投げだして六月三十日に大隈重信を首相、板垣退助を内相とする憲政党内閣（いわゆる隈板《わいはん》内閣）が成立する。

この自由・進歩両党の合同を裏面で画策《かくさく》したのは、実は平岡浩太郎《ひらおかこうたろう》であった。しかし、平岡は政府の地租増徴案には賛成であった。平岡は、日本が東洋の雄国《ゆうこく》となるためには増税は避けられないと考えており、政党を改造して大政党を組織し、その力で地租増徴を実現しようとはかったのである。

平岡の画策は功《こう》を奏《そう》したかにみえたが、成立した憲政党内閣は内部対立のために短期間に瓦解《がかい》する。星亭《ほしとおる》を中心とする旧自由党系は、旧自由党系のみによる憲政党を内務省に届け出て受理され、非自由党系はやむなく憲政本党《ほんとう》を名のることになる。こののち星は、明治三十三年に憲政党解党を主導して、伊藤博文を総裁とする立憲政友会《せいゆうかい》の結成を実現する。議会開設から一〇年にして、かつて超然《ちょうぜん》主義を標榜《ひょうぼう》した藩閥のリーダーを党首とする政党が成立したのである。福岡県においても、旧自由党系は立憲政友会に参加し、平岡らの玄洋社をはじめとする非自由党系は憲政本党に参加した。

大選挙区制時代の立憲政友会

明治三十三年（一九〇〇）に衆議院議員選挙法が改正される。この改正については、一般に有権者の納税資格制限が直接国税一五円以上から一〇円以上に緩和《かんわ》されたことが注目されるが、実はこのとき、選挙区制についても重大な変更がなされている。すなわち、人口三万人以上の市を定員一人の独立選挙区とし、それ以外の郡部を一府県を一区とする大選挙区としたのである。これによって、福岡県の場合、門司・小倉・福岡・久留米の各市がそれぞれ定員一人の独立選挙区となり、それ以外が定員一〇人の郡部《ぐんぶ》選挙区となった。この選挙区制は、大正八年（一九一九）に原敬《はらたかし》内閣が小選挙区制に戻すまで続くのである。

このような大選挙区制（市部・郡部制）は福岡県の政界にどのような影響をあたえただろうか。明らかなのは、福岡県における政友会系の優位の確立である。この選挙法のもとで行われた第七回衆議院議員総選挙（明治三十五年）以降、とりわけ郡部選挙区において、福岡県は政友会系の牙城《がじょう》ともいうべき状況となる。

政友会は第七回と一二回を除いていずれも六〇％を超える議席を獲得しており、政友会が大敗した一二回選挙においても福岡県では定員の半数の議席を確保している。そして、そのような政友会の強さはもっぱら郡部において発揮された。
そのような政友会系の県内におけるリーダーシップはどのようなものだっただろうか。第三回衆議院議員総選挙（明治二十七年）からの多選議員である、藤金作《とうきんさく》・多田《ただ》作兵衛《さくべえ》・征矢野半弥《そやのはんや》は、第三回から九回まで連続当選しているが（征矢野は第四回を除いて連続当選）、彼らはいずれも第十回衆議院議員総選挙（明治四十一年）には立候補していない。この選挙が世代交代の一つの節目《ふしめ》であることがわかる。彼らより少し遅れて衆議院議員となり、多選を重ねたのが野田《のだ》卯太郎《うたろう》と永江《ながえ》純一《じゅんいち》である。

藤・多田・征矢野が引退した第十回衆議院議員総選挙は、日露戦争の戦時増税の影響で有権者数が飛躍的に増大した選挙である。この選挙で野田・永江は引き続き連続当選を果たすとともに、政友会は一挙に新人議員が増加している。このころに、福岡県の政友会における野田・永江のリーダーシップはゆるぎないものになったのである。

政友会の優位にはいくつかの要因があるが、大選挙区制のもとで確立された、主として郡部選挙区における集票システムも重要な要素であった。郡部選挙区は全県一区であるため、各候補者がそれぞれに全郡の有権者を相手に選挙運動を行うことは、ほとんど不可能である。そのため、政友会の県支部は各候補者にいくつかの郡を割りあて、郡内の支持者はすべてその候補者に投票するようにした。各候補者は、割りあてられた郡の得票のみによって当選することを試みるのである。

このような手法は、党の県支部を構成する有力者の意向と各郡の要求の調整のうえに成立していた。福岡県の政友会は、野心家のエネルギーを吸収しながら、たくみに得票を調整することで、圧倒的な優位を形成していったのである。他方で非政友会系候補者の場合は、かなり多くの郡からまんべんなく票を集めないと当選できなかった。

第一次憲政擁護運動と大正政変

日露戦争後から大正二年（一九一三）に第一次憲政擁護《けんせいようご》運動が勃発するまでの時期は、長州閥の桂太郎《かつらたろう》と政友会総裁の西園寺公望《さいおんじきんもち》が交互に政権を担当したことから、桂園《けいえん》時代と呼ばれる。山県有朋《やまがたありとも》の影響力を背景に陸軍と官僚閥をおさえる桂と、衆議院第一党の政友会を背景とする西園寺の提携は、比較的長期間の安定した政局をもたらしたようにみえる。しかしながら、日露戦争後の困難な財政状況のなかで、陸海軍それぞれの軍拡要求、政友会の地方利益実現要求、中小商工業者の減税要求などを同時に満たすことは困難であり、政治的な不安定要因はつねに潜在《せんざい》していた。

大正元年十二月、第二次西園寺内閣が陸軍の二個師団増設問題で総辞職に追い込まれると、元老会議は桂太郎に第三次内閣を組織させたが、陸軍や藩閥政治家の動向に反発した野党、新聞記者、院外の活動家らは憲政擁護会を組織して反政府運動を展開した（第一次護憲《ごけん》運動）。政友会もこれに同調して、運動は翌年にはいって空前の盛上りをみせ、「憲政擁護、閥族打破《ばつぞくだは》」のスローガンのもとに、各地に大会が開催された。福岡県でも、政友会と立憲国民党（憲政本党の後身）の両福岡支部主催による憲政擁護国民大会が、一月十七日に福岡市東《ひがし》中洲《なかす》（現、中央区中洲）の九州劇場で、三〇〇〇人の聴衆を集めて開催された。

当日は県会議長神崎勲《かんざきいさお》（政友会）の司会のもと、前代議士佐々木正蔵《ささきしょうぞう》（国民党）が桂内閣を非難する演説を行い、「我《わが》県民は協力一致奮《ふる》って官僚を剿滅《そうめつ》し憲政擁護の目的を貫徹《かんてつ》せんことを期す」との決議文を採択した。

東京では二月十日に停会明けの帝国議会を数万の群集が包囲し、翌十一日、ついに桂内閣は総辞職した。組閣の大命《たいめい》がくだったのは、海軍の実力者山本権兵衛《やまもとごんべえ》である（大正政変）。この政変に果たした民衆運動の役割は大きかったが、福岡県の各地で行われた憲政擁護大会は、民衆運動というよりは政党主導の色彩が強かった。

立憲同志会の成立と非立憲政友会系の再編成

山本権兵衛内閣は政友会を実質的な与党として政局運営にあたったが、大正三年（一九一四）一月に軍艦発注をめぐる海軍高官の収賄《しゅうわい》事件（シーメンス事件）が発覚すると、ふたたび輿論《よろん》が沸騰《ふっとう》し、山本内閣は三月に総辞職した。あいつぐ藩閥批判のなかで、元老会議は大隈重信を後継首班《こうけいしゅはん》に推薦《すいせん》し、大隈は第二次内閣を組織した。

大隈は衆議院における政友会の絶対多数を打破するために、大正四年三月に第十二回衆議院議員総選挙を実施した。この選挙は空前の大隈ブームのなかで実施され、政友会は逆風のなかで大敗を喫する。そのような状況下でも福岡県の政友会は、郡部選挙区では前回並みの七人の当選者を確保している。

福岡県に即《そく》してみると、この選挙は非政友会系の再編成をもたらした選挙でもあった。桂太郎は藩閥政治家として批判をあびていたが、政権末期には山県有朋の影響下を脱してみずから新しい政党を結成することを宣言していた。桂新党は桂が病死したあと、大正二年十二月に立憲同志会《どうしかい》として結実する。これに参加した中心メンバーは、桂の政治構想に期待した一部の官僚と、さきに憲政本党が小会派と合同して明治四十三年（一九一〇）に成立した立憲国民党のなかで、政権への接近をはかるグループであった。

福岡では、国民党の分裂に際して、玄洋社系の立場は微妙であった。頭山満《とうやまみつる》と国民党の中心人物犬養毅《いぬかいつよし》が親しい関係にあったからである。玄洋社系は大原義剛《おおはらよしかた》・的野半介《まとのはんすけ》らが主導して、最終的には立憲同志会に合流するが、大正四年の第十二回衆議院議員総選挙では、公然と立憲同志会を名のることを避けている。

この選挙に際して政友会の森田正路《もりたまさみち》は永江純一に宛てた書簡のなかで、「未《いま》だ〔国民党を〕脱党せざる者、的野など」と書いており、一方で大内暢三《ちょうぞう》らの純国民党系（犬養派）は立憲同志会の提携申入れを謝絶している。非政友会系の内部は錯綜《さくそう》していた。このようななかで、佐々木正蔵ら同志会福岡支部と的野半介ら国民党福岡支部（反大内派）はそれぞれ支部を解散して、三州会《さんしゅうかい》（三州倶楽部《クラブ》とする新聞記事もある）を組織したのである（『九州日報』大正四年二月二十二日付広告）。選挙戦では、あくまでも国民党にとどまった大内と、中立を標榜した吉田磯吉《いそきち》を除いて、他の非政友会系はすべて三州会を名のって立候補している。

この選挙において全国的に台風の目となったのは、大隈人気を背景とした大隈伯《はく》後援会である。大内暢三らの純国民党系を除き、福岡県の非政友会系は便乗的に大隈伯後援会を名のろうとした。二月二十八日には、玄洋社の進藤《しんとう》喜《き》平太《へいた》を会長として、大隈伯後援会の県支部発会式が行われたのである（『九州日報』大正四年二月二十九日付）。

選挙における都市と農村

政友会は郡部選挙区では協定選挙区システムを駆使《くし》して圧倒的な強さを発揮していた。しかし市部においては、事態はやや異なっていた。そもそも人口三万人以上の市といっても、有権者数はきわめて限られている。人口の少ない門司市の場合、第七～九回の衆議院議員総選挙では一〇〇票以下で当選しており、有権者数のふえた第十回総選挙でも三〇〇票そこそこで当選可能であった。

郡部の当選ラインがおおむね三〇〇〇票台であったことと比較すると、今日の概念でいう一票の格差は一〇倍以上である。その点で明治三十三年（一九〇〇）の衆議院議員選挙法改正は、都市に対する優遇という性格をもっていたのである。

一般に門司市のような、近代になってあらたに成立した都市の場合、住民の多くは地域外から流入した人びとであり、

門司市の衆議院議員選挙結果（1900年以降，点線から上が当選）

第７回（1902年８月10日）	票数
毛里保太郎（政友会）	68
菊地武徳（中立）	58
土方千種（進歩党）	43

第10回（1908年５月15日）	
石田平吉（中立）	301
土方千種（中立）	297

第12回（1915年３月25日）	
石田平吉（同志会）	604
毛里保太郎（政友会）	504

郡部に比較して、伝統的な地域秩序に依拠した調整が困難であったと思われる。そこでの選挙は、当選者の党派の交代が比較的激しく、また同一政党内でも連続当選がむずかしいものとなりやすかった。

そのような選挙は、政友会の苦手とするところであった。政友会は市部全体ではつねに半数の議席しか獲得できず、第十二回衆議院議員総選挙では議席を失っている。都市部で中立を名のることは、多くの場合非政友会系であることを意味していた。同時に興味深いことは、久留米市の非政友会系の代表的な政治家である浅野《あさの》陽吉《ようきち》の支持団体が久留米実業団を名のったように、「実業」が非政友会のシンボル言語として機能していたと思われることである。

また前章で述べたように、大正初期の福岡県における農村問題として産米検査反対運動があった。産米検査反対を掲げていくつかの郡に組織された「農民団」は、大隈伯後援会の動きとならんで、大正四年（一九一五）の第十二回衆議院議員総選挙で政友会に打撃をあたえている。この選挙で農民団は、反政友会系の候補者の主要な組織として機能した。とりわけ運動が激しかったのは糸島《いとしま》郡・遠賀《おんが》郡であり、同志会系の吉田磯吉は、地理的には離れているこの両郡の得票を基盤として当選したのである。

このように、大正初期には農村部においても、政友会のコントロールが困難になるような状況が発生していた。郡部選挙における議席の維持は、多年にわたってつちかった地盤を基礎に、県支部が各候補者に郡を割り当てる選挙システムをフルに活用した票の配分という政治技術によって、かろうじて保たれていたのである。

福岡市の発展

近代都市の成立・発展という観点からみると、福岡県はきわめて興味深い存在である。福岡県では明治期にすでに福岡・久留米・門司・小倉の四市が成立しており、大正期には若《わか》松《まつ》・八幡《やはた》・大牟田《おおむた》・戸畑《とばた》四市が、昭和七年（一九三二）までには直方《のおがた》・飯塚《いいづか》の産炭地二市が成立している。このように一九三〇年代初めまでに一〇の市が成立し、しかもその性格は旧城下町に由来する行政・商業都市から、近代の港湾都市・工業都市・産炭都市として成立したものまで、きわめて多様である。

ここでは旧福岡藩の城下町を継承しつつ、近代行政・消費都市として発展した福岡市の場合をみてみよう。城下町から近代都市への脱皮には、城郭《じょうかく》・堀《ほり》・武家屋敷《ぶけやしき》などからなる旧藩時代の都市空間は、足かせであったともいえる。そのような制約を克服した大きな要素は、軍隊や大学などの国家的機関の設置や、共進会《きょうしんかい》・博覧《はくらん》会《かい》などの大規模プロジェクトであり、それらを契機にあらたな市街化が進展した。

その先駆けは明治中期にみられる。明治二十年（一八八七）に開催された第五回九州沖縄八県連合共進会の会場となった東中洲（現、中央区中洲）は、ビジネスセンターとしての機能をもつようになった。福岡城には明治四年の廃藩置県後に県庁がおかれた（明治九年七月に天神町《てんじんのちょう》に移転）。また城内には断続的に小倉の歩兵第十四連隊の大隊が分駐《ぶんちゅう》した以外は放置され、荒廃が進んだといわれる。陸軍の衛戍地《えいじゅち》として整備されるのは、明治十九年に歩兵第二十四連隊の本部がおかれてからであり、明治二十一年末にいたって連隊編成が完了する。

近代都市福岡の成立において大きな画期となったのは、明治四十年代である。明治四十三年三月十一日から五月九日までの六〇日間にわたって、福岡市で第十三回九州沖縄八県連合共進会が開催された。入場者数が延べ九一万四四〇七人を数えたというこの共進会は、都市インフラの整備に大きな役割を果たした。

県によって福岡城の佐賀堀が埋め立てられて会場となり、閉会後に跡地が払い下げられて市街地となった。大正期にはいると、県庁・福岡警察署・福岡市役所などが新築され、一帯は官庁街を形成する。また西中洲に建てられた共進会の貴賓館《きひんかん》は、県の公会堂《こうかいどう》として利用された（国の重要文化財として現存する）。

都市インフラの整備としてもっとも大きかったのは、共進会の開場にあわせて市街《しがい》電車が開通したことであ

渡辺通《わたなべどお》りを行く博多電気軌道の電車（昭和初期）

る。福岡市から鉄道敷設《ふせつ》出願権を譲渡された福沢桃介《ふくざわももすけ》・松永安左エ門《まつながやすざえもん》らは、明治四十二年八月に、福沢を社長、松永を取締役として福博電気軌道《ふくはくでんききどう》株式会社を設立した。これには地元からも山口恒太郎《つねたろう》（博多電灯《はかたでんとう》株式会社社長）・渡辺与八郎《よはちろう》らが参加している。

福博電気軌道による市内電車の運行は、明治四十三年三月九日、大学前―黒門橋《くろもんばし》間と博多停車場《はかたていしゃじょう》前―呉服町《ごふくまち》間で始まった。共進会開会の二日前である。これとは別に渡辺与八郎が中心となって、明治四十三年三月三十一日に博多電気軌道《でんききどう》株式会社が設立された。博多電気軌道による市内循環《じゅんかん》線は、四十四年十月一日に博多駅前―取引所《とりひきじょ》前間で開業し、福博電気軌道と天神町《てんじんのちょう》で交差した。近代的な市街地の片鱗《へんりん》もなかった天神が、現在のような九州一の繁華街となる出発点である。

市内循環線は大正三年（一九一四）四月に完成し、本線も東西に延伸《えんしん》して、市街地におけるあらたな交通体系を形成した。それだけでなく、市内電車の敷設は道路の拡幅《かくふく》や電車の通行を前提とした橋梁《きょうりょう》の建設をともない、近代的な市街地の形成をもたらした。また市内循環線の開通によって、千代町《ちよまち》・住吉《すみよし》などの隣接する市外の市街地化ももたらしたのである。

明治末における福岡市の都市化のもう一つの要素は、九州帝国大学の誘致である。帝国大学の誘致運動は明治三十二年に本格化し、福岡県会は福岡病院の献納《けんのう》を決議し、福岡市会もまた民有地の買収・寄付を建議するなどして、熊本県や長崎県と激しい誘致合戦を展開した。その結果、明治三十五年二月に、福岡に医科大学を設置する予算が帝国議会で可決され、翌年四月、京都帝国大学福岡医科大学として設立された。京都帝国大学の第二医科大学とされたのは、帝国大学令では単科大学は認められていなかったためである。初代学長兼付属病院長は大森治豊《おおもりはるとよ》であった。

明治四十四年四月一日、勅令《ちょくれい》をもって九州帝国大学が創立され、同時に工科大学の新設を公布、同年三月三十一日に福岡医科大学が九州帝国大学の医科大学となった。初代総長に就任したのは山川健次郎《けんじろう》（元東京帝国大学総長、当時明治専門学校総裁）であった。

九州帝国大学医科大学正門

米騒動

日本の近代社会において「大衆（マス）」というものの存在が人びとに意識されはじめる直接の契機となったのは、大正七年（一九一八）の米騒動《こめそうどう》であろう。「大衆」の登場により、時代は大きな転換期を迎える。

この年、シベリア出兵による騰貴《とうき》をみこした米の退蔵《たいぞう》・投機《とうき》などにより米価は異常な暴騰《ぼうとう》を記録した（次頁表参照）。そのようななかで、同年八月に富山県の漁村の主婦による米の安売り要求運動が起こり、これが「越中《えっちゅう》女一揆《おんな》」と新聞で報じられると、またたくまに米価引下げの暴動が全国各地に広がった。米騒動は三六市一二九町一四五村で起こり、少なくとも七〇万人以上の参加をみたといわれるが、とりわけ福岡県の騒動は激烈をきわめた。

福岡県下最初の騒動は門司市で発生した。八月十四日から翌日にかけて、

物価の動向

	大正５年(A)	大正６年(B)	大正７年(C)	C／A	C／B
米　　（一石）	13.49円	19.05円	30.78円	228%	162%
大　麦（一石）	5.39	7.93	14.50	269	183
小　麦（一石）	9.79	13.13	20.93	214	159
大　豆（一石）	10.21	14.41	20.05	196	139
小　豆（一石）	12.80	16.53	22.72	178	137
食　塩（一石）	5.28	5.84	6.70	127	115
味噌（一貫目）	270	353	535	198	152
清　酒（一石）	52.49	56.68	75.32	143	133
茶　　（百斤）	46.90	57.50	108.31	231	188
白砂糖（百斤）	23.22	23.91	26.31	113	110
梅　干（一樽）	7.27	6.93	9.45	130	136
繰綿（一貫目）	3.08	3.79	6.47	210	171

福岡県統計課『福岡県統計書』（大正８年）より作成。

数百人の群衆が市内の米穀店を襲って安売りを強要したりした。険悪な空気はすぐに小倉・戸畑の各市に広がり、警察や消防組をはじめ、シベリア出兵のための動員下にあった小倉の第十二師団麾下《きか》の軍隊が出動して鎮圧にあたった。

　騒動は筑豊の炭鉱地帯に飛び火して、さらに激甚《げきじん》をきわめる。八月十七日の夕方、田川《たがわ》郡添田《そえだ》町の蔵内《くらうち》鉱業所峰地《みねぢ》炭坑では坑夫が代表者を立てて、米価の引下げに加えて坑夫の待遇改善を要求する嘆願書《たんがんしょ》を提出した。この交渉の最中に暴動が起こり、手に手に棍棒《こんぼう》を携えた坑夫の一団は、物品配給所など坑内施設を襲撃して破壊し、事務所には採炭用のダイナマイトが投げ込まれた。炭坑主側はこれを収拾できず、小倉の第十二師団が出動したが、坑夫は投石で応じ、その一部はダイナマイトを投げつけて抵抗したため、軍隊は発砲した。この結果、坑夫側に一人の死者と十数人の重軽傷者をだすという、凄惨《せいさん》な状況を呈《てい》するにいたった。

　峰地炭坑の騒動は、軍隊の武力によりおさまったが、これにより筑豊一帯はパニック状態に陥り、主要な炭鉱町には軍隊が急派されて駐屯《ちゅうとん》した。しかしそのなかでも坑夫の騒動はやまず、糟屋《かすや》郡や早良《さわら》郡の炭鉱に広がり、三池炭鉱や大牟田市もまきこんだ。糟屋郡の新原《しんばる》海軍採炭所（後の志免《しめ》炭鉱）には福岡第二十四連隊が、三池の万田《まんだ》坑には久留米師団の一個大隊が出動し、ここでも武力による鎮圧が行われた。

福岡県の米騒動は、九月末にいたってようやく終息《しゅうそく》をみたが、検挙者の取調べは峻烈《しゅんれつ》をきわめ、県内で検挙、起訴された者は五八四人にのぼった。この数字は全国一位であった（井上清・渡辺徹編『米騒動の研究』第一巻）。

よく知られるように、米騒動には組織的な指導やイデオロギー的な背景は存在しない。しかし、同時代の少なからぬ人びとに、時代の転換を予感させる衝撃をあたえた。福岡県会でも、社会各層の不平不満は警察力では抑圧できないとの発言や、第一次世界大戦後の思想界はサンジカリズムに近い傾向に進むであろうとの予測があいついだ。

山本作兵衛「ヤマの米騒動」　暴漢が電柱に登って，火の着いたダイナマイトを投げたという峰地《みねぢ》炭鉱の出来事を，山本作兵衛が伝え聞いて描いたもの。作兵衛は他にもヤマの米騒動を何点か描いている。

のちに回想録で「米騒動は無産階級の自卑心《じひしん》を一掃《いっそう》した」と述べた友愛会《ゆうあいかい》会長の鈴木文治《ぶんじ》は、この年の十月から十一月にかけて、北九州・筑豊を視察して友愛会の講演会を行っている。次節でふれるように、その講演に接した者のなかから、筑豊の労働運動が始まるのである。

2　社会運動の展開

友愛会支部の結成

米騒動に衝撃を受けた労働者のなかから、福岡県でも労働組合の組織者があらわれる。福岡県における友愛会（わが国最初の全国的労働団体）系の労働運動を代表する光吉悦心《みつよしえつしん》は、その一人である。光吉は明治二十四年（一八九一）佐賀県に生まれ、一八歳で田川《たがわ》郡の炭坑夫となる。当初は、夜分に五燭光《ごしょっこう》（およそ五カンデラ）一灯《いっとう》がともる納屋《なや》にも感激し、また頭領《とうりょう》からは信頼され、同僚から兄貴分と立てられていた光吉だが、納屋の周囲は高い柵や塀で囲まれ、出入口には見張《みは》り番《ばん》小屋があって、坑夫の日常生活はたえず監視されていること、会社側に好ましからざる人物は一文《いちもん》の手当もださず一方的に解雇《かいこ》していることなど、「監獄《かんごく》部屋」のような坑夫の生活に気がつき愕然《がくぜん》とする（光吉悦心『火の鎖　筑豊の労働運動に賭けた生涯』）。

こうしたときに米騒動が起こり、主要な炭鉱町に軍隊が派遣されて坑夫が弾圧されたことに大きな衝撃を受けた光吉は、偶然に手にした友愛会の機関誌『労働及《および》産業』に労働問題についての疑問を解くカギをみいだし、さっそく入会を決意する。光吉は自伝のなかでこのときの感動を、「天《てん》にも昇《のぼ》るよろこびを感じた」と回想している。光吉は大正七年（一九一八）十二月、友愛会会長鈴木文治の筑豊訪問を機に会員三〇人ほどで後《ご》藤寺《とうじ》支部を結成する。ここに、三井田川《みついたがわ》の旋盤《せんばん》職工であった藤岡文六《ふじおかぶんろく》が入会してくる。藤岡は、鈴木文治が行った講演会に刺激を受け、組合の組織運動を計画していたという。

しかし、こうして結成された友愛会後藤寺支部も数カ月で解散を余儀なくされる。光吉をはじめ幹部は支部結成と同時に解雇されるなど、炭坑側の組合切崩しのためである。筑豊を追われた光吉・藤岡の二人は、大正八年九月に新設された友愛会九州出張所（八幡市）の本部書記となる。同出張所は、大正六年六月に八幡製鉄所従業員により結成されていた友愛会八幡支部を中心とし、九州地方における組織拡大の拠点と位置づけられていた。その後、嘉穂《かほ》郡・鞍手《くらて》郡・大牟田《おおむた》市などの各炭坑を中心に支部が結成されていったが、友愛会を敵視する炭坑主側の抑圧で、これらの支部はいずれも早期に壊滅している。県下での本格的な組織活動は、大正九年の八幡製鉄所争議をまたなければならなかったのである。

官営八幡製鉄所に労働組合誕生

大正九年（一九二〇）に官営八幡《やはた》製鉄所で大争議が発生した。指導したのは浅原健三《あさはらけんぞう》である。浅原は、明治三十年（一八九七）、鞍手郡宮田《みやた》町（現、宮若《みやわか》市）大之浦《おおのうら》炭鉱の社宅に生まれる。父親が炭坑経営に失敗したため、嘉穂中学を中退して坑夫生活を体験する。大正三年（一九一四）に上京、新聞社の輪転工《りんてんこう》などを転々とするかたわら日本大学法科に学び、そこでのちに無産運動の盟友《めいゆう》となる加藤勘十《かとうかんじゅう》と親交をもつ。またこの間、立憲政友会の院外《いんがい》青年団鉄心会《てっしんかい》に加わったり、大杉栄《おおすぎさかえ》のアナーキストグループともかかわったという（浅原健三『鎔鉱炉の火は消えたり』）。

長兄の危篤《きとく》を知らせる電報にうながされて八幡に帰った浅原は、帰幡してまもない大正八年十月に、八幡製鉄所を基盤とする労働組合を組織する。当時の八幡は、大戦景気のなかで物価は騰貴し、労働者のあいだに賃上げや労働時間の短縮を求める声が高まっていた。浅原は、こうした製鉄所労働者の労働不安の心理を敏感につかみ、演説会を開催して巧みなアジテーションで彼らの心をとらえた。労働者の権利を説いて資本家を告発する浅原の演説会には一〇〇〇人余の労働者が集まったという（甲斐募編『八幡製鉄所労働運動誌』）。

これより早く同年八月、製鉄所職工であった西田健太郎《にしだけんたろう》は、賃金値上げをはじめとする待遇改善要求を掲げて労働組合の結成を企て、製鉄所を解雇されていた。意気投合した浅原と西田はただちに労働者組織に取りかかり、十月十六日に日本労友会《ろうゆうかい》発会式を挙行した。会長が浅原（当時二二歳）、副会長が西田（二五歳）であった。

日本労友会が発会式を開いたのと同じ時期、これとは別に製鉄所内にもう一つの新しい労働組合が組織される。製鉄所記録工の勝部《かつべ》長太郎《ちょうたろう》は、待遇改善の嘆願書提出の運動を通じて同志を糾合し、十月二十五日に製鉄所職工同志会《どうしかい》を結成した。製鉄所職工同志会はその名のとおり会員を製鉄所職工に限った組合であり、役員には組長《くみちょう》・伍長《ごちょう》の役付職工が多く含まれていた。職工は製鉄所が直接雇用する労働者を意味する。この外に多数の請負労働者があり、彼らは職夫と呼ばれた。勝部は日本労友会の主義・方針を批判し、製鉄所職工同志会は労資協調の精神に基づく組合であることを強くアピールしている（甲斐前掲書）。こうして、製鉄所労働者を基盤としながらも性格の異なる二つの労働組合が、「労働者の街《まち》」八幡に誕生したのである。

「鎔鉱炉の火は消えたり」

労働不安が高まっていくなかで、友愛会・日本労友会・製鉄所職工同志会の三組合は、それぞれに組織拡大をはかって三派鼎立《さんぱていりつ》の状態となった。怠業《たいぎょう》気分がみなぎるなかで、日本労友会員の活動は過激化し、製鉄所当局は大正九年（一九二〇）二月一日、六人の労友会員を解雇した。これに対し浅原は、二月四日に鳥居《とりい》重樹《しげき》ら委員をあげて、一〇時間勤務制・賃金三割値上げなど五項目の嘆願書を白仁《しらに》武《たけし》製鉄所長官宛に提出させたが、当局はこれを拒絶した。翌五日早朝、西田健太《けんた》郎《ろう》の総指揮のもとに労友会員は製鉄所内各工場の労働者にサボタージュを訴え、これに交代勤務に就《つ》くべき労働者八〇〇〇人が動いて業務を放棄した。さらに夜勤部の労働者も加わり、その数二万数千人におよんだ。歴史的な大争議の幕が切って落とされたのである。

労働者の反抗は全工場に拡大し、工場の機能は停止した。このストライキは、官営の基幹《きかん》産業、いわば日本資本主義の心臓部に発生しただけに社会にあたえた影響は大きく、『大阪朝日新聞』号外は、「大鎔鉱炉の火は悉《ことごと》く消え 五百の煙突《えんとつ》煙を吐《は》かず」と報じる空前の事態となった。鎔鉱炉の回復をあせる製鉄所当局は、警官のみならず小倉憲兵隊の出動を要請して鎮圧にあたり、浅原・西田を含む労友会の幹部八六人を検束した。

製鉄所は七日に諭告《ゆこく》を発表し、臨時《りんじ》手当《てあて》と賃金増額については臨時議会に予算提出中と回答する（他は拒否）とともに、九日から操業を開始した。しかし、依然として労働者の怠業気分はみなぎり、幹部を失った労友会も友愛会の支援を受けて態勢を立て直した。友愛会九州出張所本部書記の光吉悦心・藤岡文六が争議指導部にはいり、また、おりから来幡した『東京毎日新聞』記者の加藤勘十が臨時労友会会長に就任、ここに争議団は復活した。加藤・光吉らは、友愛会会長鈴木文治をとおして上京中の白仁長官らと交渉にあたったが、二十一日、東京の鈴木から「ダンパンハレツ」の電報がはいると、争議団は再度のストを決断し、二十四日から第二次争議に突入した。

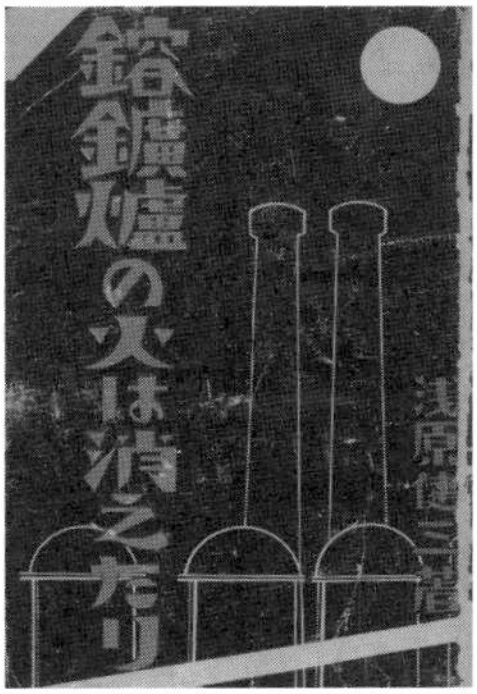
『鎔鉱炉の火は消えたり』の表紙

製鉄所当局は、第一次争議を上回る警官・憲兵を動員して強硬な弾圧を加えた。労働者は警官隊と衝突し、抜刀《ばっとう》した国粋会《こくすいかい》員とわたりあった。しかし、二十五日に発表された製鉄所無期限休業宣言は労働者を動揺させた。争議団はしだいに孤立化し、警察の斡旋《あっせん》で敗北的調停を受け入れざるをえなかった。敗北を認める謝罪的演説会が開催され、製鉄所は三月二日からの作業開始を発表、四月一日には一四一人を解雇（最終的には二二九人）、三日には争議団は解散してさしもの大争議も終りを告げた。第二次争議の検挙者は三四九人、一次・二次を通じて起訴された者は七六人にのぼった（大原社会問題研究所編『日本労働年鑑』第二集）。

社会を震撼《しんかん》させた製鉄所争議は敗北に終ったが、このなかから浅原・光吉・鳥居といった、その後の労働組合運動を担うリーダーが登場し、しかも彼らと加藤勘十、麻生久《ひさし》（製鉄所争議裁判の弁護人となる）など中央の労働運動指導者との結びつきが生まれた点で、この争議は福岡県社会運動史上の大きな里程標《りていひょう》をなすものであった。

製鉄所職工同志会の活動

八幡製鉄所争議のあと、北九州の労働運動をリードしたのは製鉄所職工同志会である。争議の中心となった日本労友会は大正十年（一九二一）四月に解散し、浅原健三ら幹部も八幡から放逐《ほうちく》される。こうしたなかで、労資協調主義を掲げる製鉄所職工同志会は多くの会員を集め、労資の意志疎通《いしそつう》機関である「製鉄所職工懇談会《こんだんかい》」にも積極的に参加していった。しかし、第一次世界大戦の戦後恐慌にともなう失業問題が深刻化しはじめると、他の労働組合と同様に「労働界の危機」を認識しはじめる。その直接の契機となったのは、大正十年一月に製鉄所当局が発表した「新入職工及び職夫賃金の削減」である。危機感をもった製鉄所職工同志会は、同年三月、信条とした縦断組合の原則を破って、全国官営工場の横断的連合団体である官業《かんぎょう》労働組合（のちの官業労働総同盟《そうどうめい》）に参加し、九月には綱領・規則を改正して労働組合同志会と改称した。

労働組合化した同志会において注目すべきは、議会政策が打ち出されていることである。会長勝部《かつべ》長太郎《ちょうたろう》は機関紙『東洋タイムス』で、「労働法案」の実現をはかるために、「先決《せんけつ》問題として、吾人《ごじん》は先《ま》づ参政権を獲得せねばならぬ」と述べ、「普選」は「全国無資産階級の声となった」としている（大正十年二月十五日号）。こうした同志会の議会主義は、一切の政治行動を否定するサンジカリズムの傾向を強めていったこの時期の他の労働組合とは、明らかに対蹠《たいしょ》的であったことに注目しておく必要があるだろう。

同志会はこれ以後、北九州の工業地帯を中心に右派的労働運動を代表し、この時期、政治否定の直接行動主義をとる浅原らの左派系労働運動と鋭く対立していくことになる。

筑豊への進出

一方、筑豊炭田地帯では、八幡製鉄所争議後に労働運動は本格化する。製鉄所争議で一年の懲役《ちょうえき》に処せられた光吉悦心は、出身地の田川郡でふたたび組合活動を始めていたが、ここに同じく八幡を追われた浅原健三が接近し、運動をともにする。しかし、光吉・浅原らの運動は、炭坑自体のもつ閉鎖性と各炭坑の労務係や官憲《かんけん》による迫害、あるいは国粋会などの右翼団体の暴力のため苦難をきわめる。彼らの活動は、めぼしい炭坑にオルグを潜入させて同志を語らい、時期をみてビラ撒《ま》きや大道《だいどう》演説を敢行《かんこう》するという、ゲリラ的宣伝活動を主とした。したがって、彼らと労務係とのあいだには「乱闘」がたえず繰り返される。

このような乱闘事件の典型的な例が、大正十一年（一九二二）六月二十五日に起きた大辻《おおつじ》炭坑（遠賀郡）事件である。事件は、大辻炭坑に潜入したオルグが労務係に暴行を受けたことに端を発し、これに怒った光吉・浅原らが鶴嘴《つるはし》の柄《え》で武装して同坑事務所を襲撃したものである。この事件は、日本労働総同盟（友愛会の後身）本部および全日本鉱夫《こうふ》総連合会の注視するところとなり、日本労働総同盟の九州地方への支援活動の契機となる。

大辻炭坑事件後の光吉・浅原の運動は、全日本鉱夫総連合会の傘下《さんか》で進められ、宮崎太郎《みやざきたろう》・福山正利《ふくやままさとし》・小山《こやま》盛人《もりと》ら、のちに筑豊炭坑労働運動の闘士として活躍する活動家が集まった。彼らは大正十一年末ごろ、西部《せいぶ》炭坑夫組合を結成するが、組合員数はせいぜい「五十数名」（『福岡日日新聞』大正十一年七月五日付）であり、炭鉱労働者の組織というよりは、ストライキマンの集団であった。組合組織率の低さは、もちろん光吉・浅原らにとって最大の問題であった。彼らは、こうした炭坑労働運動のゆきづまりを、八幡製鉄所争議後も組織を維持し、製鉄所内にあって唯一最大の会員を誇っていた労働組合同志会に浸透することで打開しようとした。大正十一年末から翌年四月にかけて展開された労働組合同志会改革運動がその具体化である。

経済闘争から政治闘争へ

同志会改革運動は、麻生久・加藤勘十・佐野学《さのまなぶ》らの総同盟《そうどうめい》系の中央労働運動指導者の応援のもとに進められた。同志会の乗っ取りは失敗に終るが、同志会幹部の普通選挙（普選《ふせん》）運動を中心とする議会主義《ぎかいしゅぎ》路線にあきたらない青年平《ひら》職工層の糾合には成功した。その結果、大正十二年（一九二三）五月に北九州機械鉄工《きかいてっこう》組合が結成され、ただちに、総同盟に加入した。組合長は浅原健三である。この組合は翌十三年には、機械・鉄工業や炭坑にとどまらず、紡績・硝子《ガラス》などにいたる各種産業の労働者を網羅するようになったため、総同盟九州連合会（会長浅原健三）と改称した。

こうした組合運動の活性化はほかの地域の労働者にも影響をあたえ、三池では、大正十三年六月、三池製作所・鉱業所の労働者八〇〇〇余人が、賃上げや共愛組合の撤廃などを要求してストライキにはいり、これに共愛組合の購買部に不満をいだく地元商人の応援も加わって大争議に発展した。この争議は敗北に終るが、戦前の三池で最大のストライキとなった（『大牟田市史』中巻）。

この間、わが国の労働運動は、政治否定の経済闘争から政治闘争へと大きく方向転換する。この直接の契機となったのは、大正十二年十月の山本権兵衛内閣による普選実施声明であり、総同盟は翌年二月の大会において、従来の政治否定の方針を一変してその「利用」を決定した。しかし北九州機械鉄工組合＝総同盟九州連合会では、上部団体である総同盟の方針転換にもかかわらず、依然として政治行動否定論が支配的であった。彼らの指導原理は直接行動主義であり、その背景には、革命近しとする「革命熱」があった。

浅原健三は、山川均《ひとし》の「無産階級の方向転換」（『前衛《ぜんえい》』大正十一年八月号）を念頭に、『鉱山労働者』（全日本鉱夫総連合会機関誌）誌上でつぎのようにいう。「僕等《ぼくら》は今この『方向転換者』を嘲笑《ちょうしょう》しつつある。そして〇〇〔革命ヵ〕的経済闘争の初一念《しょいちねん》によって資本主義崩壊への急坂を攀《よ》じのぼろう。議会万歳《ばんざい》の声には耳もかさずに」。

ところが奇妙なことに、それからわずかなあいだに、遅くとも大正十三年七月ごろには、浅原は一転して無産政治運動へと方向転換し、光吉悦心らから、日和見《ひよりみ》主義・機会主義などと批判されるようになる。光吉はのちに回顧して、浅原は労働組合運動よりも政治運動のほうがより広範な労働大衆を組織化しうると考えたのだろうと述べている（『火の鎖《くさり》』）。普選実施声明を機として政治の季節へと向かう大衆の動向を前にして、浅原・光吉は、それぞれの立場からあらたな大衆組織の可能性を模索していたのである。

末は小作の作り取り

福岡県における近代的農民運動の始まりは、大正十三年（一九二四）の日本農民組合（日農《にちのう》）福岡県連合会の創立に求められる。しかしそれ以前においても、明治三十四年（一九〇一）の浮羽《うきは》郡を中心とする小作料永久減《えいきゅうげん》運動、前述の産米検査反対運動を契機とした小作人組《こさくにんくみ》合《あい》の結成などがみられた（『福岡県農地改革史』上巻）。さらに前節で述べた都市における米騒動や労働運動の活性化、他県の小作争議の新聞報道などの影響により、大正七年ごろから小作人による自然発生的な運動がめだちはじめた。大正七年十月には浮羽郡東部七カ村の小作人が産米検査反対を目的として農民団を組織した。また、初期のリーダーの一人阿部乙吉《あべおときち》は大正八年に宗像《むなかた》郡小作人会《こさくにんかい》を発足させ、翌九年には郡内五カ町村の小作料減額を獲得している（『福岡県農地改革史』上巻）。

一方、こうした小作問題を契機とした農民組織とは異なった発想で組織化に乗りだしたのが、前章で述べた高崎正戸《まさと》であった。しかしその高崎も、前述の福岡都市農事改良組合の運動を理由に農会技手を馘首《かくしゅ》され、これを機会にかねてより関心をもっていた農民運動入りを決意する。大正十一年四月に、神戸で挙行された日本農民組合の創立大会に出席した高崎は、帰福後、日農本部の杉山元治郎《すぎやまもとじろう》らの応援を受けて精力的に小作農の組織を進めた。

高崎正戸の演説風景

高崎は農業技術者としての素養と、独特の宣伝力・組織力をもって、たくみに農民心理をとらえ、座談のうちに農民をひきつける天才的魅力をもっていたという。農村へ必ず手弁当《てべんとう》ででかけ、まず部落でもっとも信用ある老農《ろうのう》を中心に座談会を開かせ、農民に団結の必要なことを例をあげてわかりやすく説明し、組合をつくっても金もかからぬことを納得させるために、ポケットから一〇円札をだしてみせて、「金はもっているから心配するな」と安心させ、また小作人には永小作権《えいこさくけん》があって土地は絶対に引き上げられぬと、持参した『六法全書《ろっぽうぜんしょ》』を読みあげるなどの芸の細かいところを示した（宮沢政男編『農民組合運動史』）。
高崎は郷里の宗像郡から運動を始め、大正十二年中には宗像・鞍手・早良・糸島・糟屋・筑紫の各郡に組合が組織され、翌年には浮羽郡に日農の連合会が成立した。このように急速な組織化が可能であったのは、小作料永久三割減要求運動がめざましい成果をあげたからである。各郡で二割から二割五分の減額が実現したように、初期の農民運動は一般に小作側が攻勢に立っていたのである。また、鞍手・嘉穂両郡の農民運動は水平社運動と提携して行われ、九州水平社《すいへいしゃ》の柴田啓蔵《しばたけいぞう》・近藤光《こんどうひかる》の参加をえて組織化が進められている。この点は、福岡県の運動の重要な特徴として見落とせないであろう。

大正十三年末の県下農民組織の状況は、六九〇町村、七八支部、組合員六九〇〇〇人を数えた。日農の組織化は他県におよび、十三年三月には全九州の日農運動の統制機関として日本農民組合九州同盟会が結成され、十二月には日農福岡県連合会（本部は福岡市外箱崎町《はこざきまち》）の結成をみた（会長はいずれも高崎正戸）。

日農福岡県連合会は、日農中央における平野力三《ひらのりきぞう》派の脱退問題のあおりを受け、高崎派と左派グループの対立が顕著となる。左派は水平社系の農民運動家の支援を受けていち早く支部組織を固め、高崎派を除名して大勢を掌握した。こののち、三・一五事件の弾圧による運動の後退のなかで佐賀県の運動との連携を強め、昭和三年（一九二八）、全国農民組合福佐《ふくさ》連合会を結成する。一方、高崎派は、筑紫・浮羽両郡を中心に勢力を固め、昭和三年七月、平野力三らの全日本農民組合（全日農《ぜんにちのう》）同盟の傘下《さんか》に全日農九州同盟会を組織する。このときに主事となった稲富稜《いなとみたか》人《と》が以後中心的な指導者となり、浮羽郡を拠点に強力な組織を形成した。

全国農民組合福佐連合会脇山支部旗

被差別部落の人びとによる差別からの解放をめざす闘いは、近世においても見られた。しかし、それが自覚的かつ組織的、また全国的な運動となったのは大正期にはいってからである。それを象徴するのが、大正十一年（一九二二）三月の全国水平社《ぜんこくすいへいしゃ》の結成であり、九州でも翌十二年に全九州水平社《ぜんきゅうしゅうすいへいしゃ》が結成される。

松本治一郎と九州水平社

全九州水平社結成の中心となったのは、のちに「解放の父」と呼ばれた松本治一郎《まつもとじいちろう》である。明治二十年（一八八七）筑紫郡豊平村《とよひら》（現、福岡市）の農家に生まれた松本は、大正五年に起こった『博多毎日新聞』差別事件に大きな衝撃を受ける。同年六月十七日付の『博多毎日新聞』は、福岡の被差別部落を取り上げ興味本位にその生活の悲惨さを描いた記事を掲載した。これに激高《げっこう》した部落の人びとが新聞社を襲撃し、三五〇人を超える検挙者がでた。松本は、この事件をきっかけに部落解放運動に立ち上がる。

大正十年七月、福岡県知事が旧福岡藩祖黒田長政《ながまさ》の三百年祭の費用を県民から強制割当てによって徴収しようとしたのに反発した松本は、筑前叫革団《ちくぜんきょうかくだん》（「革命を叫ぶ」の意）を名のって、「見ヨ筑前ノ同胞《どうほう》」と題するビラ五〇〇〇枚を配布し、また演説会を開催するなどして反対運動を組織、結局その強制寄付を取り止《とや》めさせた（部落解放同盟中央本部編『松本治一郎伝』）。

こうした松本の動きとは別に、筑豊においても独自の運動がみられた。嘉穂郡二瀬村《ふたせ》（現、飯塚市）で西本願寺《にしほんがんじ》の布教師《ふきょうし》をしていた花山清《はなやまきよし》は、全国水平社結成を知ってただちに県下での組織化に乗りだした。また、同郡鎮西村《ちんぜい》（現、飯塚市）出身で、当時松山高等学校に在学していた柴田啓蔵《しばたけいぞう》は、全国水平社の近藤光《ひかる》と会見して解放運動への志を固め、帰郷して鞍手郡植木町《うえき》（現、直方市）の願照寺《がんしょうじ》を拠点に活動するようになる。花山と柴田は、九州水平社設立の準備を進めるとともに、筑前叫革団で名を知られた松本治一郎に協力を求め、全九州水平社結成の相談がなされた。

大正十二年五月一日のメーデーの日に、福岡市東公園《ひがしこうえん》博多座で結成大会が挙行された。大会は二〇〇人にのぼる警官のものものしい警戒のなかで、二〇〇〇人の福岡県内外の参加者を集めて行われ、警察に拘留中の松本治一郎を委員長に選出した。

全九州水平社創立後の差別糾弾闘争のなかで重要なものとして、福岡連隊《れんたい》差別糾弾事件がある。大正十五年一月、福岡歩兵第二十四連隊で発生した被差別部落出身兵士への差別事件に対して、同連隊に入営していた井《い》元麟《もとりん》之《し》ら水平社員はただちに糾弾を開始した。井元は前述の『博多毎日新聞』差別事件をきっかけに部落差別を直視するようになり、入隊後も露骨な差別がまかりとおる福岡連隊内に「兵卒同盟《へいそつどうめい》」を組織して差別撤廃運動を行っていた。こうした最中に起こった差別事件は、全水九州連合会（大正十五年五月、全九州水平社を改称）の重視するところとなり、連隊当局に徹底的な差別根絶対策を要求するとともに、福岡連隊差別真相報告演説会を各地に開催し運動を拡大していった。また同年五月に福岡市で開催された全国水平社第五回大会でも重要議案としてこの問題が討議され、全国的な糾弾運動の一つに加えられた。連隊当局は七月にはいり、いったん連隊謝罪演説会の開催に同意したが、突如これを破棄する通告を全国水平社本部・全水九州連合会に発し、逆に松本治一郎・藤岡正右衛門《ふじおかしょうえもん》ら一二人を連隊爆破を謀議《ぼうぎ》した容疑で検挙した。この容疑は「爆弾のない爆弾事件」といわれ、今日ではまったくのでっちあげであることが知られているが、昭和三年（一九二八）に大審《だいしん》院《いん》は上告《じょうこく》を破棄し、一一人が三年以上の懲役に付された。この事件は軍を相手どっての差別糾弾闘争であり、全国の水平社運動のなかでも特筆すべきものであった。

3　普通選挙と二大政党化

普通選挙運動と新興政治勢力

大正八年（一九一九）のヴェルサイユ講和会議を契機に、国内に政治・社会の根本的な改革をめざす「改造《かいぞう》」熱が高まり、普通選挙（普選《ふせん》）運動が高揚した。大正九年には全国三府三一県において、普選を求める集会やデモが行われた。これらを組織したのは、友愛会《ゆうあいかい》など労働組合のほか、野党であった憲政会《けんせいかい》や、各地で結成された市民的政治結社などであった。

福岡県においても、同年二月一日、福岡市記念館で九州普選期成《ふせんきせい》同盟会、在福《ざいふく》六新聞記者有志、県会・市会議員有志などの共催で普選促進大会が開かれ、約一五〇〇人が気勢をあげた（『福岡日日新聞』大正九年二月二日付）。また都市部を中心に、普選実施を求める市民政社《しみんせいしゃ》の結成があいついだ。その代表的なものをみておこう。

福岡市では、大正十一年三月二十三日、福岡日日新聞社の後援による大名《だいみょう》青年団弁論大会（福岡市および隣接町村）が開催され、このときの優勝者渡辺進《すすむ》は翌十二年四月に福岡市立憲青年党を結成する。スローガンは、「既成《きせい》政党打破」「普選促進」であり、党員は大半が福岡市各流れの青年団員であった。流れとは、博多市街の十数カ町を単位とする自治組織で、博多祇園山笠などの祭礼の運営単位でもある。

普選に積極的な憲政会に近いと思われていた立憲青年党は、大正十三年七月の衆議院議員総選挙において普選支持派の中野正剛《なかのせいごう》を支持するものとみられていたが、「厳正《げんせい》中立を標榜《ひょうぼう》する宮川《みやがわ》（一貫《いっかん》）候補の許《もと》に走った」（『渡辺進自叙伝』）。このように、彼らの政治的立場は必ずしも確固としたものではなく、自立的な運動は展開できなかった。立憲青年党は昭和五年（一九三〇）二月に解散して立憲民政党《みんせいとう》（憲政会の後身）に吸収され

る（『九州日報』昭和五年二月十一日付）。

帝国民声会の活動

八幡市では、大正八年（一九一九）ごろから憲政会が中心となって普選促進運動が行われていたが、十年末ごろには市民層のなかからも参政権の獲得を叫ぶ運動が起こった。こうした一団と憲政会は、翌十一年より北九州各地で普選即時断行の示威《じい》行進や演説会、また普選案上程の模擬国会を開催し、帝国議会の動向に即した宣伝活動を行っている（『八幡製鉄所労働運動誌』）。

大正十一年五月十一日、この市民層の一団は帝国民声会《ていこくみんせいかい》を結成する。帝国民声会の構成員は、製鉄所職工同志会員や元日本労友会員など組合関係者のほかに、製鉄所の一般労働者や八幡市の小商店経営者など雑多な階層を含んでいた。また会員の多くは、他県や福岡県の他市部・郡部からの流入者であり、年齢的には三〇歳代が多数であったという。結成後の帝国民声会は、中心人物であった堂本為広《どうもとためひろ》によれば、普選に積極的であった憲政会に好意的であり、その活動も憲政会の「お先棒《さきぼう》」を担《かつ》ぐようなものであったという（堂本為広氏談話）。しかし、帝国民声会はしだいに憲政会とは距離をおき、独自の行動をとるようになる。

大正十三年になると帝国民声会の活動は活発化し、たとえば二月十一日、第二次護憲《ごけん》運動の全国的な盛上りを受けて各地に憲政擁護大演説会を開催している（『福岡日日新聞』大正十三年二月十二日付）。同時に帝国民声会は、アメリカ西海岸の日本人移民排斥《はいせき》問題を重視し、日米問題対策国民大会および大演説会を開催、さらにその後、対米同志会を結成して移民法反対の抗議行動を起こした（同前、大正十三年四月二十七日付）。

こうした帝国民声会の活動は創立三周年を迎えるころには、政友会系の『福岡日日新聞』において、「最近会員数も大《おおい》に増加し、八幡市に於《お》ける言論団体として唯一《ゆいいつ》の勢力を有するに至った」（大正十三年四月十六日付）と注目されるほどになっていた。この年の五月、帝国民声会は選挙界革新政談演説会を開催し、民本《みんぽん》主義に基

浅原健三

づいて⑴立憲政治の確立、⑵普通選挙の即時断行、⑶既成政党の改善を期すとの綱領を発表した。

帝国民声会に関してもう一つ見逃せないのは、以上にみた自立的な市民政治運動の実績を背景に、地方自治機関での選挙権行使のため無産政党の組織化を志向したことである。後述するように、帝国民声会は浅原健三《あさはらけんぞう》が中心となって組織する地方無産政党、九州民憲党《みんけんとう》の結成に参加する。大正期の民本主義的風潮のなかで誕生した市民政社《せいしゃ》の多くは、既成政党の下部組織として定着するが、労働都市八幡では反既成政党勢力へと流れていったのである。

九州民憲党の結成

大正十二年（一九二三）の山本権兵衛内閣による普選実施声明をきっかけに、わが国の無産運動は政治否定の経済闘争から政治闘争へと大きく方向転換をとげる。そうしたなかにあって、無産政党組織の先駆けとなる動きが福岡県にあらわれる。八幡市における浅原健三を中心とするグループである。

浅原の無産政党構想は、結束しうるところからまず地方政党を組織し、しかるのちこれらを基礎に全国的政党を樹立しようというものであった。この構想は、全国的単一政党論を自明の前提とする当時の多くの人びとからは、それを阻害《そがい》するものとして非難された。しかし浅原らは、大正十四年五月に予定された八幡市会議員選挙での候補擁立をめざして結党を急いだ。八幡市ではじめての無産政党組織準備のための演説会は、「聴衆二千に達し、稀《まれ》に見《み》る狂奔的《きょうほんてき》盛況」（『門司新報』大正十三年十月二十九日付）と報じられ、続く戸畑市・小倉市・門司市・直方町・飯塚町など北九州各地に開催された演説会は、「何処《いずこ》の会場でも予想外の反響」（『福岡日日新聞』大正十三年十一月二十三日付）を呼び起こした。

宣伝活動の成功は彼らに地方的無産政党組織の自信をあたえた。こうして大正十四年四月六日、九州民憲党が結成される。母胎となった団体は、浅原の率いる総同盟九州連合会、製鉄所内労働団体の官業労働同志会、前述の帝国民声会であった。九州民憲党は結成翌月の八幡市会議員選挙に四人を擁立（ただし普通選挙となっていた二級のみ）、全員が高位で当選を果たした。この選挙に際して、既成政党がもっぱら縁故《えんこ》を頼った戸別訪問《こべつほうもん》戦術をとったのに対して、九州民憲党は文書《ぶんしょ》宣伝や演説会を中心とする言論戦《げんろんせん》を活発に展開し、演説会場も劇場・小学校講堂・民家などを利用したきめ細かなものであり、多数の聴衆の動員に成功している（民憲党調査部編『民憲党運動報告』）。

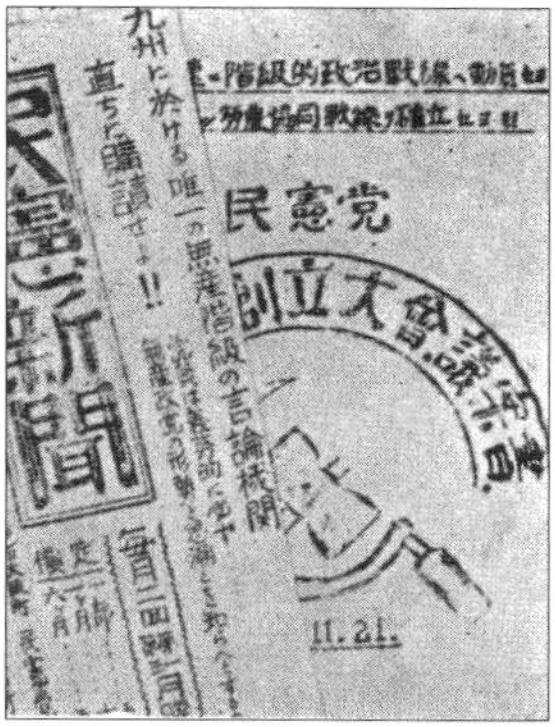

機関紙「民憲新聞」と創立大会議案書（大正14年7月15日創刊）初代編集長は古市《ふるいち》春彦。

また九州民憲党の訴えた政策内容は、浄水道《じょうすいどう》の敷設、公営の宿泊所・浴場《よくじょう》・廉売《れんばい》市場、公営託児所《たくじしょ》、無料の幼稚園《ようちえん》や児童健康相談所の設置、「狭くて悪い道路」「塵埃《じんあい》や毒《どく》瓦斯《ガス》のタンサンガス」など環境問題の改善といった、地域住民の生活に密着した「社会的施設」の実現を掲げたものであった（社会文庫編『無産政党史史料（戦前）前期』）。

選挙後の九州民憲党は、演説会や市民大会を開催して一般市民への政治的啓蒙《けいもう》運動を行うとともに、既成政党が多数を占める八幡市会を舞台に、九州電気軌道株式会社問題や水道敷設予算問題などを取り上げて、地方政治の改革を訴えている。九州民憲党は昭和三年（一九二八）の普選第一回衆議院議員総選挙、昭和五年衆議院議員総選挙に浅原健三を擁立して連続当選を果たす。昭和期の福岡県下無産政党運動の一方の潮流をなした浅原グループの成立である。

無産政党運動の展開と左右対立

大正十四・十五年（一九二五・二六）における全国的単一無産政党の組織運動は、左翼勢力の台頭とこれに対抗する右派勢力の形成によって、激しい党派的対立が展開された。

福岡県における大正十四年の組織運動は、日本農民組合（日農）福岡県連合会の呼びかけにより総同盟九州連合会・官業労働同志会・日本坑夫組合九州連合会・九州民憲党が集まり、九月に無産政党組織九州地方協議会の結成をみる。しかし、この年十二月一日に結成されたはじめての全国的単一政党＝農民労働党は即日結社禁止となる。翌十五年三月五日に労働農民党が結成され、福岡県でも八月一日に同党福岡県支部連合会（福岡県連）が結成されるが、同党をめぐる動きは混沌《こんとん》としたものとなった。

前年と異なり、日農福岡県連合会は組織内の左右両派の対立でリーダーシップを発揮できなくなり、かわって九州民憲党が指導的な立場を占める。また総同盟九州連合会内部にも対立が起こる。日本共産党―日本労働組合評議会との連絡を強めた総同盟刷新《さっしん》派と、光吉悦心を中心とする総同盟本部派との対立は、昭和二年四月に九州における最初の左右の激突といわれた東京製鋼小倉工場争議での抗争事件となり、総同盟本部派（光吉派）は労働農民党福岡県連から排除される。

労働農民党福岡県連のなかでも右派的な位置にあった製鉄所職工同志会は総同盟本部との関係を強め、中央で総同盟が労働農民党から脱退すると同時に労働農民党福岡県連から離脱し、さらに昭和二年（一九二七）一月には、製鉄所当局の支援を受けて、製鉄所従業員のみによる右派系の地方政党＝社会民政党《みんせいとう》を結成する。社会民政党はのちに全国政党の社会民衆党に加入するとともに、製鉄所をはじめ北九州各地工場や筑豊炭鉱地帯の労働組合を傘下において有力な支持基盤を確立し、九州民憲党とならんで無産政党運動の一方の有力な潮流をなすにいたる。昭和三年、普選第一回衆議院議員総選挙では同党候補亀井貫一郎《かめいかんいちろう》が浅原健三についで第二位で当選し、福岡二区に全国で唯一の無産政党複数議席獲得をもたらした。

労働農民党福岡県連の左右の分極化に九州民憲党は反発し、大正十五年十月に同党福岡県連を脱退してふたたび単独の地方政党の立場をとる。九州民憲党はその後、昭和四年に中間派の全国政党＝日本労農党《ろうのうとう》に合流するが、選挙戦では九州民憲党という看板をおろすことはなかったという。一方、官業労働同志会・九州民憲党が離脱したあとの労働農民党福岡県連を支えたのは、総同盟九州連合会の刷新派（昭和二年二月に九州地方評議会と改称）と日農福岡県連合会（分裂後の左派）および無産青年同盟などであり、以後、日本共産党系の合法政党として活動する。また日農福岡県連合会を脱退した高崎派の日本農民組合同盟は、大正十五年十月、「農民は農民党へ」のスローガンを掲げて結成された日本農民党（平野力三派）の結成に参加し、その有力な組織となる。

普通選挙と無産政党

昭和二年（一九二七）九月二十二日、普通選挙（普選）第一回福岡県会議員選挙の投票が、西日本の諸県にさきがけて実施された。『福岡日日新聞』は、「今回の県議選に於《おい》て最も興味あるは無産党がどれ丈《だ》け既成党の地盤に喰《く》ひ入《い》るかにかゝって居《い》る」（昭和二年九月十四日付）と論評を加え、無産政党の票の出方に注目している。無産中立も含めた無産政党の立候補者は二四人におよび、総得票数二万九六七〇票、得票率一五・二％であった。当選者は八幡市一人（九州民憲党）、浮羽郡一人（日本農民党）、三井郡一人（労働農民党、当選後選挙違反により失格）であり、この結果は無産陣営の期待をまったくう

普選第一回総選挙での浅原健三直方選挙事務所風景

製鉄所門前における亀井貫一郎候補の演説会ビラ撒《ま》き

らざるものであった。

続く昭和三年二月二十日の普選第一回衆議院議員総選挙は、なによりも有権者数の増大が注目された。福岡県では、大正十三年（一九二四）に一二万七七四〇人であった有権者数は、昭和三年には四六万五四〇七人と三倍に増加する（『福岡日日新聞』昭和三年二月十日付）。無産政党は無産中立も含め一〇人立候補し、なかには日本共産党中央委員でもある徳田《とくだ》球一《きゅういち》（労働農民党より第四区から立候補）のような輸入候補もあった。

この選挙で福岡二区では、全国的にみても注目すべき結果が生まれた。はじめての普通選挙ということで無産政党はかなりの期待を集めていたにもかかわらず、全国で各党派あわせて八人の当選者を出したにとどまったが、そのなかで福岡二区（定数五）は浅原健三（九州民憲党）、亀井貫一郎（社会民衆党）を一位、二位の高位で当選させたのである。彼らは八幡製鉄所労働者の圧倒的支持を集めるとともに、筑豊の炭鉱地帯でも高い得票率を示した。八幡市では二人あわせて約六四％の得票を集めている。

三・一五事件と四・一六事件

福岡県の社会運動のなかで最初に左派グループが形成されたのは、日本農民組合（日農）である。前節でみたように、日本農民組合が無産政党組織問題をめぐって分裂したとき、初期からの指導者と激しく対立したのが、青年層を中心とする左派グループであった。左派グループの多くは、西南《せいなん》学院高等部・旧制福岡高等学校・九州帝国大学などの学生出身者であり、在学中にマルクス主義にふれて、農民運動に参加したのである。

大正十二年（一九二三）の関東大震災からのち解体状態にあった日本共産党は、大正十五年十二月に山形県五色《ごしき》温泉で極秘《ごくひ》裏に再建された。この会議に九州を代表して参加したのが藤井哲夫《ふじいてつお》である（『現代史資料16　社会主義運動3』）。藤井は、西南学院高等部在学中に東邦《とうほう》電力争議を指導して検挙され退学、その後、大正末期から昭和初期にかけて、九州地方の日本共産党系グループを代表する有力指導者となる。無産政党組織運動においては県下の左翼勢力をまとめて労働農民党福岡県支部連合会を結成、書記長となっている。

旧制福岡高等学校では大正十三年十月ごろに社会科学研究会（社研《しゃけん》）が結成された。翌年には「無産青年同盟の組織活動に全員が動員され」たという（山内正樹『旧制福高社研記』）。無産青年同盟は、再建準備段階にあった日本共産党の指導のもとで組織活動を行っており、大正十五年八月に正式に全日本無産青年同盟として発足する。

全日本無産青年同盟には、九州帝国大学の学生があらたに参加してくる。九州帝国大学社研運動のリーダーであった愛甲勝矢《あいこうかつや》・楠元芳武《くすもとよしたけ》らは、在学中に左翼団体の演説活動に従事し、これを理由に大正十五年十月に放《ほう》校《こう》となる（『九州大学七十五年史　通史』）。このあと、彼らは藤井哲夫の勧誘により共産党に入党、各地の組織活動の中心人物となるのである。

このころの左翼青年運動の中心を担っていた一つが、水平社青年同盟である。福岡における同盟の活動家の一人、山本作馬《さくま》は大正十五年に藤井哲夫の指示でソ連に渡り、アジアの共産主義運動の活動家養成を目的とする組織クートべ（KUTV、東方勤労者共産大学）で教育を受ける。山本は昭和三年（一九二八）七月に帰国するが、翌月東京で検挙されている。

非合法組織の日本共産党は、昭和三年の衆議院議員総選挙で存在を公然化させ、全国でかなりの候補者を労働農民党（合法）から立候補させた。福岡でも第一区から水平社の松本治一郎、第三区から農民組合の重松愛《しげまつあい》三郎《さぶろう》、第四区から党中央幹部の徳田球一が立候補し、いずれも落選している。彼らは当落を度外視し、選挙運動を通じて日本共産党の主義政策を宣伝し、党勢拡張をはかることを目的としていたのである。

こうした日本共産党の活動に対して、政府は治安維持法《ちあんいじほう》を適用し、選挙後まもない三月十五日に全国で一斉《いっせい》検挙《けんきょ》を行った（三・一五事件）。福岡県でも福岡、小倉、八幡、戸畑、久留米、大牟田、飯塚、後藤寺（現、田川市）などで、活動家一五〇余人が検挙されている。さらに翌年四月十六日にも全国一斉検挙が行われた（四・一六事件）。この二度にわたる弾圧により県下の日本共産党およびその指導下にあった各組織は大きな打撃を受け、運動の後退を余儀なくされる。そうしたなかで日農福岡県連合会は、重松愛三郎・石田樹心《じゅしん》を中心とした佐賀県の農民運動と結びつくことに活路をみいだし、左派系の運動を継続していった。

二大政党時代の県政界

明治・大正期の福岡県政界は、立憲政友会の圧倒的優位が続いていた。しかし、大正十四年（一九二五）に護憲三派内閣のもとで普通選挙法が成立し、いわゆる「普選体制」を迎えると県下の政治状況には少しずつ変化があらわれはじめた。大正十二年の県会議員選挙

（半数改選）後の議席数では政友会が依然として多数（三一人）を占めたが、憲政会も前回の九人から一五人へと議席をふやし、また、普通選挙法成立後初の県会議員選挙として注目された昭和二年（一九二七）の選挙後の議席数は、立憲民政党《みんせいとう》（憲政会の後身）二一、無産政党三、中立三となり、政友会（二六）ははじめて単独過半数を割ることとなった。このころから県会における政友会、民政党両派の勢力関係は伯仲《はくちゅう》するとともに、議場での座席も政派別となり、県政界における政党色はいよいよ強まっていった。

福岡県の普選第一回衆議院議員総選挙は、第二区における無産政党候補の複数高位当選という注目すべき結果をみたが、県下全体としては依然として既成政党（政友会・民政党）の地盤は強固であった（政友会九人、民政党六人、中立一人）。選挙に際しては、それまでの地方名望家《めいぼうか》（市町村の有力者）を通じての票集めが力を発揮しただけでなく、たとえば八幡市で昭和二年九月に八幡立憲政友青年党が結成されたように（『福岡日日新聞』昭和三年九月七日付）、選挙地盤ごとにあらたに青年層を中心とした支部組織を立ち上げるなど、あらたな支持層を取り込んだ地域的地盤割《じばんわり》も行っていた。第一回普選以後も、こうした既成政党の集票機構は簡単にはゆるがなかったのである。

大正十三年の護憲三派内閣成立から、昭和七年の五・一五事件により犬養毅内閣が倒れるまで、政党の総裁が内閣を組織するという政党内閣の慣行が続いた。この時期、政友会、民政党両党の二大政党化が進むとともに、官僚機構にも政党色がおよび、とりわけ内務官僚である府県知事の政党色が強まった。福岡県知事のなかでもっとも政党色を発揮したのは、松本学《まつもとまなぶ》であった。松本は民政党系とみられていた内務官僚であり、昭和四年七月に浜口雄幸《おさち》民政党内閣の成立により県知事に就任すると、県下の警察署長を大々的に更迭《こうてつ》するなど露骨《ろこつ》な党派的人事を行って、ごうごうたる批判をあびた（『詳説福岡県議会史　昭和編』）。この当時、選挙において知事と警察部長の選挙取締りにおける役割は大きかったためであり、事実、松本知事時代に行われた昭和五年の衆議院議員総選挙では、民政党は九人を当選させ（政友会は八人）、従来の政友会優位の勢力図をはじめて塗り替えたのである。こうして、福岡県の政界は、政友会、民政党両党の二大政党化が進み、また党派的抗争も激しくなるのである。

六　モダニズムとナショナリズム

買物の帰り（1936〈昭和11〉年，福岡市）

1　昭和恐慌下の政治と社会

民政党内閣の成立と松本学知事

田中義一《ぎいち》政友会内閣の総辞職によって、昭和四年（一九二九）七月に民政党の浜口雄幸《はまぐちおさち》を首班とする内閣が成立した。これにともなって、内務官僚の松本学が福岡県知事に就任した。松本は、のちに内務省社会局長官に就任して以降は、政党政治に批判的な「新《しん》官僚《かんりょう》」として注目されるようになる。しかし、この時期は民政党系の官僚として知られていた。

浜口内閣の重要政策の一つは、第一次世界大戦中に禁止されていた金輸出《きんゆしゅつ》を解禁し（金解禁《きんかいきん》）、世界の大勢にならって金本位制《きんほんいせい》に復帰することであった。井上準之助《じゅんのすけ》蔵相はその条件を整えるために、緊縮《きんしゅく》財政・金融引締政策をとった。金本位制は自国通貨の価値を金によって定めるものであり、為替《かわせ》レートは実質的な固定相場制となる。

浜口内閣は、第一次世界大戦後に主要国がいち早く金本位制に復帰するなかで、日本も関東大震災の影響などで遅れていた金本位制への復帰を果たすことで、世界経済との連携をはかろうとしたのである。

当時の日本が金本位制をとった場合、それまでの実勢《じっせい》レートと比べて円高となり、輸出が減少して一時的に景気は悪くなる。しかし、それにともなって金が国外に流出し、国内の通貨量が減少して物価が下落すると輸出増に転じ、景気は自動的に回復するというのが当時の考え方であった。井上蔵相は、一時的な不況に耐えて産業合理化政策で企業の整理・統合を行い、産業基盤の強化をはかることで、最終的に日本経済の競争力を高めようとしたのである。

前章で述べたように、松本は強引な警察人事を行うなど「党色《とうしょく》」知事としての存在感を示したが、緊縮政策や合理化などについても、民政党内閣に忠実な政策をとった。しかし、現実に地方行政がやれることには限界がある。たとえば、県は福岡県能率協会という団体を通して、昭和四年から「無駄《むだ》ナシ週間」運動を展開しており、松本の退職後も昭和十年代まで行われたが、「無駄征伐《せいばつ》」標語集や、無駄なし「数《かぞ》へ歌《うた》」の制定など、精神運動的なキャンペーンの域をでなかった。

それよりも重大な問題は、緊縮政策がそのスタートにおいて、一九二九年十月のニューヨーク株式市場の大暴落に端を発する世界恐慌に直撃されたことである。もちろん、福岡県の経済も例外ではなかった。

昭和恐慌下の失業対策

世界恐慌の波に直撃された日本経済は、農業分野をはじめとして、深刻で長期的な不景気にみまわれた。失業者は増大し、農村の経済は破綻《はたん》に瀕《ひん》する惨状《さんじょう》となったのである。

内務省社会局の推計によると、福岡県下の失業率（昭和四年〈一九二九〉）は、給料生活者五・六％、日雇《ひやとい》労働者五・三％、その他労働者四・二％であり、失業者総数は一万七八九〇人におよんだ。また翌年十月に実施された第三回国勢《こくせい》調査による福岡県の失業者総数は一万七三三七人で、全国第五位の高位を示している（『日本労働年鑑』）。その後も不況の深刻化にともなって失業者はふえつづけ、県社会課の発表した昭和七年十一月一日現在の失業者は、四万五〇五六人に達したが、実際にはそれ以上の一〇万人内外とする見方もあった（『福岡日日新聞』昭和七年十一月二十五日付）。

松本学知事は就任後最初の県会において、昭和四年度議決予算に対し、二四二万円という当時の佐賀県全体の予算に匹敵《ひってき》する巨額の削減を行うなど、地方財政の緊縮整理を実施した。しかし不況が深刻化するなかで、失業対策に舵《かじ》を切らざるをえなくなる。

失業問題は当時の最大の社会問題であった。失業保険などない当時、失業者にとっては解雇手当支給の慣行《かんこう》と失業救済事業だけが頼りである。県会は、昭和五年に地方事業調節委員会を組織して失業対策土木事業を起こすこととし、事業費二五〇万円（昭和五・六年度）を計上した。また、昭和六・七年度においては、失業救済費を増額して、道路・河川・港湾などの修築を内容とした土木事業を起こした。さらに、昭和七年度より三カ年計画で、疲弊《ひへい》する農山漁村や中小商工業者を救済するため、特別予算を編成した。

一方、失業者への職業紹介事業については、すでに大正十一年（一九二二）の門司市を皮切りに、小倉・福岡・若松・八幡の各市に公営職業紹介所が開設されていたが、この時期には上記以外の各市にも市設の紹介所が増設されて、失業者の登録が行われるようになった。昭和四年には小倉市の職業紹介所で失業者の登録が行われているが、これは福岡県における最初の失業者登録といわれている。これら職業紹介所を統一・指導する機関として、福岡地方職業紹介事務局が県庁内に開設されている。

こうした失業対策とともに、貧困家庭や都市におけるスラム問題への対策も行政によって取り上げられるようになった。こうした社会政策は従来は私的な慈善や、伝統的な共同体の相互扶助《そうごふじょ》にゆだねられていたといってよい。しかしこの時期になると、それらは行政が扱うべき社会問題と認識されるようになる。県では大正十一年に社会課が独立の部局となり、大正十五年から社会事業関係の事務を主管《しゅかん》するようになった。また、大正十四年からは方面委員制度が導入され、末端における社会行政を担っていた。加えて昭和四年には、下層民衆の福祉施設として授産所《じゅさんじょ》・共同宿泊所の設置が議決され、県社会課は県下最初の「浮浪者《ふろうしゃ》」実態調査を福岡市で実施している（『日本労働年鑑』）。住居のない最底辺の人びとをさす「ルンペン」という言葉が使われだしたのも、このころである。

また、不景気による生活事情が悪化したため欠食《けっしょく》児童が増加し、昭和七年には県内でその数約一五〇〇人におよんだ。県会でもこの問題が取り上げられ、社会政策上の問題として、学校給食臨時施設費を計上している（『詳説福岡県議会史』）。

産業の合理化と製鉄所合同問題の登場

井上準之助蔵相は、金解禁が結果として世界恐慌の影響を増幅したことが明らかになった段階でも、緊縮財政と合理化という路線を変更しようとはしなかった。金本位制への復帰が、世界市場の自動調節機能に日本経済をリンクしようとするものだったとすれば、それは教科書的な意味での自由主義的経済政策といえるだろう。だが非常に興味深いことに、それと一体に進められたこの時期の産業合理化政策には、それとは異なる方向性がみられるのである。

昭和五年（一九三〇）一月、まさに金解禁と時を同じくして、浜口雄幸内閣は財界人・政治家・官僚を集めて臨時産業審議会を設置し、同時に商工省を中心に臨時産業合理局をおいて、産業合理化政策を進めようとした。ここにいう合理化とは、ドイツを中心に世界的な潮流となりつつあった、企業の合同やカルテルの結成などを通して、競争を排除し、過剰の投資を抑制し、販売価格の維持を企てようとするものである。商工官僚として臨時産業合理局の活動を推進し、のちに第一次近衛文麿内閣で商工大臣をつとめた吉野信次《よしのしんじ》は、産業合理化の思想を、「自由競争ではもはや難局は切り抜けられない。国の力で業界の秩序というものを作り出さなければならない」というものだったと回想している（『商工行政の思い出』）。

商工省は産業合理化の見地から製鉄所合同を強く打ち出した。臨時産業合理局は臨時産業審議会に対し製鉄所官民合同案を提出、同審議会は昭和五年十一月に「製鉄業統制ニ関スル方策案」を答申した。これは製鉄業の振興をはかるために、八幡製鉄所を中心に、民間製鉄会社をも合同した一大製鉄会社を設立しようとしたものである。

もともと製鉄所合同をめぐる議論は第一次世界大戦後から存在したが、それらは官営に比べて弱体な民間製鉄所の救済という色彩をもっており、合同よりも保護政策を要求する民間製鉄業者からの反発や、官営意識の強い八幡製鉄所の抵抗も強かった。しかし、深刻化する不況のなかで、八幡製鉄所も減産を強いられており、昭和五・六年の二年にわたって鉄鋼供給高は減少していた。また、各種の鋼材に関する販売カルテルの結成についても、八幡製鉄所は民間製鉄所と協調していた。こうした事情から、臨時産業審議会の答申には八幡製鉄所も積極的な姿勢をとるようになった。この合同案は政府の財政上の理由から実現しなかったが、昭和八年の日本製鉄《にほんせいてつ》株式会社法の原型ともいうべきものであった。

石炭産業の合理化

石炭産業においても、第一次世界大戦終結後の炭価の暴落と昭和恐慌のもとで、合理化が急速に進められた。大戦後の不況と炭価の急落のなかで、各炭鉱は炭価の維持をはかるために送炭量を制限していた。しかし、利害が異なる大手と中小炭坑や、各炭坑資本それぞれのあいだの利害調整は困難で、市況《しきょう》は依然として不振を続けた。さらに外国炭、とくに大正末から増大し国内市場で競合した中国の撫順炭《ぶじゅんたん》輸入問題が加わった。これにより送炭制限の限界が自覚され、これにかわる打開策として本格的な合理化が要求されることになったのである。

合理化とそれがもたらす問題は、三池と筑豊ではやや異なった展開をみせる。三池では、すでに大正末から昭和初期にかけて、運搬系統と切羽《きりは》の拡大整備によって機械化が進められ、それにともなって労働者の整理が行われた。大正十三年（一九二四）には一万五三〇八人であった三池鉱業所の労働者数は、昭和七年（一九三二）には五四四八人にまで減少した。しかしこの間、逆に出炭高は漸増《ぜんぞう》の傾向をたどり、一人当りの年間出炭高は一二〇トンから三四八トンと、二・九倍に上昇している（『大牟田市史』中巻）。

機械化の導入による分業体制の確立によって、高度な技術をもった熟練労働力が必要とされ、女子・少年は坑内労働から排除され、昭和五年九月に女子・少年労働者の入坑が禁止された。また、同年十一月には囚人の採炭作業が全廃され、明治の官営時代から続いた三池における囚徒使役《しゅうとしえき》の歴史にようやく終止符が打たれた。

一方、筑豊においても、技術改善と労働力の再編成を基軸として合理化が推進された。その内容は主として長壁式《ちょうへきしき》採炭法の確立にともなう機械化の導入、省力化にともなう人員整理の強行などであった。こうした合理化を推進できたのは、おおむね財閥系の大手炭坑であり、大手炭坑の出炭高は、出炭制限の末期には筑豊の全出炭高の九〇％を占めた。これに対し筑豊に数多い中小炭坑は、機械化が進まないため出炭能率は低下し、不況が深刻化するなかで窮地《きゅうち》に立たされた。さらに、「人道的見地」という建前から実施された女子坑夫の入坑禁止措置は、夫婦共稼《ともかせ》ぎによってかろうじて維持されてきた坑夫の家計を逼迫《ひっぱく》させ、女子坑夫の低賃金労働によって支えられていた中小炭坑の経営を圧迫した。

こうした状況下で、筑豊全域の中小炭坑主の結束が進み、昭和五年九月に筑豊石炭鉱業互助会《ごじょかい》が結成された。互助会は炭価維持のための送炭制限要求運動、撫順炭輸入阻止運動、女子・少年坑夫入坑禁止措置の実施延期要求運動など、強硬な要求を掲げた行動で注目を集め、業界内の交渉団体として地歩《ちほ》を確立していった。このち互助会は筑豊石炭鉱業会より独立し、昭和十一年には独自の販売機関として互助会石炭株式会社を設立した。こうして、それまで炭坑の規模にかかわりなく一体性を維持してきた筑豊の石炭業界は、昭和恐慌を契機として大手と中小が別々の体制をとるようになった（永末十四雄『筑豊』）。

筑豊が合理化の課題に直面するなかで、松本学知事によってひそかに構想され、世に知られることなく消えていった政策があった。筑豊炭田合同案である。

筑豊炭田合同案

それは筑豊炭田の諸炭坑を統合して資本金一億五〇〇〇万円の合同会社を新設し、新会社が鉱区と炭坑設備・貯炭などを買い上げ、五万キロワットの中央発電所を新設するというものであった（「松本学関係文書」）。国もこれに参画《さんかく》し、「満鉄《まんてつ》のような、筑豊を中心とした国策会社」にするというのが、松本の構想である。

松本自身がのちに「トテツもない白昼夢《はくちゅうむ》」と回想しているが（『秘められた九州財界の二大事件―浜口・井上両相を偲ぶ―』）、しかし麻生太吉・松本健次郎《けんじろう》・貝島太市《かいじまたいち》の地元財界三巨頭はこの構想に共鳴したとも述べている。松本の回想によれば、浜口雄幸首相は井上準之助蔵相に相談するよう指示、井上は「これは面白いな。考えよう」と答えたという。

後年の回想だけではなんとも判断しがたいが、ともかくも松本学に依頼されて明治鉱業の松本健次郎が上京し、井上蔵相に会うところまでは話が進んでいた。しかし、会見予定日の昭和五年（一九三〇）十一月十四日は、浜口首相が東京駅頭で狙撃《そげき》され、重傷をおった日であった。こうして構想は挫折《ざせつ》してしまう。

不確かな史料による可能性の論議以上に興味深いのは、合同案がどのような時代のキーワードによって語られたかである。県工場課長の川崎勇が作成したと思われる「筑豊炭田合同論」という文書は、近年の産業合理化政策は「結局統制を本質とするもの」でなければならないと述べており、松本が書いたと思われるメモにも、石炭の「国有」化などの項目とともに、「資本主義の社会化」という書き込みを見ることができる。

さきに引いた吉野信次の回想にみられるような、商工官僚による産業合理化政策との連続性が明らかである。恐慌を契機とする古典的な自由主義経済への懐疑的《かいぎてき》な風潮には、内務官僚たる府県知事も無縁ではなかったということだろう。

筑豊炭田大争議

昭和恐慌下の筑豊では合理化の名のもとに賃金引下げ、事業の縮小と坑夫の解雇などが進み、労働者の不満は鬱積《うっせき》していた。こうした状況のなかで、昭和六年（一九三一）に、この地の労働運動が始まって以来の大規模な争議が発生した。いわゆる筑豊炭田大争議である。

同年四月に、蔵内《くらうち》鉱業所大峰《おおみね》二坑（田川郡）の坑夫七〇〇人が、解雇手当の制定、賃金引上げなどを要求して争議を起こし、これを総同盟所属の日本石炭坑夫組合が指導して有利に解決した。指導者は組合長の光吉悦心と主事の宮崎太郎である。これに勢いをえた日本石炭坑夫組合は、引き続き約三〇〇人の解雇に端を発する住友忠隈《すみともただくま》炭坑（嘉穂郡）争議の指導にはいった（光吉悦心『火の鎖』）。この争議と同じ五月に、八幡製鉄所二瀬《ふたせ》出張所潤野《うるの》坑（嘉穂郡）で、坑夫八〇〇人が浅原健三派の西部鉱山労働組合の指導のもとに、採炭費値下げ反対などの要求を掲げて争議にはいった。これに刺激されて、八幡製鉄所経営のほかの炭坑にも争議が波及し、筑豊一帯は騒然となった。続発する争議の模様は新聞に連日報じられ、筑豊炭田大争議と称された。

炭坑事務所に押かけ
百餘名檢束さる
即時解雇通知に爭議團員示威
忠隈炭坑爭議險惡

『日本民衆新聞』が伝える住友忠隈炭坑争議

筑豊炭田大争議は不況下の労資双方にとって生存をかけた闘争であり、いずれの争議も激甚《げきじん》をきわめた。炭坑主側は暴力団を使嗾《しそう》して争議活動の妨害を行い、官憲による幹部の検束も行われた。潤野坑では西部鉱山労働組合幹部が全員検挙され、争議団は解散を命じられた。忠隈坑でも日本石炭坑夫組合幹部が警官から暴行を受けて負傷者が続出し、会社側からは争議団全員の馘首《かくしゅ》を宣告された（日本石炭坑夫組合本部編「筑豊炭田情勢報告」）。

こうしたなかでも争議団は、各炭坑争議団統一本部の結成や、家族・婦人たちによる炊出《たきだ》し部隊の組織化などにより結束を固め、よく志気を保って炭坑主側に対抗した。友誼《ゆうぎ》団体も資金カンパや応援闘士を派遣するなどして争議団を支えた。

この争議のなかで、高雄《たかお》一坑では争議団二〇〇人が坑内に立てこもり、坑内電話をとおして交渉を行うという新戦術をとって、会社側を悩ませた。これは「モグラ戦術」と呼ばれて世間の注目を集めたものである（『社会運動通信』第四八六号）。

争議は一時は内務省が筑豊全山のストライキに波及することを懸念《けねん》するほどであったが、争議規模のわりには比較的短期間のうちに終息《しゅうそく》してしまう。幹部の検挙や会社側の切崩しのなかで、組合側もなるべく有利な条件で事態の収拾をはかろうとする指導を行った。そのため、忠隈坑では争議発生後一四日目、八幡製鉄所二瀬五坑では十二日目に労資交渉が妥結し、大争議は終結した。

争議を指導した西部鉱山労働組合・日本石炭坑夫組合はともに勝利宣言を発表した。しかし奇妙なことに、このあと筑豊の組織的な労働運動は弱体化の一途をたどる。争議後、西部鉱山労働組合はほとんど有名無実化し、日本石炭坑夫組合も忠隈争議解決の内容に不満をもつ一部幹部が全国鉱山労働組合を結成して分裂した。この年の十二月に八幡製鉄所二瀬鉱業所は、傘下《さんか》各坑の女子坑夫一三〇〇人を含む一八〇〇人の大量解雇を発表するが、これに対する組合側の抵抗はなかった。

激化する小作争議

前章で述べたように、一九二〇年代に農民組合組織と小作争議が急速に広がったのは、小作料減免を求める運動がめざましい成果をあげたからである。しかし、こうした小作人側の攻勢に対し、やがて地主側も反撃に転じるようになる。

戦前には農民の耕作権を保護する法律がなかったため、地主側は事件を訴訟にもちこみ法廷戦に移すことで争議の解決をはかる戦術にでた。小作人に農地の立入禁止処分を行ったり、収穫前の稲を差し押さえる処分（立《たち》毛《げ》差《さし》押《おさ》え）がしばしば行われ、小作人側は苦しい戦いを強いられた。

小作争議の傾向も、小作料を中心とする闘争から、土地を中心とするものへと変化した。地主が小作人に小作地の引《ひき》上《あ》げ（取上げ）を要求し、これに対して小作人が耕作の継続を主張して争議となる件数がしだいに増加していった。地主による小作地返還請求争議では地主側の態度も強硬であり、小規模だが激烈な争議となり、解決が長引くものも多かった。

小作争議要因の歴史的転換

区分／年次	全国			福岡県		
	争議件数	不作	土地引揚	争議件数	不作	土地引揚
	件	%	%	件	%	%
大正13	1,532	66.7	1.6	91		
14	2,206	62.6	7.8	127		
15	2,751	71.1	11.5	116	17.2	50.2
昭和2	2,053	53.2	21.4	125		
3	1,866	50.6	21.1	75		
4	2,434	50.6	28.9	88	33.0	30.0
5	2,478	22.9	40.4	126	13.0	67.0
6	3,419	34.3	38.2	159	17.0	67.0
7	3,414	31.0	44.5	189	20.0	60.0
8	4,000	16.2	56.9	201	19.0	69.0
9	5,828	33.3	46.4	334	27.0	54.0
10	6,824	35.9	44.4	324	29.0	50.0
11	6,804	20.2	53.6	352	23.0	56.0
12	6,170	18.1	57.9	315	19.0	57.0
13	4,615	19.4	55.5	224	25.0	52.0
14	3,578	15.7	49.0		18.0	47.0
15	3,165	18.3	46.9		23.0	19.0
16	3,308	20.1	43.7			

『福岡県農地改革史』下巻による。

他方で、民事訴訟にまでもつれこんだ小作争議の長期化は、この間小作料を徴収できない地主の負担を過重にしたため、中小地主を中心とする地主組合結成の動きが活発となった。また立入禁止・動産差押え・立毛差押えなどの強硬な手段によって小作人の機先を制し、みずから争議の激化を誘発する地主もあらわれた。

一九三〇年代には、あらたな性格の争議もあらわれてくる。都市化が進むにつれて、福岡市や北九州各市の周辺では都市計画法に基づく都市区画整理組合がつくられ、区画整理事業が行われるようになる。この事業にともなって、宅地や道路となる農地の小作人が土地引上げに反対したり、土地収用に際して離作料《りさくりょう》を要求したりする争議がそれである。また、恐慌による失業者対策として救農《きゅうのう》土木事業が開始されると、そのための軌道・道路工事や河川の改修工事をめぐって土地引上げ争議が起こった。

昭和六年（一九三一）の八幡市黒崎《くろさき》（現、北九州市八幡西区）の区画整理反対争議、三井《みい》郡大城《おおき》村（現、久留米市）そのほか二カ村の筑後川改修工事反対争議、昭和八年の福岡市東部・南部両地区の国道敷設地補償要求争議などは、こうした争議の代表例である。昭和八年に全国農民組合（全農）福佐《ふくさ》連合会が指導した福岡市内（松園《まつぞの》支部）の国道敷設にともなう離作料獲得闘争は、全農と水平社の共闘によって、小作人側に有利な条件で解決している。

これらは時代の変化を示す争議であったといえよう。同時にそれは、北部九州における都市化の進展の一コマでもあったのである。

恐慌下の農民組合

農民運動にとって困難な時代状況のなかで、農民組合の組織状況も複雑なものとなった。

前章にみた日本農民組合（日農）福岡県連合会を直接継承したのは、日農福佐連合会である。同連合会は、昭和三年（一九二八）に起きた三・一五事件の打撃による運動が後退するなかで、福岡と佐賀両県の運動が連合して成立したものであり、一県一連合会を原則とする日農のなかでは例外的な存在であった。

全国組織についてみると、分裂していた日本農民組合と全日本農民組合は、昭和三年五月に合同して全国農民組合を結成していた（全農、委員長杉山元治郎《すぎやまもとじろう》）。日農福佐連合会は昭和四年に全国農民組合に加入して、全農福佐連合会（会長重松愛三郎《しげまつあいさぶろう》）と改称した。

一九三〇年代の全農福佐連合会は、上部組織である全農が分裂するなかで、最左派の一翼を担うようになる。全農では昭和六年ごろには、全国労農大衆党の支持をめぐって、それに反対する日本共産党の影響を受けた最左派と、それ以外のグループとのあいだに内部対立が深刻になっていた。全農福佐連合会は、本部中央委員であった石田樹心《じゅしん》を中心に左派を支持し、左派系県連を結集した全農改革労農政党支持強制反対全国会議（全農《ぜんのう》全会派《ぜんかい》）に参加、同派の最有力県連の一つとなるのである。

日農九州同盟会（稲富系）大会の様子

他方で、大正十五年（一九二六）の日本農民組合（日農）の分裂で福岡県連合会を脱退した高崎正戸《まさと》らのグループは、全日本農民組合同盟（全《ぜん》日農《にちのう》）九州同盟会を組織していた。彼らは昭和六年には、中央の右派系農民組合が合同して成立した日農の結成に参加し、日農九州同盟会と改称した。

日農九州同盟会で注目すべきは、高崎らの旧世代の指導者にかわって稲富稜人《いなとみたかと》が頭角をあらわしてきたことである。稲富は、八女《やめ》郡出身で早稲田大学政経学科を卒業後、昭和三年に全日農九州同盟会の主事に迎えられると、浮羽《うきは》郡東部の大規模な小作料改定要求争議を指導するなかで、同郡に強力な地盤をつくりあげた（稲富稜人『鷹と稜』）。稲富の強力なリーダーシップのもとに組織は順調に伸び、昭和六年末には七八支部、組合員五〇九四人となり、県内で最大の組織に発展した。この時期に形成された地盤を背景に、稲富は戦後に代議士（日本社会党・民社党）として活躍する。

左右両派が並立する県下の農民運動は、昭和七年に新しく全国農民組合（全農）福岡県連合会が結成されて、さらに複雑な様相を呈するようになる。同じ全農を名のっても、左派と対立していた総本部派の系列である。この組合を組織したのが田原春次《たはらはるじ》であった。

田原は、京都《みやこ》郡行橋《ゆくはし》町（現、行橋市）出身で、早稲田大学法律学科を卒業した後、浅沼稲次郎《あさぬまいねじろう》の誘いにより全国大衆党の運動に参加、昭和五年、北九州に全農の総本部派を組織するため帰郷する（『田原春次自伝』）。田原は昭和七年二月に全農京築《けいちく》（京都郡・築上《ちくじょう》郡）委員会を結成、企救《きく》郡の北豊前《きたぶぜん》農民組合や筑後農民組合にも働きかけ、これらを糾合して同年十月に全農総本部派福岡県連合会を成立させた。

このように、福岡県の農民運動は三派鼎立《ていりつ》の状態となり、戦前において一つにまとまることはなかった。この最大の要因は無産政党支持問題にあった。全農福佐連合会は日本共産党系の合法政党である労働農民党（労農党）、日農九州同盟会は右派の社会民衆党、全農総本部派福岡県連合会は中間派の全国大衆党をそれぞれ支持していたのである。

福岡県農民運動の興味深い特徴は、三派のいずれもが被差別部落を主要な支持基盤としていたことである。全農福佐連合会は組織活動が後退するなかで、福岡市および周辺の水平社組織に支えられていた。また全農総本部派福岡県連合会が急速に組織を拡大できたのは、田原春次が全国水平社の役員であり、被差別部落に浸透しやすかったからである。同じように水平社を支持基盤としながら、農民組合の組織統一がついに実現しなかったのは、福岡県農民組合運動の興味深い特徴である。

2 満洲事変期の福岡県

満洲事変と三勇士ブーム

昭和六年（一九三一）九月十八日、奉天《ほうてん》（現、瀋陽《しんよう》）郊外の柳条湖《りゅうじょうこ》で南満洲《みなみまんしゅう》鉄道の線路が爆破された（柳条湖事件）。これは関東軍《かんとうぐん》の参謀石原莞爾《いしはらかんじ》らが主導する謀略《ぼうりゃく》であり、関東軍は当時満洲地方（現、中国東北部）を支配していた張学良《ちょうがくりょう》軍の行為であると主張して軍事行動を開始し、短期間に満洲各地を占領していった。満洲事変の勃発《ぼっぱつ》である。

民政党の若槻礼次郎《わかつきれいじろう》内閣は当初不拡大《ふかくだい》方針を唱えていたが、関東軍の行動は、不況と社会不安を打破するものであるかのように受け取られ、国内世論《よろん》の支持を獲得していった。事変の勃発とその後の戦況は、さまざまなメディアを通じて国民に伝えられ、関東軍の行動を支持する世論が形成されたのである。

野党政友会系の『福岡日日《にちにち》新聞』は、主筆菊竹六鼓《きくたけろっこ》の論説で、日中間の衝突は「幣原《しではら》外交の軟弱《なんじゃく》」が中国側の「放縦驕慢《ほうじゅうきょうまん》を挑発《ちょうはつ》」したためであると幣原喜重郎外相批判を展開し、いたずらに協調《きょうちょう》主義を掲げるのではなく、「毅然《きぜん》たる態度」で日中関係の「根本的解決」を期すべきであると主張していた（昭和六年九月二十日付）。これによっても、当時の世論の動向を知ることができるだろう。

満洲事変の勃発後、中国の都市部では日貨排斥《にっかはいせき》運動や労働者のストライキなど、反日運動が起こった。昭和七年一月には上海《シャンハイ》で日中両軍の軍事衝突が発生し、三月三日に終結するまで戦闘が続いた（第一次上海事変）。

上海事変のなかでつくりだされたのが「爆弾三勇士《ばくだんさんゆうし》」の物語である。二月二十二日、事変に投入されていた久留米混成第二十四旅団工兵大隊に所属する三人の兵士が、鉄条網《てつじょうもう》破壊にあたるなか、爆弾（破壊筒）とも

忠烈！肉彈三勇士の最期 詳報
二十五日上海にて 新宮、特派員發
點火した爆藥筒を抱き
決然鐵條網に飛込む
身もろとも爆破、突撃路開く
忽ち廟行鎭の敵陣を占據
濃密な火線

爆弾三勇士の新聞記事（『大阪朝日新聞』2月26日）

に爆死した。ひとたび新聞がこれを、身を挺して鉄条網の破壊にあたった「爆弾三勇士」（新聞によっては「肉弾《にくだん》三勇士」）の壮烈《そうれつ》な戦死として報道すると、全国にわたって熱狂的な「三勇士」ブームが起こった。

各新聞社はきそって「三勇士」の歌を募集し、当選作はレコード化された。劇場では歌舞伎・新派《しんぱ》・新国劇《しんこくげき》から文楽《ぶんらく》にいたるまで「三勇士」ものを上演して大成功をおさめた。ラジオでも福岡放送局が三月十日の陸軍記念日に、東京・大阪と合同して「三勇士の夕」を放送し、筑前琵琶《ちくぜんびわ》「噫《ああ》爆弾三勇士」などが全国中継された。

社会運動の転換

満洲事変は社会運動の動向にも決定的な影響をあたえ、ナショナリズムの要素が運動の前面にあらわれるようになった。福岡県でも労働組合や無産政党の内部に国家社会主義を主張する者があらわれた。

社会民衆党（社民党）の中央では赤松克麿《あかまつかつまろ》らの国家社会主義方針がいったん優勢となったが結局否定される。しかし、衆議院議員総選挙後の昭和七年（一九三二）四月に開かれた同党福岡県連中央委員会は、党本部の決定に反して国家社会主義政党への参加を主張する意見があらわれて紛糾する。国家社会主義派の中心は、同年の衆議院選挙に福岡四区（豊前地区）から当選した社民党幹部の小池四郎であり、日本石炭坑夫組合の光吉悦心、日農九州同盟会の稲富稜人、総同盟九州連合会の高次昇《たかつぎのぼる》など、社民党系労農運動の第一線で長く活躍してきた闘士たちが同調した。彼らは県連が社会民主主義路線の踏襲を決定すると、これと決別して新党結成に向かう。

さらに米村長太郎《よねむらちょうたろう》など全国労農大衆党（労大党）八幡支部（浅原派）から離脱したグループが、国家社会主義派に加わる。米村は昭和六年九月の県会議員選挙における公認候補の選定をめぐって浅原健三・堂本為広《どうもとためひろ》らと対立し脱党していたが、光吉らの新党結成の動きをみるとこれに合流した（『八幡製鉄所労働運動誌』）。彼らは小池四郎を中心に結集し、昭和七年七月に小倉市において日本国家社会党福岡県連合会を結成した（『福岡日日新聞』昭和七年七月十六日付）。日本国家社会党は、赤松・小池らが同年五月に国家主義運動家の津久井龍雄《つくいたつお》、農民運動家の平野力三らと結成したものである。

他方、分裂後の社民党福岡県連合会は、同年七月、中央において社民、労大両党が合同して社会大衆党（社大党《しゃたいとう》）を結成するとこれに参加するが、支部は合同しなかった。旧社民党系と旧労大党系は、それぞれ独自に社大党福岡県連合会を名のった。両派のあいだには、大正九年（一九二〇）の八幡製鉄所争議以来続く確執が解消していなかったのである。

こうした国家主義的風潮を背景に、労資関係にも変化が生じた。総同盟九州連合会の会長であり社民党県議（八幡市選出）でもあった伊藤卯四郎《いとううしろう》は、労働組合法制定のための運動の一環として、協調会の呼びかけによる労資懇談会《こんだんかい》に労働側を代表して参加し、「産業協力」の姿勢を明確に打ち出した。

伊藤は協調会常務理事の吉田茂や福岡県知事の小栗一雄《おぐりかずお》、さらに八幡製鉄所など経営側に働きかけ、昭和八年四月に第一回の労資懇談会が福岡市で開催された。伊藤は第二回労資懇談会の席上において、労働者が団結して国家産業に協力するのが目的であり、ストライキを煽動《せんどう》するようなことは考えていないと表明して、産業協力・労資協調の姿勢を明確に打ち出した（荻野喜弘『筑豊炭鉱労資関係史』）。福岡県の労資懇談会ははじめての試みとして全国的にも注目され、東京・大阪など各地に波及していった。

浅原健三と亀井貫一郎

満洲事変を契機とする国民的熱狂や軍国熱を象徴するのが、昭和七年（一九三二）二月の衆議院議員総選挙における浅原健三と亀井貫一郎の対決である。

浅原と亀井は、前述のように昭和三年の最初の普通選挙で両者ともに衆議院議員に当選したあと、昭和五年の衆議院議員総選挙では浅原が当選し、亀井は落選した。両者はともに八幡製鉄所を中心とする北九州の工場と筑豊炭鉱地帯の労働者を支持基盤としており、彼らの選挙母体である労働組合の対立関係もからんで、いずれの選挙戦も激烈な競争となった。

亀井貫一郎の折尾選挙事務所の様子

昭和七年の衆議院議員総選挙において、両者は満洲事変の評価をめぐって正面から対立した。浅原が属する全国労農大衆党（労大党《ろうたいとう》）八幡支部は、党中央の方針に従って「帝国主義戦争絶対反対」「満蒙既得権益《まんもうきとくけんえき》の放棄」を選挙スローガンに掲げたが、社会民衆党（社民党）八幡支部公認候補の亀井は、「満蒙の権益を民衆の手へ」のスローガンを前面に押し出し、満洲事変・上海事変の陸軍の行動を支持する立場を打ち出した。

両者は投票日のわずか二日前に、八幡市で立会《たちあい》演説会を開いている。この演説会で浅原は、亀井を満蒙権益の擁護＝戦争肯定＝ファシストという図式で批判し、逆に亀井は浅原に対して、満蒙権益の放棄＝戦争反対＝共産主義者というレッテルを貼って批判した。

新聞の報じるところによれば、会場の反応は浅原側の惨敗《ざんぱい》を印象づけるものであり、浅原の主張に対して聴衆の多くから「国賊《こくぞく》」などのヤジが飛んだという（『福岡日日新聞』昭和七年二月二十日付）。また、このときに労大党員が検束されるのをみていた群衆は、「天皇陛下万歳《ばんざい》を唱えた」とも報じられている（同前、二十三日付）。選挙結果は、亀井が前回総選挙より約一万二〇〇〇票も得票を伸ばして第二位で当選したのに対し、浅原は逆に約五六〇〇票を減らして落選した。

この結果は、浅原にとって大きな衝撃となったと思われる。こののち、浅原は次節で述べるように無産運動との決別を宣言し、石原莞爾に接近していくのである。

五・一五事件と菊竹六鼓

若槻礼次郎民政党内閣の総辞職を受けて首相となったのは、立憲政友会の犬養毅《いぬかいつよし》である。政友会は昭和七年（一九三二）二月の衆議院議員総選挙に大勝して、衆議院で三〇〇議席を超える絶対多数を形成した。しかしそのことは、犬養内閣の盤石《ばんじゃく》の基盤を意味するものではなかった。

同年五月十五日に、海軍を中心とする青年将校らが一部の国家主義運動家と蹶起《けっき》し、このうち首相官邸を襲撃した青年将校が犬養首相を暗殺するという事件が発生したのである（五・一五事件）。この事態に元老の西園寺公望《きんもち》は、海軍出身の斎藤実《さいとうまこと》を首相に推薦した。こののち戦前において政党内閣が復活することはなく、結果的に犬養内閣が最後の政党内閣となったのである。

五・一五事件の公判に際しては、減刑嘆願《たんがん》の署名が殺到したというエピソードが伝えられている。のちの二・二六事件の場合と異なり、政党の腐敗を批判し、農村の救済を叫んだ青年将校運動は、世論《よろん》の支持を受けたのである。そのことが物語るように、政党や議会政治に対する不信の声は、当時、頂点に達しようとしていた。

菊竹六鼓の論説（５月17日）

このような雰囲気に対して真《ま》っ向《こう》から政党政治を擁護したのが、『福岡日日新聞』主筆の菊竹六鼓である。菊竹は事件の翌日の紙面で、「彼らは、国家を混乱潰滅《かいめつ》に導くほか、なんの目的なきものと断ぜざるをえない」と、青年将校の行動を厳しく批判した。さらに十七日にも、「立憲代議政体の大《だい》道《どう》を静かに進む」べきことを訴えた。

菊竹の論説に対しては、久留米第十二師団をはじめ、軍からの抗議・脅迫があいつぎ、軍用機による新聞社への威嚇《いかく》飛行が行われたとも伝えられている。しかし、菊竹はこうした威嚇に屈することなく、引き続き論説を発表し、福岡日日新聞社もよくそれを支えきった。

菊竹の立場は、立憲政友会系新聞の主筆として、きわめて原則的な政党政治擁護論であった。菊竹は、「政党の不信」や「議会の堕落《だらく》」があったとしても、立憲政治の根本精神そのものまで否定すべきではないと主張したのである。他方で菊竹は、五・一五事件と前後して大きな盛上りをみせていた農村救済請願運動に対しては、「農民運動に迎合《げいごう》することのみが、時局救済《じきょくきゅうさい》の方策ではない」と批判的な見解も述べている。

要するに菊竹は、議会主義や政党内閣そのものが根本的な欠陥をもっているという考え方に一貫して反対していたのであり、その意味で、軍や民間右翼の主張する国家革新運動とも、左翼的な革命運動とも鋭く対立するものであった。そのような態度は、当時の既成政党の立場を代表するものであったが、五・一五事件前後の状況のなかで、政党人のすべてがこのような態度を表明して譲らなかったわけではない。そこには、まさに

「最後の政論記者」としての菊竹の面目《めんもく》があらわれていた。

経済更生

昭和五年（一九三〇）前後の経済政策で最大の課題は農村救済であり、農村の窮乏を救えという声は大きな世論となっていた。

世界恐慌の影響はまず農業恐慌となってあらわれ、農家経済は苦境に陥った。福岡県の農村は、昭和四年に三〇年ぶりといわれた大旱魃《かんばつ》で大きな損害をこうむっていた。県農会の調査によると、被害は九月二十日現在で一万七一八町歩に達し、なかでも宗像《むなかた》・遠賀《おんが》・鞍手《くらて》・糸島《いとしま》・築上《ちくじょう》・京都《みやこ》などの各郡での損害が大きかった（『福岡日日新聞』昭和四年九月二十一日付）。これに、恐慌下のアメリカの生糸需要激減による繭《まゆ》価格の暴落が追打ちをかけた。昭和五年は逆に大豊作《だいほうさく》となり、これに安価な朝鮮・台湾米が移入《いにゅう》されて米価は暴落した。米と繭を二大支柱とする日本農業は壊滅的な打撃を受けることになる。

農民は自作《じさく》・小作《こさく》を問わず深刻な影響を受けたが、地主の経営も苦しくなった。福岡県では大土地所有者の地主は比較的少なく、五町歩以下の中小規模の地主が多かった。彼らのなかには恐慌の影響を受けて土地を手放したり、自作に転じたりする者も多く、前節で述べたように、小作人から土地を引き上げようとして争議になることも多かったのである。

昭和六年十二月に成立した犬養毅内閣の蔵相高橋是清《たかはしこれきよ》は、それまでの民政党内閣の緊縮財政から一転して、金輸出を禁止して金本位制から離脱するとともに、赤字公債を発行するなどして積極財政による景気の刺激をはかった。犬養内閣のあとの斎藤実内閣にも蔵相として留任した高橋は、満洲事変以後その発言力を増していた軍部の要求をある程度受け入れて、軍事費を増大させるとともに、窮乏する農村に対する時局匡救費《じきょくきょうきゅうひ》を大幅に支出することによって、失業救済と不況克服をはかったのである。

時局匡救費は、農村に対する治水・道路などの土木費（救農《きゅうのう》土木事業）を中心に、諸種の社会事業費などからなり、昭和七年度から九年度まで約五億四〇〇〇万円が政府から支出された。また、時局匡救費は国庫補助に応じた道府県や市町村の支出をも要求するものであり、それらの事業に関する歳出が福岡県でも一挙に増大している。これらは地方・農村をおもな対象とした景気対策であった点で注目されるものである。

救農土木事業とともに、農村救済政策の中心に位置づけられたのが、「自力更生《じりきこうせい》」をスローガンとする農山漁村経済更生《けいざいこうせい》運動である。福岡県でも知事を会長とする県経済更生委員会を設置し、昭和七年度から毎年三〇カ町村を指定して経済更生計画を樹立させた。当時の農村救済の中心課題と考えられていたのは農家の負債整理である。福岡県においても、昭和五年末の段階で全農家の九〇％が負債をかかえ、総額で一億七〇〇〇万円を超え、一戸当り平均で一一五三円に達するとみられていた。

県の方針は、負債整理組合を設置させて負債整理を実行させるとともに、産業組合に融資を行わせるというものであった。政府は昭和七年に産業組合法を改正してその強化をはかっており、産業組合は経済更生運動の主体として位置づけられていたのである。福岡県においても、農事《のうじ》実行組合や養蚕《ようさん》実行組合などを産業組合に加入させ、負債整理・経済更生の実行単位としていった。経済更生運動を通じて、産業組合は政府の保護のもとに急速に勢力を拡大していくのである。

水平社運動の新展開

社会運動において停滞感が増すなかで、逆に高揚をみせたのが水平社《すいへいしゃ》運動である。

そのきっかけとなったのは、昭和八年（一九三三）の高松地裁差別裁判糾弾《きゅうだん》の活動と、もう一つは地方改善《かいぜん》応急《おうきゅう》施設《しせつ》費《ひ》獲得運動であった。高松地裁差別裁判事件とは、被差別部落出身の青年が相手に出身を明かさずに結婚・同棲《どうせい》したことが誘拐罪《ゆうかいざい》にあたるとして、高松地方裁判所が有罪判決を下したものである。全国水平社（全水）は、八月に大阪で差別裁判糾弾全国部落代表者会議を開き、差別裁判糾弾闘争に全力を投入することになった。運動を牽引したのが全水九州連合会である。井元麟之《いもとりんし》など全水九州連合会の活動家は、全水総本部中央委員として指導的役割を担うとともに、十月には他の府県連にさきがけて差別判決の取消しを要求する請願隊《せいがんたい》を組織し、大きな反響を呼び起こした（渡部徹・秋定嘉和編『部落問題・水平運動資料集成』補巻二）。

こうした闘争は県内においては未組織の被差別部落をまきこんで展開されたため、ひところの沈滞から組織的拡大がもたらされた。

この糾弾闘争とともに全国水平社が積極的に取り上げたのが、地方改善応急施設費問題である。時局匡救費の中心であった救農土木事業では、被差別部落に対しては融和事業の一環として地方改善応急施設費の名目で支出されたが、全水九州連合会はその獲得運動に積極的に乗り出した。福岡地区委員会は、市長から地方改善応急施設費獲得の約束をとりつけるとともに、改善事業福岡地区実行委員会を設立して対市交渉の窓口機関とした。こうした取組みは、住宅改善など具体的な政策の要求を、運動の側が掲げたものとして注目され

「差別判決取消請願隊来る」のポスター　ポスター内の下部に示されたコース（福岡〜東京）の請願行進が予定されたが，中止のやむなきにいたった。下２つは呼びかけのビラ。

る。

一方、この時期の左派系の労働組合は、運動の後退を余儀なくされていた。退潮期の左派系組合が指導した争議としては、昭和十一年九月の福博《ふくはく》電車（福岡市内電車）争議がある。この争議では市内電車が全線にわたって運行を停止するという事態となり、戦前における最後の大規模な争議として知られている。このとき全水幹部の岩田《いわた》重蔵《じゅうぞう》は、福岡地区の全農福佐連合会や全水九州連合会など左派系の組合により結成されていた福岡地方無産団体協議会の中心人物として、積極的な支援活動を行っている。

最終的には不振に終ったが、松本治一郎も争議の調停にあたっている。これらの動きは、運動への抑圧と時局の圧力のなかで、全国水平社がある種の聖域として機能していたとも考えられ、興味深い。

製鉄所官民合同問題と日本製鉄株式会社の成立

八幡製鉄所は長引く製鉄不況のなかで業績がふるわず、昭和五年（一九三〇）度にはついに赤字をだす。苦境に立った製鉄所当局は、生産過剰への対策から減産に踏み切り、職工の休務や臨時職夫《しょくふ》の解雇を実施した。

このような時期に、前節で述べた製鉄所官民合同問題がもちあがったのである。このころ、製鉄所の有力な労働組合としては、社会民衆党（社民党）系の官業労働同志会（同志会）があり、これとは別に日本製鉄労働組合連合会（鉄連）があって、いずれも右派系と目されていた。また少数ではあったが浅原健三派の九州合同労働組合も健在であり、製鉄所内では左派系と目されていた。これらの労働団体は、減産問題とともに製鉄所官民合同問題への対応を迫られることになったのである。

同志会と鉄連は昭和五年十二月に製鉄所官民合同反対共同闘争委員会を結成、さらに労働組合だけでなく従業員全体の運動とすることを決定し、翌年一月に製鉄所官民合同反対期成同盟会を結成して反対運動の先頭に立った。浅原系の全国大衆党八幡支部および九州合同労働組合の当初の方針は、ストライキ戦術であった。浅原も昭和六年一月の衆議院本会議において質問演説を行い、政府の労働政策を非難した。この浅原の議会での活動は、製鉄所従業員のかなりの部分に好評をえたものの、浅原らが期待した大正九年（一九二〇）製鉄所争議の再来は夢想に終った。全国大衆党系組合員は製鉄所官民合同反対期成同盟会に参入して主導権をとろうとする戦術にでたが失敗し、製鉄所内組合運動における影響力は大きく後退した。

しかし、反対運動そのものは大きな盛上りをみせる。製鉄所官民合同反対期成同盟会は上京陳情活動と従業員大会の開催で運動を展開し、社民党の前代議士亀井貫一郎を通じて中央の労働団体にも働きかけたことで、全国的に注目されるようになった。加えて反対運動は八幡市会にも広がった。八幡市は市税収入の大半を製鉄所にあおいでいたうえに、製鉄所が官営事業であることから、毎年五〇万円の国庫補助金を交付されていたのである。

八幡市会の既成政党議員にも合同反対の気運が高まるなか、昭和六年一月に超党派の全市民組織として製鉄所官民合同反対市民連盟が結成された。

合同案はいったん流産するが、それは反対運動の成果というよりは、緊縮財政をとる大蔵省と合同を進める商工省との意見調整が難航したためである。合同案は、五・一五事件を受けて成立した斎藤実を首班とする「挙国一致《きょこくいっち》」内閣のもとで再浮上する。昭和七年七月の高率関税実施と為替《かわせ》レートの急落により、鉄鋼市場はようやく立直りをみせ、また満洲事変を契機に軍需品を中心とする需要が台頭し、鉄鋼価格は上昇していた。製鉄所合同の実現の可能性が高まったのである。

このときの合同案に対しても、ふたたび反対運動が展開された。しかし、この第二次合同反対運動は、旧社民党系右派労組が労働条件面での既得権の確保に戦術を転換したこと、八幡市会が、国庫補助金などが継承されるなら反対せずとの方針に転向したこと、製鉄所当局により従業員の既得権確保が確約されたことなどにより、盛上りに欠けるものとなった。昭和八年二月に日本製鉄株式会社法案が議会に提出されると、反対運動は急速に鎮静化《ちんせいか》した。

昭和九年二月一日、官営八幡製鉄所と民間製鉄会社五社（のちさらに一社が加わる）が大合同し、日本製鉄株《にほんせいてつ》式会社（日鉄《にってつ》）という一大トラストが成立した。日鉄は一社で市場の過半を占め、そのなかでも八幡の占める比重は圧倒的であった。このの日鉄は、戦時体制期を通じて生産規模を拡大し、設備を高度化させて「鉄《てつ》の巨人《きょじん》」日鉄王国を築いていった。

このの製鉄所の労働運動は、同志会と鉄連の二大組合が昭和八年八月に合同して日本製鉄従業員組合を結成した。労働組合も製鉄所合同を契機に再編成を余儀なくされたのである。

3 モダン都市の諸相

高等教育機関の拡充

一九二〇年代から三〇年代の社会を特徴づけるのは、都市の拡大・発展である。都市化の進展は、東京や大阪に代表される新しい都市文化を生んだ。その担い手を育て、文化を消費する市場をつくった要素の一つは、まちがいなく中・高等教育の拡充であった。

大正七年（一九一八）に成立した原敬《はらたかし》内閣は、教育の振興《しんこう》を主要政策の一つに掲げ、高等教育機関の拡充政策を推進した。産業化の進展にともなう社会的要請に応じた政策である。このため同年に大学令《だいがくれい》を公布して、公・私立の大学を認めるとともに、高等学校令を改正して高等学校の増設をはかった。これによって、いわゆるナンバースクール（第一《だいいち》高等学校から第八《だいはち》高等学校まであった）以外に、地名《ちめい》スクールと呼ばれた官立の高等学校が全国に一六校設立された。これは高等学校志願者の増大に対応するためでもあった。政府の政策に対応して、福岡県でも大正後期には急速に高等教育機関の充実がはかられた。

九州帝国大学では大正八年に農学部が開設された。このときも佐賀・熊本・鹿児島の各県が誘致運動を展開しており、福岡県会は六年間で一三五万円の寄付を決議している。九州帝国大学がすでに大正初年に朝鮮・樺太・台湾に大学演習林《えんしゅうりん》を所有していたことも、誘致合戦に有利に働いたであろう。その意味で、九大もまさに「帝国」大学だったのである。

　さらに大正十三年には法文学部が創設された。これによって九州帝国大学ははじめて総合大学としての実質を備えたといえる。創立委員長をつとめたのは東京帝国大学法学部教授で憲法学者の美濃部達吉《みのべたつきち》であり、学部長事務取扱として実質的な初代学部長となった。

　法文学部の創設は、法科万能主義への反省から法と文を結んだ新しい知識層の創出を意図したといわれ、また

祝部至善の博多風俗画　祝部至善《ほうりしぜん》(1882 ～ 1974)は博多中島町の生まれ。書道・茶道など多方面に才能を発揮したが，なかでも明治・大正期の博多の風俗画で知られる。図は旧制福岡高等学校の生徒と県立女子専門学校の生徒を描いたもの。旧制福高生徒の弊衣破帽《へいいはぼう》スタイルは，旧制高校生のエリート意識の裏返しでもある。

九州帝国大学ではじめて女子学生（女子高等師範《しはん》学校卒業者）の入学を許可するなどの新たな試みが注目される。他方で法文学部設置という手法は、法学部や文学部の新設が認可されにくいという後発《こうはつ》帝国大学の悩みの反映でもあった。実際に入学者数は、旧制高校出身者よりも傍系《ぼうけい》入学と呼ばれた高等専門学校卒業生のほうが多かったのである。

高等学校令改正によって、九州でもそれまで五高《ごこう》（熊本）・七高《しちこう》（鹿児島）のみであったのが、大正九年に佐《さ》賀《が》高等学校、十年に福岡《ふくおか》高等学校（戦後の九州大学教養部）が設置された。福高の第一回卒業生の進学先は、九州帝国大学七二人、東京帝国大学四八人、京都帝国大学三〇人である。

また、安川敬一郎《やすかわけいいちろう》によって戸畑《とばた》に設立され、独自な工業専門学校として評価を受けていた私立明治専門学校は、大学昇格の運動を展開したが実現しなかった。このため第一次世界大戦後の不況の影響もあって、安川家は学校施設を国に寄付することとし、大正十年に官立に移管されて、官立明治専門学校となった（現、九州工業大学）。

このほか大正十二年には県立女子専門学校（現、福岡女子大学）が設立された。これは公立の女子専門学校としては全国で最初のものである。また大正十年には、西南《せいなん》学院に専門学校令に基づく四年制の高等学部（現、西南学院大学）が設置されたほか、私立九州歯科医学校が九州歯科医学専門学校（現、九州歯科大学）として認可され、昭和三年（一九二八）には久留米に私立九州医学専門学校（現、久留米大学医学部）が設立されている。

消費都市福岡の発展

福岡県における一九二〇年代から三〇年代にかけての都市化の進展には、かなりめざましいものがある。現在の北九州市に相当する五市（門司・小倉・八幡・戸畑・若松）の人口は、大正九年（一九二〇）から昭和十五年（一九四〇）のあいだにほぼ三倍に増加し、福岡市でも同じ時期にほぼ倍増している。福岡市が長崎市を抜いて九州第一の人口をもつようになったのも、一九二〇年代後半のことである。

福岡市は北九州のような重工業を中心とする近代産業がほとんど立地せず、また久留米市のような在来産業の近代化による工場地帯ともならずに、今日の一五〇万都市に発展した特異なタイプの近代都市である。行政と消費を中心とする地方都市の拡大を考えるうえでは、きわめて興味深いサンプルである。

前章でみたように、県庁所在地福岡市の都市化をみるうえで最初の画期が明治末であるとすれば、第二次世界大戦前における第二の画期は大正後期から昭和初期であった。人口の増加とともに市街地が拡張し、それに対応した都市整備の手法が登場する。耕地整理事業や土地区画整理事業、それらを含む都市計画がそれである。周辺町村との合併も進められた。前節でみたような都市社会政策の登場は、不況対策であったと同時に、この時期に一般的になった行政のあらたな手法でもあったのである。

カフェ「ブラジレイロ」 1935(昭和10)年頃。

電車通り（現、明治通《めいじ》）沿いの旧博多部《はかた》にはデパート・銀行などのコンクリート建築物が登場し、はじめ官庁街・ビジネス街の性格が強かった中洲《なかす》（当時は東中洲）が、飲食店や劇場などが集中する、現在とあまり変わらない歓楽街《かんらくがい》の様相をみせるようになったのもこの時期である。

モダンな都市風俗の象徴のようにいわれるカフェも、学生やサラリーマンを中心に客を集めるようになった。大正九年に西中洲に開店したカフェ・ブラジルは、コーヒーを主体としたカフェとしては福岡で最初といわれる（咲山恭三『博多中洲物語』後編)。昭和九年には、東中洲の川べりにブラジレイロが開店した。やがて九州文壇の担い手となる文学青年の憩《いこ》いの場であった。その一人である原田種夫《はらだたねお》によれば、江戸川乱歩《えどがわらんぽ》に激賞された探偵小説作家として出発し、今日でも特異な作風に評価が高い夢野久作《ゆめのきゅうさく》（杉山茂丸《すぎやましげまる》の長男）も、ブラジレイロでコーヒーをすすっていたという（『実説・火野葦平』）。ブラジレイロの本店は大阪であり、カフェ文化そのものが東京よりも大阪を主たる発祥《はっしょう》の地としていたのである。

このころ、都市文化の発信源の一つはデパートであった。最初の本格的なデパートは、佐賀県牛津《うしづ》の呉服商《ごふくしょう》であった田中丸善蔵《たなかまるぜんぞう》が、大正十四年十月に東中洲に開店した玉屋《たまや》呉服店である。はじめ地上五階地下一階、昭和八年には七階建ての新館を増築した。同年に設置された電光ニュースも人目を引いたことだろう。

岩田屋百貨店の開店当日の様子(昭和11年)

昭和十年には、岩田屋《いわたや》呉服店の中牟田喜兵衛《なかむたきへえ》が九州鉄道株式会社（現、西鉄《にしてつ》大牟田線）の福岡駅（天神《てんじん》）と周辺の土地を買収し、翌年十月に地上八階地下一階の岩田屋百貨店《ひゃっかてん》を開店した。開店時に集まった群衆の写真は、当時の百貨店が人びとをひきつける大きな力をもっていたことを物語るものである。

大衆娯楽の王様としての映画

この時期に大衆文化の花形となったのは、活動《かつどう》写真（映画）である。福岡市ではすでに明治三十年（一八九七）八月二十日に、聖福寺《しょうふくじ》境内の教楽社《きょうらくしゃ》でシネマトグラフ（フランスのリュミエール兄弟が発明した上映方式）の上映が行われており、これが県内最初の映画上映である。このとき新聞は「自動《じどう》写真」と呼び、数日後の記事で「活動《かつどう》写真」が用いられた（以下この項『図説

福岡県映画史発掘　戦前篇』)。

日露戦争期には東中洲に明治座《めいじざ》・寿座《ことぶきざ》などの定員一〇〇〇人を超える大劇場が出現し、日露戦争の実写《じっしゃ》映画が人気を集めた。また明治末には門司や久留米に映画の常設館《じょうせつかん》ができるなど、その普及ぶりはめざましいものがあった。

大正期にはいると映画の普及はさらに加速し、大正五年（一九一六）の県の統計によれば延べ観覧者数は二七〇万人を超え、常設館は二〇に達していた。大正八年末の常設館は三一であるが、注目すべきことに、福岡・八幡などの大都市のほか、直方《のおがた》・飯塚《いいづか》の筑豊産炭都市や、都市周辺の郡部の町村にもすでに映画館が分布していた。このとき八幡は常設館数で県下最大とされている。昭和五年（一九三〇）の段階では、常設館数六九、延べ観客数は実に一三三〇万人を超えており、こうして、映画は戦後、高度成長期に斜陽《しゃよう》になるまで、大衆娯楽《ごらく》の王座を保ち続けることになる。

福岡におけるトーキー（映像に音声が同期する映画）初公開は大正十四年であるが、一九三〇年代にはいっても、しばらくはサイレント（無声《むせい》映画）が主流であった。上映中に語りで内容を解説し、表現する弁士《べんし》が活躍した時代である。福岡の弁士として異彩を放ったのが前田幸作《まえだこうさく》であった。前田は京都生まれで、弁士として活躍したのち、昭和二年に博多東亜倶楽部《とうあクラブ》支配人として博多に来ると、奇抜な宣伝などで経営手腕をふるい、弁士としても活躍した。やがて同倶楽部の経営者をへて、昭和六年に福岡県会議員に当選し、同十一年には衆議院議員にも当選してしまう。映画という大衆文化が広範な社会的影響力をもったことを示すエピソードである。

ラジオの時代の到来

映画にみられるように、この時期の文化的特徴はマス（大衆《たいしゅう》）を受け手とする文化の急速な台頭であった。こうした現象は、高等教育修了者の増大や、サラリーマン

トーキー優先館として開館した世界館

という言葉に象徴される都市のあらたな階層の増大によって支えられていた。従来の新聞に加えて、マス・メディアとしてあらたに台頭してくるのがラジオ放送である。

大正十五年（一九二六）八月に社団法人日本放送協会《にほんほうそうきょうかい》が設立され、東京・大阪・名古屋であいついで放送が開始されたが、これとあい接して福岡市でもラジオ送受信の公開実験が行われている。同年二月には九州日報社《にっぽうしゃ》が、博多中島町《なかしままち》の本社からの送信を九州劇場・大博《たいはく》劇場で受信する公開実験を行い、五月には福岡日日新聞社が、橋口町《はしぐちまち》の本社から西公園に電波を飛ばした。

社団法人日本放送協会設立後は、福岡と熊本のあいだで放送局の誘致合戦が展開されたが、昭和三年（一九二八）六月に熊本放送局が開局し、本放送を開始した。この熊本放送局の放送内容を充実させるために、同年九月に福岡市天神に福岡演奏所《えんそうじょ》が開局した。それが、福岡における放送事業の最初である。そして、日本放送協会第二期拡張計画の一環として、昭和五年十二月に福岡放送局（JOLK）が開局するのである。

熊本放送局の開局当時、福岡県内のラジオ聴取者は一四七八世帯にすぎなかったが、その後、サービスエリアの拡大や受信機の普及にともなって増大し、昭和五年に福岡放送局が正式に開局すると、ラジオ施設数は一万件を超え、翌年小倉放送局の開局後は二万七九五三件、普及率五・六％を数えるようになった。

昭和三年十一月、北海道から九州までの中継線が完成し、全国中継放送が始まった。このとき福岡放送局からは博多節《はかたぶし》などの民謡の紹介が行われた。そのなかで、地元で「筑前今様《ちくぜんいまよう》」として知られていた民謡が放送された。それが「黒田節《くろだぶし》」が全国に知られるようになった最初であり、黒田節という曲名で紹介したのもこの放送がはじめてである。

昭和五年夏からはスポーツ中継が始まり、春日原《かすがばる》球場での中等学校野球大会九州予選などが放送された。夏の甲子園《こうしえん》の予選である。また、放生会《ほうじょうや》・博多どんたくの放送なども行われたが、これはスタジオ内や局舎前での再現放送（叙景《じょけい》放送）であったという（井上精三編『NHK福岡放送局史』）。

その後のラジオ放送の普及はめざましいものがあり、昭和九年には受信機数は六万を超え、普及率は一二・四％、同十九年には受信機数二五万九〇〇〇、普及率四〇・八％に達した。こうして、第二次世界大戦後の一九六〇年代にテレビにとって代わられるまで、ラジオの時代が続くのである。社会生活に浸透したラジオが、戦争のなかでは警戒警報《けいかいけいほう》・空襲《くうしゅう》警報の放送を行うなど、時局《じきょく》に対応した役割を果たしていったことも、見逃せない。

マルクス主義の時代から転向の時代へ

一九二〇年代から一九三〇年代の初めまでは、日本の知識人のあいだにマルクス主義の影響がきわめて強い時代であった。マルクス主義は政治的イデオロギーにとどまらず、資本主義社会の成り立ちを批判的に分析する「社会科学」として、若いインテリ層、とりわけ学生層を中心に影響を拡大していった。高等教育機関が拡充されるなかで、大学や高等学校などにはあいついで社会科学研究会（社研《しゃけん》）が組織され、実践運動にかかわる活動家を輩出したのは前節にみたとおりである。

三・一五事件の余波は大学にもおよび、九州帝国大学では、関係学生に退学などの処分を行い、社会文化研究会を解散させたが、影響は教授陣にもおよんだ。法文学部の向坂逸郎《さきさかいつろう》・石濱知行《いしはまともゆき》・佐々弘雄《さっさひろお》の三教授が、九州帝国大学総長の辞職勧告にさきだち辞職願を提出したのである。

三教授の辞職は、この時期の共産主義思想への弾圧事件として語られている。それはまったくのまちがいではないが、彼らはその後、東京に戻ってジャーナリズムの世界で活発に評論活動を行っている。左傾教授のゆえをもって辞職の圧力を受けたからといって、活動の場を奪われたわけではないのである。こののち、日本共産党系の実践活動への弾圧とは裏腹に、メディアを中心とする知的世界では、マルクス主義全盛の時代がしばらく続くのである。

実践面では昭和八年（一九三三）をさかいに、日本共産党系の運動は大きく後退する。福岡県では、日本共産党と間接的な連絡を保ちながら、合法面で最左翼を担っていたのが、全農全国会議派の福佐連合会である。しかし昭和八年二月十一日の一斉検挙（二・一一事件）によって、福佐連合会をはじめとする左派指導者のほとんどが検挙されて運動は大きな打撃を受ける。福佐連合会では組合幹部・本部書記・青年部員を中心に一二〇人が検挙された（『福岡日日新聞』昭和八年六月十六日付。事件後の報道管制で公表が遅れている）。福佐連合会の組織は動揺し、解散または自然解消の支部が続出した。これ以後、九州における日本共産党系の運動は、合法面も含めて完全に退潮する。

全国的には、昭和八年六月、獄中にあった日本共産党指導者の佐野学《さのまなぶ》と鍋山貞親《なべやまさだちか》が、「共同被告同志に告ぐる書」と題して公表した転向《てんこう》声明が、大きな衝撃をあたえた。転向声明は、日本共産党が労働者大衆から遊離《ゆうり》したこと、コミンテルンの指示に従属していること、天皇制を当面の打倒目標としたことなどを批判したものである。しかしその内容以上に、「転向」という形式があたえた影響は大きく、これを契機に日本共産党指導者や一般活動家の多くが獄中から転向を声明して、実践運動から遠ざかるのである。

しかし、共産主義運動が転向の時代にはいっても、転向した人びとがマルクス主義的な思考方法のすべてを放棄したわけではない。日本社会の後進性の克服を社会構造の変革に求める考え方は、多くの転向者に共有されていた。そのような人びとに新たな活動の場を提供したのが、「満洲」である。たとえば藤井哲夫《ふじいてつお》は三・一五事件で検挙され服役《ふくえき》したあと、昭和九年に満洲に渡っているし、愛甲勝矢《あいこうかつや》も同じく三・一五事件で服役して昭和九年に出獄した後、満洲国実業部臨時産業調査局にはいり、中国東北の農村調査に従事している。

日本共産党員ではないが、急角度の旋回ぶりをみせたのが浅原健三である。昭和七年の衆議院議員総選挙に落選して以来、運動の表面から姿を消していた浅原は、『中央公論』の昭和十一年三月号に「無産運動を去るの日」を公表し、「新興《しんこう》政治運動」に乗りだす決意を表明して世間を驚かせた。

「新興政治運動」とは陸軍の石原莞爾の政治活動である。戦後、国鉄総裁をつとめた十河信二《そごうしんじ》は、大正九年（一九二〇）の八幡製鉄所大争議の際に、鉄道院《てつどういん》（国鉄の前身）購買課長としてストライキの視察に赴き、そのとき浅原と知りあっている。南満洲鉄道株式会社理事の身で満洲事変後に関東軍に協力していた十河を通じて、浅原は石原人脈に連なっていくのである。『十河信二自伝』によれば、浅原を石原に紹介したのは立憲政友会の森恪《もりつとむ》である。森は昭和七年の十二月に死去しているので、十河の回想が正しければ、浅原は選挙に落選した年には石原と知りあっていたことになる。

興味深いのは、石原派の関東軍参謀片倉衷《かたくらただし》の回想である。片倉は浅原にあったとき、浅原の前歴を承知のうえで、「私は貴方が天皇を否定するようなら、絶対に許さない。これだけは承知してくれよ」と注文をつけ、大概のことは話をしたり、意見を聞いたりしたという（『片倉参謀の証言 叛乱と鎮圧』）。

天皇を否定しないかぎり、前歴は問われない。めざす「国家革新」の手法や理論に、マルクス主義的な思考方法が含まれていてもかまわないのである。この思考方法が、かつて社会改革をめざした人びとの情熱に、戦時期に座るべき場所をあたえたのである。

七　戦時体制期の地域社会

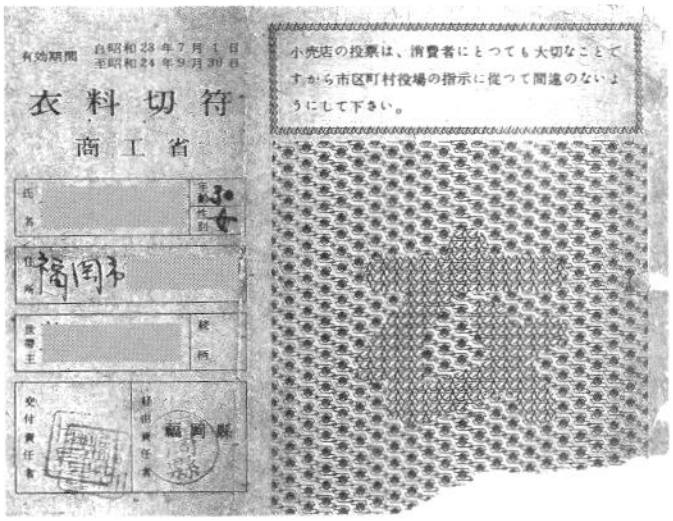

衣料切符

1　翼賛体制へ

日中戦争と国民精神総動員

満洲《まんしゅう》事変から第二次世界大戦の一部をなす太平洋戦争の終結までを十五年戦争と考える立場もあるが、この間、切れ目なく戦争が継続していたわけではない。一九三〇年代の後半にはいっても、しばらくはモダン都市文化の全盛時代だった。

「戦時《せんじ》」と呼べる時代にはいるのは、昭和十二年（一九三七）七月七日の盧溝橋《ろこうきょう》事件に端を発して、日中が全面戦争に突入してからである。その前の月には近衛文麿《このえふみまろ》内閣が成立していた。国民の期待を集めていた近衛内閣は、その出発から戦争の重圧を背負わされることになる。内閣は、はじめ不拡大を表明したが、日本軍は七月末に本格的な攻撃を開始し、八月には政府も、蔣介石《しょうかいせき》政府を「断乎膺懲《だんこようちょう》」するとの声明を発して、全面的な戦争状態にはいった。

政府は八月二十四日に国民精神総動員実施要綱を決定し、「挙国一致《きょこくいっち》」「尽忠報国《じんちゅうほうこく》」「堅忍持久《けんにんじきゅう》」のスローガンのもと、あらゆる困難にたえて戦争を遂行することを訴えて、国民精神総動員運動が始まった。十月に結成された国民精神総動員中央連盟には、在郷軍人会《ざいごうぐんじんかい》やさまざまな教化団体などのほか、全国農民組合（全農）や労働組合までも参加していた。

福岡県でも、十月に県下の二一カ所で講演会を開催して運動が開始され、昭和十三年にはいると、思想戦展覧会・健康週間・資源愛護展覧会・経済戦《けいざいせん》強調週間・愛馬《あいば》の日などの行事を通じて、「重大時局《じゅうだいじきょく》」の認識の徹底がはかられた。これらの展覧会などでは、デパートが会場となることもあった。デパートそのものが最新のメディアだったのである。

メディアの役割

　これらの運動は、いわば官製の動員であるが、そのなかでマス・メディアも重要な役割を果たした。新聞は特派員による報道、写真集の発行など、なによりも戦争報道そのもので貢献した。昭和十二年（一九三七）九月に久留米で編成された第十八師団は、十一月の杭州《こうしゅう》湾上陸作戦に参加するが、福岡日日新聞社はこれに記者を同行させて報道している。同紙はこのほか国防献金《こくぼうけんきん》、慰問金《いもんきん》募集、軍人遺家族《ぐんじんいかぞく》慰問金募集、小学校生徒による慰問作品募集などを紙面で展開した。

　新しいメディアである放送も、さまざまな形で時局に協力した。たとえば昭和十五年は、同年が『古事記《こじき》』や『日本書紀《にほんしょき》』に書かれた神武《じんむ》天皇の即位から二千六百年にあたるとして、政府が大々的な記念行事を行った年である。ＮＨＫ福岡放送局は紀元節《きげんせつ》の二月十一日に、紀元二千六百年奉祝《ほうしゅく》番組として、霧島《きりしま》の高千穂峰《たかちほのみね》からご来光をあおぐ中継というのを行っている。天孫降臨《てんそんこうりん》の神話的な歴史観を電波が伝えるというのは、必ずしも逆説的とはいえない。モダンなメディアは時局にも神話にもフィットしたのである。

　国民精神総動員運動は、やがてその形骸化が指摘されるようになるが、時局への同調圧力はしだいに強まっていった。福岡県会は、「暴支膺懲《ぼうしようちょう》に日夜奮戦猛闘《ふんせんもうとう》せらるる皇軍将兵に対し銃後国民として誠に感激の至りに堪えず」という「感謝決議」を行っているが、これはどの府県でもみられたことであった。同調圧力《どうちょうあつりょく》は社会的に形成されたものであり、政治・行政的な圧力のみで成立したわけではない。

　国民精神総動員運動を末端にまで浸透させていく「実践網《じっせんもう》」として、行政的に組織化されたのは部落会・町内会である。内務省は昭和十五年九月に「部落会町内会等整備要領」をだして、国策を国民に徹底させ、また統制物資の配給などの機構として、国民生活における経済統制に活用しようとした。部落常会《じょうかい》・町内常会の設置が強く勧奨《かんしょう》され、普及・育成された部落会・町内会は、やがて翼賛体制の下部組織に位置づけられていくのである。

防空訓練　昭和10年代の防空訓練の様子。本格的な戦時体制に突入する前のものと思われる。

他方でこの時期にあらたに動員の手法として注目されたのが、「防空」である。陸軍はすでに早く昭和六、七年ごろから、市町村に郷土防空をスローガンとする防護団《ぼうごだん》の設置を働きかけ、日中戦争以後はその数が増加していた。これが内務省の縄張《なわば》りである消防組《しょうぼうぐみ》と競合したため、内務省は昭和十四年一月、警防団令《けいぼうだんれい》を公布して両者の統一をはかった。警防団は市町村に設置され、民間防空を任務とし、家庭防空の指導訓練を行うものとされた。このような警防団の指導のもとで頻繁《ひんぱん》に行われるようになる防空演習《ぼうくう》は、国民の「動員」を身体的に馴致《じゅんち》するものとして機能していくのである。

下からの翼賛

このような官製の組織化と時に一体化し、時に軋轢《あつれき》を生じながら、民間の国家主義的政治集団の組織化も展開していた。ここでは福岡県における特徴的な組織として、創生会《そうせいかい》の活動をみてみよう。

創生会は昭和九年（一九三四）三月に、九州日報主筆の清水芳太郎《しみずよしたろう》を指導者として結成された、地方的な国家主義団体である。九州日報は中野正剛《なかのせいごう》が社長をつとめており、清水を高く評価して主筆に抜擢《ばってき》したのは中野であった。中野正剛は満洲事変後に立憲民政党を脱党して、安達謙蔵《あだちけんぞう》らと国民同盟《こくみんどうめい》を組織したのち、昭和十一年には独自に政治結社東方会《とうほうかい》を結成していた。東方会は日中戦争期には十数人の代議士を擁し、農民運動や労働運動の指導者を大量に吸収して、組織的な国家主義団体・政党として注目を集めていた。しかし、創生会は中野の政治的地盤と直接にはつながっておらず、清水による独自の地方的国家主義団体であるとみたほうがよい。

創生会が注目に値するのは、そのリーダー層が、後述するように大政翼賛会《たいせいよくさんかい》福岡県支部で中核をなしたからである。ここでは、福岡県における翼賛体制成立の前史として、同会の特徴をみておきたい。

清水芳太郎は、昭和七年の五・一五事件を契機に「日本主義愛国運動」を提唱するようになり、昭和八年に雑誌『創生《そうせい》』を創刊すると同時に、講演会活動を展開した。このような活動を背景に、翌年三月に福岡市で創生会が結成される。創生会は清水のイデオロギーを中心に結成されたものであるが、組織に関しては清水は顧問に就任し、会長には浮羽《うきは》郡で青年団長をしていた倉富角次郎《くらとみかくじろう》が就任している。倉富や、倉富のあとに会長になる山門《やまと》郡の沖蔵《おきおさむ》、農村部長をつとめた糸島《いとしま》郡の有富治人《ありとみはるひと》らのリーダーたちは、いずれも産業組合運動に関与していた。彼らの地盤である浮羽郡・山門郡・糸島郡の各支部は、創生会のもっとも強力な大衆的基盤であった（平井一臣『「地域ファシズム」の歴史像』）。

彼らの活動が活性化した昭和十年前後は、産業組合運動が政治化していた時期であり、やがてその一部は昭和十三年に有馬頼寧《ありまよりやす》をかついで日本革新農村協議会を結成し、近衛新党運動に参画する。近衛新党運動とは、泥沼化する日中戦争を背景に、反既成政党的な諸集団が、近衛文麿を党首として新党を結成し、強力な政治指導のもとで外交の刷新や統制経済の実現をはかろうとしたものである。このような政治勢力が、昭和十五年には近衛文麿をかついで新体制を実現しようとする近衛新体制運動となり、それが大政翼賛会の成立につながったのである。

創生会リーダーの倉富角次郎や沖蔵は日本革新農村協議会に関与した痕跡《こんせき》がある。創生会が注目されるのは、独自に地方的な展開をとげた政治組織が、近衛新党や新体制運動につながる志向性を示していたからである。創生会は昭和十年に第一回の九州代表者大会、翌年に第二回大会を開催した。第二回大会の前には二・二六事件が勃発《ぼっぱつ》している。有富治人は大会の挨拶《あいさつ》のなかで、創生会は「日本革新陣営鎮西《ちんぜい》の雄《ゆう》」であると宣言し、二・二六事件について「事《こと》、彼らの志しと異って、恨《うらみ》は深く蛤《はまぐり》御門《ごもん》の戦に終わりたるも、彼らの傷ましき犠牲は、既に保守陣営の外濠を埋《う》めたのだ」と発言して、臨検《りんけん》の警察官から「注意」を受けている（『創生』昭和十一年五月号）。

創生会は日中戦争の勃発とともに、在郷《ざいごう》軍人会などと連携しながら、演説会や講演会活動などを活発に展開している。しかし、その組織はあくまでも県内の郡を単位としたものであり、全国組織との関係をもたなかったため、昭和十五年に清水が東京に転出すると、創生会としての活動は衰えていく。

大政翼賛会福岡県支部

昭和十五年（一九四〇）七月に成立した第二次近衛文麿内閣のもとで、一元的な国民組織を標榜《ひょうぼう》する新体制への動きが本格化すると、各政党は雪崩《なだれ》を打って解散していった。福岡県でも、七月に立憲政友会福岡県支部、社会大衆党福岡県支部連合会があいついで解散し、九月には立憲民政党福岡県支部も解散した。「新体制」は内閣総理大臣を総裁とする大政翼賛会となり、十月十二日に発会式を迎えた。全国民の組織化を建前とする大政翼賛会は、道府県に知事を長とする支部を設置した。福岡県でも県知事本間《ほんま》精《きよし》を支部長に、十一月二十九日に筥崎宮《はこざきぐう》で発会式が行われている（『翼賛国民運動史』）。

成立したばかりの大政翼賛会では、「臣道実践《しんどうじっせん》」の国民組織という建前の裏側で、政治的ヘゲモニー争いが演じられた。大政翼賛会の推進勢力は、近衛新党運動から新体制運動を通じて、政治的リーダーシップの一元化、統制経済、外交の刷新、国民組織の確立などを主張してきた勢力であり、陸軍の一部や反既成政党を標榜する政治家、社会運動団体、革新官僚などからなっていた。これに対して、政治指導の一元化は明治憲法に反するものであり、経済新体制は実質的な社会主義であるとする勢力が激しく反発した。財界や既成政党政治家、自由主義者と目された知識人などがそれであり、彼らと観念右翼《かんねんうよく》といわれた日本主義者のあいだに暗黙《あんもく》の連合が成立していた。

この対立は昭和十六年初めの帝国議会で憲法論争となった。大政翼賛会違憲論《いけんろん》に押された政府は、大政翼賛会は政治結社ではないと言明して政治性を否定し、議会は大政翼賛会予算を大幅に削減した。その結果、事務局長であった有馬頼寧らの推進勢力は大政翼賛会から退場する。大政翼賛会の骨抜きと呼ばれる事態が出現したのである。

このように、大政翼賛会の成立過程を既成の政治勢力と新興の革新派との角逐《かくちく》という視点からみるとき、福岡県支部にはきわめて興味深い要素が含まれている。成立当初の福岡県支部は、知事を含めて一一人の常務委員をおいているが、このうち五人は既成政党の県会議員であり、財界から安川第五郎《やすかわだいごろう》、新聞人として福岡日日新聞社の阿部暢太郎《あべちょうたろう》が参加している。これらをかりに旧来の政治体制の代表者とするなら、それ以外の新興勢力の代表として、稲富稜人《いなとみたかと》・自念春次郎《じねんはるじろう》・有富治人の常務委員就任が注目される。

稲富はすでに述べたように日本農民組合九州同盟会の指導者であり、このころは中野正剛の東方会に属する県会議員であった。自念は門司港の荷役会社自念組《じねんぐみ》の経営者であるが、同時に陸軍退役軍人で大日本青年党を組織していた橋本欣五郎《はしもときんごろう》の盟友であり後援者である。また、組織部長を兼務する有富は、さきに述べた創生会の中心メンバーの一人であった。加えて福岡県支部の庶務部長には、これも前述の創生会指導者の一人、沖蔵が就任している。沖庶務部長と有富組織部長の二人は、初期の大政翼賛会福岡県支部における活動の中心的な役割を担っていたと考えられる。

彼らは通常であれば、県を統括するような政治・行政組織の中枢に席をもてる存在ではない。成立当初の大政翼賛会の性格の一端を、地方支部レベルで示す現象といえるだろう。

さきに述べたように、昭和十六年になると大政翼賛会に対する反対勢力の攻撃が激しくなるが、それに対して地方支部による改組反対の動きも表面化している。三月二十一日には、一府二四県各支部の組織・庶務両部長など四〇余人が東京九段《くだん》の軍人会館に集まって全国地方支部有志協議会を結成し、大政翼賛会の改組反対を叫んで宣言および決議を行った（『翼賛国民運動史』）。この集会に福岡県から参加したのが、沖蔵と有富治人である。

大政翼賛会は改組によって内務省の指導性が強められ、地方行政機構のなかに位置づけられていくが、初期の大政翼賛会福岡県支部では、このように実践的部分の鋭角的な行動がみられた。福岡県支部では、昭和十六年三月に、全国にさきがけて推進隊結成大会を実施するなど、きわめて積極的な活動がみられる。また、大政翼賛会攻撃が活発化するなかで新体制派が期待をかけた翼賛壮年団《よくさんそうねんだん》については、福岡支部は独自にその結成につとめ、九月三十日には福岡県翼賛壮年団結成要綱を決定し、十一月中旬には郡市町村の大半に団の結成をみるにいたったという（『翼賛国民運動史』）。大日本翼賛壮年団福岡県団が正式に発会するのは昭和十七年二月十一日、団長の本間精知事のもとで副団長に就任したのは、沖蔵と有富治人である。

日中戦争期の地域社会は戦争一色に塗りつぶされていたわけではない。とりわけ文学を中心とした芸術活動は、この時期に戦前・戦中期の頂点をなしたといっても過言ではない。大正期から活発であった同人誌による文学活動は、昭和初期には地方文壇ともいうべきものを形成しつつあった。

戦争と地方文化

昭和十三年（一九三八）九月には、その後、長く福岡における文学活動の中核となった『九州文学』（第二期）が創刊される。これは原田種夫《はらだたねお》が編集していた『九州芸術』、劉寒吉《りゅうかんきち》・岩下俊作《いわしたしゅんさく》らが小倉で出していた『とらんしつと』、矢野朗《やのあきら》を中心に久留米で発行されていた『文学会議』などの同人誌が合同したものであった。「世界はいま革新の途上に彷徨《ほうこう》してゐる。亜細亜《あじあ》大陸では、東洋文化の廓清《かくせい》と、永遠の平和を求めて、聖戦《せいせん》たけなはである」という文章で始まる創刊号の「宣言」を書いたのは、福岡日日新聞社の学芸部長であった黒田静男《くろだしずお》である。

これらの文学活動のなかから、芥川賞作家火野葦平《ひのあしへい》が生まれる。若松《わかまつ》の石炭荷役を業とする玉井組《たまいぐみ》の長男として生まれた火野（本名玉井勝《かつ》則《のり》）は、「糞尿譚《ふんにょうたん》」で第六回芥川賞を受賞するが、作品が掲載されたのは右にみた久留米の同人誌『文学会議』（昭和十二年十一月）である。火野は受賞時には応召《おうしょう》して大陸にあり、小林秀雄《こばやしひでお》によって戦地で賞の伝達が行われたこともあって、火野は一躍《いちやく》従軍作家として脚光をあびた。戦地における兵隊の生活に取材した『麦と兵隊』『土と兵隊』『花と兵隊』

芥川賞の伝達式（杭州）　写真の中央が火野葦平，後姿は小林秀雄。

は昭和十三年から翌年にかけて改造社《かいぞうしゃ》から発行され、火野はこれら兵隊三部作の著者として、国民的作家となるのである。

『九州文学』はまた、岩下俊作の「富島松五郎伝《とみしままつごろうでん》」も生んだ（昭和十四年十月）。のちに何度も映画化された「無法松《むほうまつ》の一生《いっしょう》」の原作である。

これらとは別に、昭和十五年に長崎高等商業学校から九州帝国大学法文学部に入学した島尾敏雄《しまおとしお》は、矢山哲治《ややまてつじ》らが前年に創刊した同人誌『こおろ』の編集に参加している。

翼賛体制期には、こうした個々の文学活動を地方文化運動に方向づけようとする動きも登場した。大政翼賛会は企画局のもとに文化部をおき、部長に著名な劇作家・小説家の岸田国士《きしだくにお》が就任している。文化部は当初から地方文化の刷新をうたい、地方文化人の自発的組織化を進めることを提案していた。

北九州文化連盟

大政翼賛会文化部の方針に基づいて、昭和十五年（一九四〇）から翌年にかけて、全国に文化団体が簇生《そうせい》し、地方文化運動はかつてない活況を呈した。そのなかできわめて個性的な存在として異彩《いさい》を放ったのが、北九州文化連盟である。

北九州文化連盟は火野葦平を会長に、昭和十六年三月に結成式をあげ、北九州五市を単位に、北九州文学者会・北九州美術協会・北九州詩人協会など一三団体が参加している。火野は地方文化団体は大政翼賛会に従属するものではないと考えていたが、同時に職能組織としての文化団体は団体加盟すべきだと強く主張しており、その点で大政翼賛会文化部の方向性に沿う考え方でもあった。

傘下《さんか》団体のうち、北九州文学者会は火野葦平・劉寒吉・岩下俊作らの『九州文学』同人が多い。北九州詩人協会は、モダニズム詩人が多いのが注目される。また北九州美術協会は、門司・小倉・八幡の美術家団体を中心に結成されたものだが、彼らに合同を勧めたのは門司出身の美術家柳瀬正夢《やなせまさむ》であるという。柳瀬はかつて日本共産党に入党し、昭和七年に検挙、転向《てんこう》した経歴をもっている。

北九州にやや遅れて、昭和十六年五月に福岡地方文化連盟が結成式をあげている。結成準備段階から火野や劉寒吉らが参加し、北九州文化連盟とまったく同じ綱領を掲げるなど、火野ら北九州グループと原田種夫ら福岡の文学者の連携がみてとれる。

これらの動きとは別に、『九州文学』編集人の黒田静男は同年一月に福岡で九州文化協会を設立し、翌月にはその福岡県支部を立ち上げている。黒田らの動きの背景には、大政翼賛会福岡県支部との関係があった。火野らはこの動きに強く反発し、両者の対立は容易には解消しなかった。対立が一応解消されて、県単位の福岡県文化連盟が設立されるのは、同年十二月になってからである。これは、やがて昭和十八年十月に福岡県文化報国会《ほうこくかい》に改組される。

以上にみられるように、戦時期の地方文化運動は自主的活動と官製の運動の相克《そうこく》と同調《どうちょう》、諸団体間の軋轢《あつれき》を含む集団的力学、マルクス主義やモダニズムなど前時代の文化理念の影響と継承など、複雑で多様な要素を含んでいた。それらに留意することは、文化運動にとどまらず、戦時体制全体の特徴をとらえなおすうえで重要である。

2　戦時経済・労働・市民生活

社会運動の終焉

日中戦争は、無産政党運動、労働・農民運動のあらゆる領域で、戦時体制構築への参加を加速させた。昭和十二年（一九三七）十二月には、人民戦線運動取締りの名のもとに、全国で合法左翼の一斉検挙《いっせいけんきょ》が行われたが、福岡県でも日本無産党関係者を中心に四四人が検挙されている。その多くはかつての九州民憲党《みんけんとう》系であった。彼らは浅原健三《あさはらけんぞう》が運動から去ったのち、社会大衆党（社大党）に参加するが、前述のように北九州を中心に旧社会民衆党（社民党）とは別の社大党福岡県連合会を組織していた。しかし昭和十二年三月に鈴木茂三郎《もさぶろう》や加藤勘十《かんじゅう》が日本無産党を結成すると、これに参加していたのである。この人民戦線事件の結果、戦時体制に対応する社会運動の組織的な再編成は最終局面を迎える。

福岡県内である程度の組織活動を維持していた農民運動についてみてみよう。稲富稜人が率いる日本農民組合（日農）九州同盟会は、すでに早く皇道会《こうどうかい》の傘下《さんか》にはいっていた。皇道会は昭和八年に平野力三《ひらのりきぞう》が在郷《ざいごう》軍人を中心とする運動に合流して成立したものである。その後、稲富は中野正剛に接近し、昭和十三年には中野の東方会に加入するとともに、組織を東方会系の日本農民連盟に参加させた。

人民戦線事件で検挙者を出して動揺する全国農民組合（全農）は、旧社民党系の日本農民組合総同盟と合同して、昭和十三年二月に大日本農民組合（大日農）を結成した。この動きに反発した左派の旧全国農民組合（全農）全国会議派を中心とするグループが結成したのが、日本農民連盟である。これによって東方会は、傘下に元最左翼の大衆運動グループを抱え込んだのである。

他方で田原春次《たはらはるじ》を中心とする全農福岡県連合会は、全農の大日農への転換に応じて、昭和十三年田原を会長とする大日農福岡県連合会を結成した。戦時生産力を確保するための「革新《かくしん》」政策によって農村問題を解決しようとする大日農の宣言は、政治的対立・分裂とは別に、この時期の農民運動に共通するものであった。

これらの動きに対して、旧全農福佐《ふくさ》連合会は大日農、日本農民連盟のいずれを支持するかで紛糾した。「農民の生活を守るためにたゝかって来た福佐連合会のどこが悪いのでせうか」という支部指導者の発言もあったが、石川郁郎《いしかわいくろう》らの指導部は当初から、「一切の左翼的傾向を清算」して、「(全農)総本部の画期的新方針を積極的に支持」するという態度を打ち出していた。こうして彼らは、はじめ大日農参加に傾いたが、最終的には単独の地方組合である西日本《にしにほん》農民組合を結成した(有馬「西日本農民組合の成立」)。

彼らは昭和十三年五月に、「我等《われら》は建国の本義《ほんぎ》に則《のっと》り、理想的共同体の完成に努め革新日本の実現を期す」に始まる西日本農民組合綱領を決定した。会長の石川郁郎、常任理事の斎田甚四郎《さいたじんしろう》・木林善三郎《きばやしぜんざぶろう》・山本作馬《さくま》らは、すべて全国水平社系《ぜんこくすいへいしゃ》の指導者であった。

これらの動きは、当時の社会運動の状況を象徴している。もはやなにが右翼でなにが左翼かなどという問い自体が無意味であった。水平社運動も、「挙国一致《きょこくいっち》」のための国内融和《ゆうわ》という論理によって、部落差別の解消を求める方向を示すようになった。松本治一郎《じいちろう》をはじめとする水平社主流は、昭和十五年には中央融和事業協会と合流して、大和報国《だいわほうこく》運動を展開するにいたるのである。

産業報国運動の展開

労働組合が解散するなかで、労働の世界では産業報国会《ほうこくかい》の組織化が進行していった。産業報国会は、各企業や事業所を単位として、経営者を含むすべての従業員によって組織されるもので、「事業一家《じぎょういっか》」「職分奉公《しょくぶんほうこう》」の名のもとに、労資関係の調整と生産の拡大にあたるものとされた。労働組合の指導者の多くは、産業報国会の役員に転身していった。

福岡県でも昭和十四年（一九三九）一月に、福岡県警察署管内の三一二工場で組織する福岡工場懇話会が福岡産業報国協会と改称し、福岡市東公園に二万人を集めて結成大会が開催された。また、筑豊の炭鉱地帯では、同年五月に福岡県鉱山監督局や警察の要請がなされ、各事業所で急速に鉱業報国会の結成が進み、八月には福岡地方鉱業報国連合会が発足している。久留米でも、昭和十四年六月までに市内の一六工場に産業報国会が結成され、久留米市産業報国連盟が成立し、八月には一三〇工場によって久留米産業報国会が設立された。

工場単位の産業報国会として最大の組織となったのは、いうまでもなく日本製鉄株式会社（日鉄《にってつ》）八幡《やはた》製鉄所である。八幡製鉄所では、大正九年（一九二〇）の大争議を契機として設立された懇談会《こんだんかい》によって、労資「協調《きょうちょう》体制」が形成されていた。日鉄本社では昭和十三年から産業報国運動の検討が行われていたが、労働組合側でも、同年五月に労働使節としてドイツ・イタリアを訪問していた伊藤卯四郎《いとうしろう》が帰国すると、産業報国運動に組合として参加するようになった。最終的には、経営側の主導のもとに、昭和十四年四月に八幡製鉄所産業報国会が結成され、日鉄従業員組合は産業報国会に合流するために解散したのである。

このように、全国的に産業報国運動が展開するなかで、昭和十五年七月、日本労働総同盟が解散して労働組合運動は名目的にも終息する。このようにして、産業報国会は全労働者を組織する勤労新体制となった。同年十一月には、厚生大臣を総裁とする大日本産業報国会が結成され、各地の組織は地方長官を中心とする支部組織に吸収されていく。こののち戦時体制が強化されるなかで、産業報国会は増産のための動員機関となっていくのである。

他方で産業報国会は、第二次世界大戦後に急速に労働組合が組織化される基盤ともなった。企業単位にホワイトカラーもブルーカラーも組織対象とする産業報国会は、経営者や管理職を除いて看板を書きかえれば、そのまま日本独特とされる企業別組合に移行できたのである。

戦時経済統制の強化

日中戦争が本格化すると、日本経済は政府の直接的な統制による全面的な統制経済の時代に突入した。昭和十二年（一九三七）九月の臨時議会では、さまざまな統制立法が成立し、政府が輸出入品を制限・禁止したり、輸入原料による製造を制限・禁止できるようになった。この結果、綿花の輸入や綿製品の生産が困難となり、久留米絣《がすり》などは大打撃を受けることになる（次頁表参照）。また軍需工業動員法を適用して、重要な工場が陸海軍の管理下におかれるようになった。

さまざまな戦時経済政策の担い手となったのは、資本主義経済に批判的で、統制経済や計画経済を推進すべきだと考えた一部の軍人や官僚であった。そのような統制官僚や軍人を集めた企画院《きかくいん》（昭和十二年十月成立）によって、物資動員計画が開始され、物資の輸出入や、資金・物資の配分などが計画化されるようになった。さらに昭和十三年三月には国家総動員法《こっかそうどういんほう》が制定され、これに基づく勅令《ちょくれい》などで、国民生活に直結する統制法令がつぎつぎに出されるようになる。国民の徴用《ちょうよう》や生活物資の統制、価格の統制などである。

軍需産業を中心とする重要産業に重点的に資金や物資がまわされ、消費物資の生産は切り詰められた。それに従って、物価を抑制するために価格統制が必要となり、また、生活物資の配給・統制が行われるようになる。物価統制のために、昭和十三年から公定価格制が実施されはじめ、さらに十四年十月から価格等統制令が実施され、ほとんどの物資の価格凍結がはかられた。しかし、統制と背中合わせに存在するのがヤミである。これを摘発するために経済警察が新設されたが、ヤミを根絶することは困難であり、ヤミや買溜《かいだ》め、売《う》り惜《お》しみが横行《おうこう》するようになった。

戦時期の経済統制の一つに電力国家管理《でんりょくこっかかんり》があった。昭和十三年に国家総動員法とともに成立した電力管理《でんりょくかんり》法《ほう》と日本発送電《はっそうでん》株式会社法による電力国家管理は、半官半民《はんかんはんみん》の日本発送電株式会社によって、全国すべての発《はっ》電《でん》設備と送電《そうでん》線を一元的に管理し、民間の電力会社は地方の配電《はいでん》事業のみを行うというものである。これもまた、統制経済・計画経済を志向する革新官僚《かくしんかんりょう》によるものである。さらに昭和十六年には配電統制令が公布され、

久留米絣生産高

年　次	生産反数	生産価格	製造戸数	従業員数
昭和	反	円	戸	人
5	1,867,057 筑紫新絣 32,605	4,990,764 132,709	604 61	30,330
6	2,144,128 32,558	4,850,356 155,644	514 52	32,000
7	1,673,496 32,019	3,169,995 72,558	459	22,400
8	1,366,874 34,447	2,876,258 111,646	389	21,300
9	1,287,449 36,785	2,849,594 147,526	372	18,500
10	1,354,668 56,825	3,051,344 243,417	325	17,500
11	1,381,668 90,232	3,051,344 326,157	325	16,300
12	1,168,143 85,308	2,719,324 326,366	325	15,300
13	(統制割当となる) 790,735 64,921	3,068,698 329,195	325	14,250
14	444,276 33,137	2,203,560 202,374	325	13,211
15	375,740 9,289	1,846,775 64,987	325	6,022
16	297,740 5,068	1,431,222 153,389	325	6,022
17	230,133 72,479	1,192,842 239,870	194	5,500
18	155,594 44,638	879,165 148,198	194	3,500
19	31,559 32,533	176,730 115,212	194	2,500
昭和19年の生産をもって，製造は禁止された。久留米絣の技術の滅亡が惜しまれ，日本美術工芸統制協会より技術保存のため，若干の生産が認められた。				

注：「久留米絣協同組合調べ」より。

配電事業も全国九ブロックの配電会社が行うこととなる。これが現在の九電力会社体制の原型であり、戦時企業統制の戦後への遺産ということができるだろう。

生活物資の統制と軍需産業の重点化は、いうまでもなく中小商工業者に大きな打撃となった。福岡県内でも同業者間に商工組合の結成が促進され、経済統制の下部機関とされる一方、事業の合同や企業の整理が進められていった。しかし、そのような対策は非時局産業の解体をとめることはできず、廃業や転業を余儀なくされる者が続出した。とりわけ久留米絣《がすり》や博多織《おり》などの繊維関係にあたえた影響は深刻なものがあった。久留米絣は部分的に統制の除外措置を受けて製造が許可されたものの、原料綿の割当て制限やスフの混織《こんしょく》のため生産の激減と品質の低下を招き、致命的な打撃を受けた。

また昭和十五年七月に施行された奢侈品等《しゃしひんとう》製造販売規則（七月七日に施行されたので七《しち》・七禁令《しちきんれい》と呼ばれる）によって、「ぜいたくは敵だ」のスローガンのもとで高級織物や貴金属・装飾品などが製造禁止になるとともに、そのほかの物資も高額のものは販売禁止となった。この法令によって、博多織などの絹織物産業も決定的な打撃を受けたのである。

戦時下の鉄と石炭

福岡県の主要産業である鉄と石炭は、戦時生産を支える主要産業として、増産体制の強化がはかられたが、他方で業界団体による統制というあらたな課題にも直面した。

日本製鉄株式会社（日鉄）は、官営時代からの継続事業を含め、昭和十八年（一九四三）までに五次にわたる設備拡充（国内製鉄所は四次まで）を行っている。そのなかで八幡製鉄所ではわが国初の一〇〇〇トン高炉《こうろ》が新設され（最終的に二基建設）、またブリキなどの薄板《うすいた》需要の増大に対応するため、戸畑《とばた》に、これもわが国初となる連続式圧延《あつえん》工場（ストリップ・ミル）が建設されるなど、生産を拡大していった。

軍需省石炭統制会のポスター

この間、軍需の増大にともなって、政府は当初の「日鉄中心主義」を修正し、昭和十一年からは日鉄以外の各社を含めた増産体制の強化をはかるようになった。同時に、日中戦争が全面化するなかで、製鉄事業にも国家統制の枠がはめられていく。昭和十二年八月には製鉄事業法が公布され、生産・販売をはじめ、あらゆる分野に国家の監督が行われるようになった。さらに、アメリカによる屑鉄《くずてつ》の対日禁輸という事態を迎えると、昭和十六年四月には他産業にさきがけて鉄鋼統制会を発足させるにいたった。

太平洋戦争下、製鉄は石炭や船舶・航空機などとともに「超重点産業」とされたが、昭和十八年には軍需会社法で日鉄のすべての製鉄所は軍需会社に指定され、資材・資金・労働力に関する特別な優遇措置を受けるとともに、政府から直接の命令を受けることとなったのである。

石炭産業についてはどうだったのだろうか。

石炭は電力や重化学工業を支える動力源として、戦時生産力拡大の支柱である。日中戦争期にはいると、金属・機械・化学などのいわゆる時局産業の著しい伸張《しんちょう》と、それにともなう電力需要の増加にともなって石炭需要も増大した。それにともなって筑豊も三池も増産に狂奔《きょうほん》するようになった。

同時に、石炭産業も価格統制や配炭《はいたん》機構の整備など、全面的な統制を求められることになる。昭和十三年から開始された炭価統制は翌年には全炭種《ぜんたんしゅ》におよんだが、ヤミの横行や炭質の悪化がめだち、より統制を強化するために昭和十五年には石炭配給統制法案が公布された。これによって統制機関としての日本石炭株式会社が設立され、昭和石炭株式会社などは解体・吸収されることになった。さらに、十六年八月には重要産業団体令で業種別統制が開始され、同年十一月に石炭統制会が成立し、日本石炭株式会社もこれに吸収されることになる。

価格や配炭の統制が強化される一方、増産奨励金などの補助金政策や、石炭生産力拡充計画の策定などを軸とする増産政策の推進によって、昭和十五年には、全国の出炭高五七三六万トン、筑豊・三池を中心とする九州の出炭高は三三〇五万トンと戦前最高の数字を示すにいたったのである。

しかし、やみくもな増産政策にもかかわらず、同年をピークに石炭生産はジリ貧状態となっていく。三池ではすでに一九三〇年代前半に機械化の進展がピークを迎えており、一人当りの出炭高は昭和七年が戦前最高である。戦時体制期の出炭高の増大は、鋼材の不足による機械化が後退したため、労働力を投入したことによるものであった。したがって労働者一人当りの出炭高は、一九三〇年代初めの半分近くに落ち込んでいた。

機械化の進行がにぶり、また、鋼材をはじめとする資材の供給がしだいに逼迫《ひっぱく》するなかで、多量の労働力の投入と労働強化に依存するほかなかった増産の限界がそこにあったのである。こののち炭鉱では、さまざまな増産運動や労務《ろうむ》管理の強化、そして外国人労働力の導入などが行われるようになる。

戦時下の農村

戦時体制が深刻化するなかで、食料の確保は政府にとってもっとも重要な問題となっていった。しかし、軍需生産に重点がおかれるなかで、機械・農具・肥料の供給は不十分であり、応召《おうしょう》によって農村の成年男子の労働力不足は決定的なものとなっていた。農業生産は危機的な状況に陥っていたのである。そのため、政府はさまざまな形で増産を奨励するとともに、米の強制的な供出《きょうしゅつ》をはかっていった。

政府の増産政策にともなって、日中戦争期にはさまざまな農業立法が実施された。昭和十三年（一九三八）に公布された農地調整法は、自作農創設の拡大をめざすとともに、地主の土地取上げを禁止するものであった。また翌十四年には、戦時統制の一環として小作料統制令がだされ、小作料の引上げが禁止された。しかし、青壮年《せいそうねん》労働力の欠乏と肥料や農機具の不足のもとでは、これらの政策による増産の効果は少なく、精神的な増産奨励と米の供出制度の強化による食糧確保政策が強硬に進められた。米の供出制（政府買上げ）は昭和十五年から始まり、翌年には供出に奨励金がつけられて増産意欲の向上がはかられたが、逼迫する食料事情を好転することは到底不可能であった。

他方で、農業の戦時統制は日本農村の構造を転換させるものでもあった。太平洋戦争に突入していた昭和十七年二月、東条英機《ひでき》内閣は食糧管理法《しょくりょうかんりほう》を制定して食糧管理制度を開始した。農家は自家《じか》保有量以外の米・麦を公定価格で供出しなければならず、それを政府が買い上げて配給するというものである。これ以外の流通はヤミ米であり、処罰される。これは地主・小作関係に影響をあたえた。

米・麦は直接生産者が政府に供出する。それまでは小作人から地主におさめられていた小作米も、小作料相当分の代金が政府から地主に支払われる。他方でそれとは別に生産者には生産奨励金が支払われる仕組みで、しかも政府の買入れ価格はすえおかれたが、生産奨励金は年々増額されていった。このため相対的には地主のうまみが減っていくことになった。これは戦後の農地改革の伏線となったと考えられている。食糧管理制度は、その意味合いを変えながら戦後も長きにわたって存続し、平成七年（一九九五）に廃止された。

統制のなかの国民生活

福岡県は、昭和十三年（一九三八）八月の経済戦強調週間に、「戦時国民生活実行事項」を県内の各戸に配布している。それをみると、「戦争の目的を達するためにお互《たが》いに進んで左の事項を実行しませう」という標語のもとに、消費節約・廃品回収・貯蓄の実行・生活の刷新・生産の増進など八つの項目が掲げられている。たとえば「消費節約」の項では、綿・麻・毛・皮革・ゴム、金属の各製品ごとに、足袋《たび》・靴下からランドセル、ブリキ玩具、はては入れ歯にいたるまで、こと細かにあげられた一〇〇近い品目について、新調を差し控えるように指示されている。また「生活の刷新」の項では、冠婚葬祭《かんこんそうさい》の簡素化に始まり、代用品《だいようひん》（衣類ではスフなど）の使用、家計簿の励行《れいこう》などにもおよんでいる。戦時体制とは、このように国民の日常生活の末端にまで浸透して、それを管理しようとするものであった。

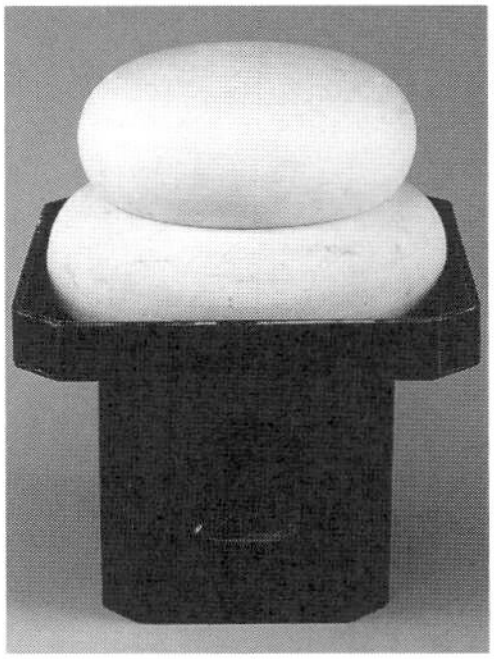

戦時代用品　金属の供出や極端な物不足で，さまざまな代用品が作られた。写真上は金属の代わりに陶器で作られたポンプと手榴弾。下は米不足を補う陶製の鏡餅と少額硬貨の代用品としての紙幣。

その後、戦争の進行とともに生活物資の不足はその度合《どあい》を増し、国民生活はあらゆる面で急速に低下していった。とりわけ食料不足による食生活の悪化は深刻なものであった。米は昭和十六年四月から配給制となり、加えて、こうりゃん・とうもろこし・大豆・じゃがいも・小麦粉・乾《かん》パン・さつまいもなどで代用されるようになっていった。「代用食」という言葉が使われるようになったのはこのころである。

このため、都市の住民は高いヤミ価格で農村に「買出し」にでかけたり、また家庭菜園《さいえん》をつくり、あるいは野草・雑草をも食用とするなどして不足を補わざるをえなかった。味噌《みそ》・醤油《しょうゆ》・塩・砂糖などの供給も同様であり、砂糖は昭和十九年末までで配給が打ち切られた。

食生活以外でも、たとえば昭和十七年二月からは衣料《いりょう》切符制《きっぷせい》がとられ、一人一年に市部で一〇〇点、郡部で八〇点などの制限が設けられた。これは平均必要量の六割を基準に制定されたものであったが、それすらも翌年一月からは点数が二五％減らされている。このほか木炭《もくたん》などの燃料や石鹸《せっけん》・マッチなどの生活雑貨も配給制となり、しかも必要に応じて入手できるわけではなかった。こうした配給は町内会・隣組《となりぐみ》を通じて行われ、戦時期の日常生活のなかで、隣組の役割は決定的に重要なものとなっていった。

3 日米開戦から敗戦へ

東条英機内閣の成立と対米英蘭開戦

日中戦争が出口の見えないまま泥沼化するなかで、第二次近衛文麿《このえふみまろ》内閣は昭和十五年（一九四〇）九月に、蔣介石《しょうかいせき》政権に対するイギリス・アメリカの援助ルート（援蔣《えんしょう》ルート）の遮断《しゃだん》を目的に、北部仏印《ふついん》（現、ベトナム北部）への進駐を行った。また同月には、日独伊三国同盟に調印した。これに対してアメリカは屑鉄《くずてつ》の対日輸出を禁止した。他方で日米関係の調整を企図した交渉も試みられ、近衛は翌年四月から本格的な日米交渉を開始して局面の打開をはかった。しかし松岡《まつおか》洋右《ようすけ》外相を更迭《こうてつ》して再組閣した第三次近衛内閣のもとで、七月二十八日には南部仏印《なんぶふついん》進駐が強行され、これに対してアメリカは石油の対日禁輸措置をとって、日米関係は危機的なものとなった。

日米交渉のゆきづまりをみて近衛は内閣を投げだし、十月に東条英機《ひでき》内閣が成立した。これよりさき、近衛内閣のもとで開かれた九月六日の御前会議《ごぜんかいぎ》は、十月上旬にいたっても外交交渉で日本側の要求を貫徹する見通しが立たない場合は、ただちに対米英蘭《べいえいらん》開戦を決意するという内容の「帝国国策遂行要領」を決定していた。しかし東条内閣は成立に際して、天皇からこの決定の白紙還元を求められていた。このため、東条内閣のもとで日米交渉が継続されたが、十一月五日の御前会議は、対米英蘭戦争を決意し、十二月初旬を武力発動の時期とする「帝国国策遂行要領」を決定した(対米交渉が十二月一日午前零時までに成功すれば武力発動中止)。

その後も交渉は継続されたが、十一月二十六日に、アメリカのコーデル・ハル国務長官による提案(ハル・ノートと呼ばれる)を受けて、日本政府は開戦を決意するにいたるのである。ハル・ノートは、中国および仏印からの全面撤兵、汪兆銘《おうちょうめい》政権の否認などを内容とするものであるが、その解釈には今日でも諸説がある。しかし、日本側は最後通牒《つうちょう》に等しいものと受け取ったのである。

こうして十二月八日、イギリス領マレー半島のコタバルに陸軍部隊が上陸作戦を敢行《かんこう》、ほぼ同時に航空母艦《ぼかん》を発進した海軍機がハワイ真珠湾のアメリカ艦隊を奇襲攻撃して、太平洋戦争に突入するのである。

太平洋戦争と郷土部隊

太平洋戦争が勃発すると、福岡県会は「福岡三百万県民は愈々《いよいよ》決戦体制下如何《いか》なる困苦《こんく》欠之にも堪《た》え、一段の覚悟と必勝決戦の信念とを以《もっ》て、聖旨《せいし》に副《そ》い奉《たてまつ》らんことを期す」との決議を行った。

開戦にともなって、福岡県下で編成された諸部隊も各地の作戦に投入された。昭和十二年(一九三七)九月に福岡・小倉・久留米・大村《おおむら》(長崎県)の各連隊をもってあらたに編成された第十八師団(菊兵団《きくへいだん》)は、同年十一月の杭州湾《こうしゅうわん》上陸作戦に参加したあと、中国戦線を転戦していたが、対米英蘭開戦とともにマレー作戦に投入された。昭和十七年のシンガポール攻略に際しては、山下奉文《ともゆき》司令官の第二十五軍の基幹《きかん》師団の一つとして従軍している。その後、ビルマ進攻作戦に投入され、これを占領した。しかし昭和十八年から翌年にかけて、ビルマ奪還《だっかん》をめざす連合軍とのあいだで苦しい戦いが続き、多数の戦死者、戦病死者をだした。

菊兵団の一部の第一二四連隊（福岡）は南方に転用され、ボルネオ島からフィリピンに転出したが、昭和十七年に戦局の転換点となったガダルカナル島の攻防戦に投入され、壊滅的な打撃を受けた。その後、再編成された連隊は、昭和十八年三月にバンコクであらたに編成された第三十一師団に転用され、昭和十九年、無謀《むぼう》な作戦が招いた悲劇《ひげき》として語られるインパール作戦に投入され、絶望的な戦闘を強いられた。第三十一師団は、師団長の佐藤幸徳《さとうこうとく》中将が、牟田口廉也《むたぐちれんや》司令官の作戦指導を批判して独断で撤退したことで知られる。

また、昭和十五年に福岡・久留米・大村の連隊で編成された第五十六師団（龍《たつ》兵団）は、昭和十七年三月にビルマ進攻作戦に投入され、北部ビルマ・雲南《うんなん》方面を転戦した。インパール作戦失敗後は、南進するイギリス軍や中国軍との戦闘が続いたが、昭和二十年一月に撤退、南下《なんか》した。

翼賛選挙と反東条運動

開戦翌年の昭和十七年（一九四二）四月には、第二十一回の衆議院議員総選挙が行われている。この選挙は衆議院議員の任期満了にともない、本来は前年に行われるべきものが、時局を理由に延期されていたものである。すでに大政翼賛会の成立によって従来の政党は解消し、ほとんどの代議士は翼賛議員同盟に参加していたが、東条英機内閣は総選挙にあたっていわゆる推薦制を導入し、非常時局にふさわしい候補者の当選をはかることで、戦争遂行体制の強化を企図した。二月には元首相で陸軍大将の阿部信行《のぶゆき》を会長とする翼賛政治体制協議会が結成され、全選挙区にわたって推薦候補の擁立と当選をめざす運動が進められた。福岡県でも三月に同協議会福岡県支部が結成され、候補の選定と翼賛選挙貫徹《かんてつ》の運動が推進された。

　こうした動きに反発するグループや推薦からもれた人びとが非推薦で立候補したが、彼らの選挙運動にはさまざまな圧迫が加えられ、四六六議席のうち推薦候補が三八一議席を占める結果となった。福岡県では定員一八人中に推薦候補が一五人を占め、非推薦で当選したのは中野正剛（一区）、満井佐吉《みついさきち》（二区）、楢橋渡《ならはしわたる》（三区）のみであった。満井は陸軍軍人で、久留米の連隊時代に青年将校運動にかかわり、二・二六事件に関与した疑いで免官となった経歴がある。また楢橋は久留米出身で、戦後に幣原喜重郎《しではらきじゅうろう》内閣の法制局長官や岸信介《きしのぶすけ》内閣の運輸大臣をつとめている。これらの非推薦候補はいずれも最高点で当選している。推薦候補のなかでは、二区で大日本赤誠会《せきせいかい》（大日本青年党の後身）のリーダー橋本欣五郎が新人として最高点当選を果たしているのが目を引く。また、水平社運動のリーダーであった松本治一郎（一区）や、後述する吉田敬太郎《けいたろう》（二区）も推薦候補で当選している。

　中野正剛と東方同志会《とうほうどうしかい》（東方会を改称）は、こののち反東条の立場を強め、とくにこの年六月のミッドウェー海戦の敗北以後、戦局の劣勢が明らかになってからは、東条内閣の打倒と戦争の終結をめざす運動を展開した。昭和十八年二月には戦時刑事特別法の改正に反対して、鳩山一郎《はとやまいちろう》や三木武吉《みきぶきち》などの旧政党人、赤尾敏《あかおびん》や笹川良一《ささがわりょういち》などの右翼政治家など、議会内の反東条グループと提携するとともに、同年夏には近衛文麿をはじめとする重臣《じゅうしん》層を動かして東条内閣の打倒をはかる工作を行った。しかし、彼らの反東条運動は結

中野正剛（1939年頃）

局失敗し、この年十月に東方同志会は他の反東条グループとともに全国で一斉検挙を受け、中野は憲兵隊による取調べののち、自宅で割腹《かっぷく》自殺をとげた。

翼賛選挙で初当選した吉田敬太郎も、のちに戦局批判によって抑圧を受けた人物の一人である。吉田は若松の侠客《きょうかく》代議士として知られた吉田磯吉《いそきち》（立憲民政党）の息子で、昭和十年から県会議員をつとめていた。吉田は東条内閣末期から反東条的な動きにかかわっていたといわれるが、昭和二十年二月の議会後に若松に帰省して、新聞記者や周囲の人びとに戦争が敗色濃厚であることを語ったという。このため三月に憲兵隊《けんぺいたい》に逮捕され、現職代議士であるにもかかわらず、軍法《ぐんぽう》会議によって懲役三年の判決を受けて投獄されている。

日中戦争期には統制の一環としてさまざまな企業の合同が行われたが、福岡県では太平洋戦争中に、企業合同によって戦後を代表する大企業が誕生している。

企業合同

新聞界では、すでに昭和十五年（一九四〇）に『九州日報』が経営難から旧読売新聞社の経営に移っていたが、昭和十七年八月に新聞統制により『福岡日日新聞』と『九州日報』が終刊し、両者の合同によって、『西日本新聞』が福岡日日新聞合資会社から発刊された。発行元が西日本新聞社となるのは翌年である。

同年十月には、九州電気軌道が福博《ふくはく》電車・九州鉄道・博多湾鉄道汽船・筑前参宮《ちくぜんさんぐう》鉄道を合併する形で、西日本鉄道（西鉄《にしてつ》）が成立した。九州電気軌道《きどう》は現在の北九州市において運行していた路面《ろめん》電車であり、福博電車は福岡の市内電車である。また九州鉄道は現在の西鉄大牟田《おおむた》線とそれに関連する路線であり、博多湾鉄道汽船はのちの西鉄宮地岳《みやじだけ》線および昭和十九年に国有化された国鉄香椎《かしい》線に、筑前参宮鉄道は同じく同年に国有化された国鉄勝田線にあたる。なお西鉄は昭和十八年にプロ野球球団「大洋軍《たいようぐん》」を買収して「西鉄軍」を発足させている。これは同年のシーズン終了後に解散しているが、戦後の西鉄ライオンズの淵源《えんげん》ともいえるだろう。

銀行では、昭和二十年三月に十七銀行、筑邦《ちくほう》銀行（戦後の同名行とは無関係）、嘉穂《かほ》銀行、福岡貯蓄銀行が解散合併して、株式会社福岡銀行が四月に設立されている。

また前章で述べたように、電力国家管理のもとで昭和十六年八月に配電統制令が公布され、全国の配電事業は九ブロックのあらたな配電会社に再編成された。その一つが九州配電株式会社であり、第二次世界大戦後、昭和二十六年に日本発送電《はっそうでん》株式会社と九州配電《はいでん》株式会社を再編成した九州電力会社が設立され、現在の九州電力株式会社が成立した。

九州大学の学徒出陣

これら戦後の福岡を代表する大企業の成立は、戦時体制の遺産といってよいかもしれない。

根こそぎ動員　戦局が重大化するなかで、労働力不足は深刻な問題となり、さまざまな形での動員が実施されていった。軍需工場を中心とする時局産業への労働力の動員は、すでに日米開戦前から強化がはかられており、国家総動員法に基づいて昭和十四年（一九三九）七月に公布された国民徴用《ちょうよう》令は、強制的な労働力動員への道を開くものであった。徴用は、召集《しょうしゅう》令状の「赤紙《あかがみ》」と対比して「白紙《しろがみ》」召集と呼ばれた。徴用以外にも、たとえば昭和十六年十二月に施行された国民勤労報国《きんろうほうこく》協力令は、一四歳以上五〇歳未満の男子および一四歳以上二五歳未満の女子を国民勤労報国隊に組織化し、勤労奉仕に動員するものであった。福岡県でも、それ以前から、炭鉱向けの勤労報国隊を各市町村ごとに結成するなど、工場・炭鉱への労務動員《ろうむどういん》体制を強化していったのである。

昭和十八年六月に学徒《がくと》動員が決定され、中等学校三年以上の学生が工場や農村に動員されるようになった。学徒動員はこののちしだいに対象年齢と期間を拡大していく。福岡県は北九州を中心に軍需工場が集中していたため、これらの工場には県外からも動員学徒が送り込まれた。また女子の勤労動員をより徹底するために、女子挺身《ていしん》隊の結成が促進され、昭和十九年八月に公布された女子挺身勤労令《ていしんきんろうれい》は、それを強制的なものとした。こうした女子挺身隊のなかには、九州・山口の高等女学校生徒を主力に小倉造兵廠《ぞうへいしょう》に動員され、風船爆弾の製造に従事した者もあった。風船爆弾は、和紙製の気球に爆弾を積み、ジェット気流に乗せてアメリカ本土を爆撃しようとしたものである。

こうした戦争下の労務動員のなかで今日でも論議の対象となっているのは、炭鉱を中心に大量に動員された朝鮮人・中国人労働者の存在である。昭和十四年から敗戦時までに移入《いにゅう》や徴用《ちょうよう》によって動員されたこれら労働者の数は、正確にはわかっていない。炭鉱側の強い要請を受けた政府は、昭和十四年九月に朝鮮人労働者募集要綱を制定し、植民地朝鮮から労働者の集団移入（募集）が開始された。さらに深刻化する労働力不足のもとで、昭和十六年末から、内務省・厚生省・朝鮮総督府《そうとくふ》などの緊密な連絡のもとに、いわゆる「官斡旋《かんあっせん》」による移入政策が推進されていった。

こうした労働者の移入が、暴力的な方法を含む強制的なものであったことを主張する声は多い。それを証明するかのように、労働者の定着率は異様に低かった。たとえば飯塚警察署管内では、昭和十七年末までに二万三三三三人の朝鮮人労働者が就労したが、逃亡者の累計は一万一九四一人に達し、単純計算による定着率は四二％にすぎない。

だが、これらの逃亡した労働者は、その後どこへいったのだろうか。多くが日本語を話せない彼らが生きていくためには新たな職場が必要であり、そこに仲介・斡旋する業者と雇用主《こようぬし》が存在しなければならない。そのことを裏づける証言が、ほかならぬ炭鉱の労務担当者によってなされている。逃亡に手を焼いた彼らは、逃亡を仲介する「悪質ブローカー」の取締り、雇用する事業主の事業中止、土建《どけん》および日雇《ひやと》い労務者の賃銀《ちんぎん》取締り、などを要求している。土建関係とならんで「軍関係」の違反取締りを求めている点も注目される。これらの証言は、「逃亡」が、統制された労働力市場における一種の闇《やみ》市場として機能していたことを示しているのではないか。

朝鮮人労働者は統制機関である協和会《きょうわかい》に強制加入させられ、身分証である協和会手帳を所持していない者は雇用できないことになっていた。右の炭鉱労務担当者の証言は、このような規定が有名無実《ゆうめいむじつ》になっていたことを示唆《しさ》している。実際に、内務省は逃亡先での「定着」を容認していたと思われ、協和会手帳の再公布を認めているのである（内務省警保局長「朝鮮人ノ移動防止ニ関スル件」）。これらの事情を反映して、『特高月報《とっこう》』などの官憲史料において、逃亡者数の多さに比して「発見」数は異常に少ないのである。いずれにしても、朝鮮人労働者の動員問題はなお実証的な研究が必要と思われる。

筑豊《ちくほう》に比べて、外国人労働力の本格的な導入が遅かった三池《みいけ》でも、昭和十七年から朝鮮人労働者の大量採用を開始し、さらに翌年からは中国人の集団移入を行うとともに、軍の斡旋で捕虜《ほりょ》の使用を開始している。このようにして、三池鉱山では敗戦時には朝鮮人二二九七人、中国人二三四八人、捕虜一四〇九人の労働者をかかえていた。

空襲の跡（天神から博多港方面を望む）

空襲・敗戦

昭和十九年（一九四四）にはいると戦局はますます悪化し、アメリカ軍の攻撃の前に中部太平洋方面における日本の拠点がつぎつぎに奪回されていった。とくに六月からの戦闘でマリアナ諸島を失ったことは、戦局の展開を決定的なものとした。なかでもサイパン島の陥落は、北海道を除く日本本土全体がアメリカ軍の爆撃機の攻撃範囲にはいることを意味し、日本の戦争体制に重大な影響をおよぼすものであった。東条英機内閣もサイパン島陥落ののち、七月に総辞職するに至った。

戦局の悪化にともない、日本国内への空襲《くうしゅう》が予測されるようになると、昭和十八年末から強制疎開《そかい》が開始された。疎開は空襲の被害の拡大を阻止するために行われるもので、建物疎開（取壊《とりこわ》し）、人員疎開、施設疎開（工場移転など）があった。福岡県でも十八年十二月に北九州各市が防空指定都市として疎開地域に指定されたのをはじめとして、各都市で疎開が行われるようになった。県下主要都市の敗戦までの疎開状況は、一二万八〇五〇世帯、四万九二〇四戸にのぼっている。

福岡県内の初空襲は、昭和十九年六月十五日の八幡市爆撃であり、翌十六日には北九州各市が爆撃された。これは中国から飛来したＢ29によるものであったが、七月にサイパン島が陥落すると、福岡県も頻繁に空襲にみまわれるようになった。初空襲から八月までに北九州は五次の空襲で八幡製鉄所をはじめ、大きな打撃を受けた。六月二十九日、門司市はＢ29九二機の来襲を受け、五五人の死者をだした。北九州にもっとも大きな被害をあたえたのは、昭和二十年八月八日の空襲である。この日、B29約二一〇機は八幡・若松・戸畑に一時間にわたって焼夷弾《しょういだん》をあびせ、とくに八幡市は、市の大半が焼失する被害を受けた。

福岡市は六月十九日深夜から翌二十日にかけての空襲で惨憺《さんたん》たる被害を受けた。計二二一機といわれるB29は、少数編隊で市の中心部に反復攻撃を加えた。逃げまどう市民に焼夷弾が「火《ひ》の雨《あめ》」となってふりそそぎ、福岡市は火の海《うみ》と化した。この空襲で被災した戸数は一万二八六五戸、死者九〇四人、負傷者一〇七八人、行方不明二四四人といわれている（『福岡市史』）。

しかし、この数字は必ずしも正確なものではない。たとえば『福岡市史』（旧版）に掲載された資料ではまったく被害が記されていない当仁《とうにん》校区について、同窓会ネットワークを通じた調査で被害状況を明らかにした研究もある（井上洋子「米空軍による福岡空襲被災状況の補充調査」）。

重要産業都市である大牟田市も、昭和十九年十一月以降、五次にわたる空襲で全市の三分の一が被災している。とくに昭和二十年七月二十七日の空襲は大きく、B29六〇機の焼夷弾攻撃で死者八六七人をだし、市の中心部は壊滅的《かいめつてき》な打撃を受けた。久留米市は八月十一日の空襲で市の中心部が焼失し、被災戸数四万五〇〇〇戸、死者一二二人に達した。

こうして、各都市が惨憺たる状況のなかで、昭和二十年八月十五日を迎えたのである。

八　戦後の復興

焼け跡を行く博多どんたくのどんたく隊

1 占領と戦後改革

連合国軍の進駐

昭和二十年(一九四五)八月十四日、最後の御前会議《ごぜん》は昭和天皇の「聖断《せいだん》」によってポツダム宣言の受諾を決定し、翌十五日のラジオは天皇の肉声(玉音《ぎょくおん》)で国民に敗戦を告げた。日本のポツダム宣言受諾を受けて、連合国軍最高司令官ダグラス・マッカーサーは、三十日に神奈川県厚木《あつぎ》飛行場に到着、解任される昭和二十六年四月まで事実上の支配者として日本人に君臨した。日本の占領統治は、アメリカ軍の指令を日本政府が実施する間接統治の形式で行われた。

敗戦にともなって、福岡県も連合軍の占領下におかれることになった。九月二十二日にはアメリカ軍の先遣《せんけん》隊《たい》が福岡県に到着し、同三十日には海兵隊第五師団の第一陣が福岡にはいり、本格的な進駐が始まった(十月二十五日には陸軍第三十二師団の管轄になる)。司令部は福岡市東《ひがし》公園の一方亭《いっぽうてい》に、また行政上の指導・監督を行う機関である九州地方軍政部が同市天神の千代田ビルに設置された。

北九州地区では十月六日に歩兵第一二六連隊の先遣隊が門司に到着、十一日に主力一〇五〇人がはいった。小倉では十八日に第一二二連隊の先遣隊が、二十一日から本隊が進駐した。久留米では十月二十日に先遣隊、二十一日から本隊の進駐が始まり、約八〇〇人の海兵隊員が進駐した。福岡県には昭和二十年十二月の段階で約一万人が進駐している(江藤淳『占領史録』第四巻)。

日本人にとって未知の経験である占領という事態は、当初は不安と疑心暗鬼《ぎしんあんき》のなかで行われた。各都市の主要な建物はアメリカ軍に接収された。ほとんど情報のないなかでアメリカ軍の進駐をひかえた住民が、噂やデマで右往左往《うおうさおう》するようすはのちには笑い話として語られたが、実際に混乱はあった。アメリカ軍のさまざまな要求のなかに慰安所の設置が含まれた例は少なくないし、婦女暴行などのアメリカ軍将兵の犯罪も発生した。それら占領の悲哀を感じさせる事態が多かった反面、アメリカ軍の豊富な物資に驚かされ、それを通して一般の庶民がアメリカの物質文明にはじめて接したのもこのときであった。

引揚港博多

戦争が終結したとき、軍人・軍属約三三〇万人、一般居留民《きょりゅうみん》約三三〇万人、計六六〇万人の日本人が、大陸や南方などいわゆる外地に残されていた。当時の総人口の一割近くにのぼる人びとの復員・引揚げは、敗戦直後の日本にとって深刻な問題であった。船舶の調達、日本国内の食料供給・住居・就労などの観点から、当初は急速な受入れは困難との判断が一般的だった。

しかし、在外邦人の生命財産が危機的状況にあるとの認識が深まるなかで、昭和二十年（一九四五）十月に連合国軍最高司令官総司令部（GHQ）が厚生省を引揚げの責任官庁に指定、また同年末にアメリカが中国情勢への関与の積極化を表明すると、満洲をはじめとする中国残留日本人の早期送還が方針化され、アメリカ軍船舶が貸与されることで二十一年にはいって引揚げが本格的に進展した。『厚生省二十年史』によれば、引揚者数は昭和二十七年までに計六二五万一四三九人にのぼるが、うち五〇九万六三二三人は二十一年末までに帰還を果たしている。

香椎操車場《かしいそうしゃじょう》に到着した進駐軍　佐世保から臨時列車で香椎操車場に到着した進駐軍。

博多埠頭《ふとう》に着いた「満洲」からの引揚者

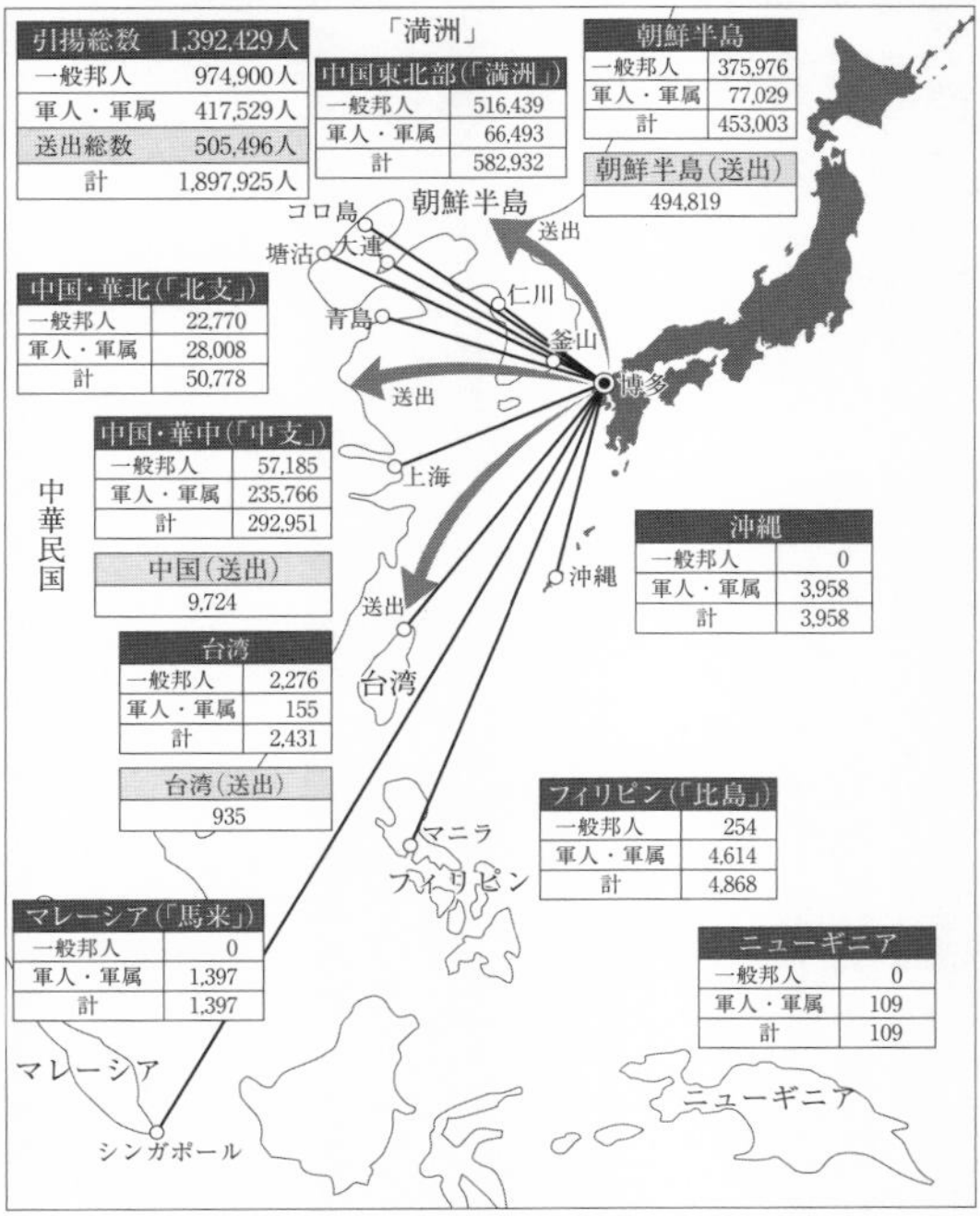

博多港引揚及び送出一覧図(厚生省『援護50年史』,福岡市『博多港引揚資料展』他より)

福岡県についてみると、昭和二十年十月にGHQから門司港・博多港が引揚港に指定された。同年十一月に厚生省社会局に引揚援護課《えんごか》が設置されたが、それにともなって地方引揚援護局、同出張所が全国一〇カ所に設置され、福岡市には博多引揚援護局が、戸畑市に博多引揚援護局戸畑出張所が設置された。博多港は引揚港としての機能が長期におよんだこともあり、佐世保とならんで最大規模の引揚者を受け入れている。

中国大陸からの玄関口であった博多港には、すでに昭和二十年八月ごろより朝鮮方面よりの復員・引揚船が入港していたが、翌二十一年にはいると朝鮮のみならず、満洲・中国本土・台湾からの引揚船が続々と入港し、ピークとみられる五、六月には、一日平均五〇〇〇人を越える日本人が入港している。博多港への復員・引揚者は、正規の人びとだけで一三九万三五六五人を数えている。

博多港の引揚港としての大きな特徴は、帰国する在日朝鮮人・中国人のための、いわゆる送り出し引揚げの機能を担ったことである。とりわけ福岡県では各炭鉱で過酷な労働に従事していた労働者も多く、彼らは日本の敗戦による解放感からさまざまな要求を掲げて立ち上がり、混乱も生じていた。公式の記録によれば、昭和二十二年四月三十日現在で五〇万五四九六人の出国者があり、うち中国人が九七二四人、台湾人が九五三人で、それ以外は朝鮮人であった（『福岡県警察史　昭和前編』）。朝鮮人のなかには帰国後に密航などの方法で再入国する者もあり、実態は単純ではなかった。

聖福病院と二日市保養所

文字どおり着のみ着のままでたどり着いた引揚者には、その後も生活を再建するための苦難の道がまっていた。「外地《がいち》」で営まれた生活の根拠を放棄し、筆舌《ひつぜつ》につくせない行程をへて日本に帰還し、あらたに生きる途《みち》を求めなければならなかった引揚者には、それぞれの過酷な体験がきざみこまれた固有の個人史が存在する。その一つに、二日市《ふつかいち》保養所という存在をあげることができるだろう。

南朝鮮からの引揚げは昭和二十一年（一九四六）五月までにはほぼ完了する。極度に混乱した状況を想像すると、その進捗《しんちょく》ぶりは驚くべきであり、ソ連軍の侵攻をみた北部朝鮮との大きな違いである。その背景には、在留日本人有志によって朝鮮各地に設立された日本人世話人会の存在があった。その中心となった京城《けいじょう》日本人世話人会は、朝鮮総督府とその外郭の翼賛団体として戦中に組織されていた国民総力朝鮮連盟、および京城帝国大学関係者という人脈であったことが、近年の研究で明らかにされている（永島広紀「朝鮮半島からの引揚と『日本人世話人会』の救護活動」、以下同論文による）。

引揚者を収容した聖福寮の子供たち

京城日本人世話人会は京城帝国大学医学部関係者による移動医療局を組織し、引揚者の医療救護活動を行ったが、その活動は博多港に引き揚げて以後も継続された。それが福岡市御供所町《ごくしょまち》の聖福寺《しょうふくじ》境内に設立された聖福病院である。聖福寺内に設けられたのは、もと朝鮮北部の都市清津《せいしん》の日赤病院長であった緒方龍《おがたりょう》（竹虎《たけとら》の実弟）が、聖福寺が緒方家の菩《ぼ》提寺《だいじ》であった関係で斡旋したものだという。また初期の聖福病院には、戦後の日本を代表する文化人類学者となる泉靖一《いずみせいいち》も事務長としてかかわっている。泉は京城帝国大学法文学部を卒業し、同大学の大陸資源科学研究所嘱託《しょくたく》をつとめていた。彼は京城日本人世話人会における医療救護活動の企画立案や移動医療局の運営に尽力し、京城と連絡のため単身密航の経験もあるという。

昭和二十一年三月には、聖福病院の分院として二日市保養所が設置された。引揚者の女性のなかには、ソ連兵などによる性的な暴力の結果、望まない妊娠をした人びともあり、憂悶《ゆうもん》の果てにみずから命を絶つ人もいたという。二日市保養所では、それらの女性に対し、京城帝国大学・九州帝国大学医学部有志の協力で堕胎《だたい》手術を行った。これは非合法な行為であったが、医師たちの職を賭した行動に厚生省も黙認したものと思われる。

占領下の改革と地方制度

アメリカ軍による日本占領は、直接軍政ではなく間接統治として行われた。アメリカ軍（ＧＨＱ）の指令は日本政府によって勅令《ちょくれい》（のち政令《せいれい》）として国民に伝達された。いわゆるポツダム勅令（政令）である。

連合国の日本占領政策の基本は、少なくとも当初の段階では、日本の政治・経済・社会のあらゆる面における非軍事化と民主化にあったといえる。この立場から、ＧＨＱは占領早々から矢つぎばやに、さまざまな改革指令をだしていった。昭和二十年（一九四五）十月十一日のいわゆる五大改革（男女同権、労働者の団結権、教育自由化、専制政治廃止、経済の民主化）の指令をはじめ、十一月六日には財閥解体指令が、十二月九日には農地改革指令がだされ、また、翌二十一年一月四日には軍国主義者と目された人びとの公職追放と超国家主義団体の解散が指令されている。

これらの改革は、いうまでもなく地域社会にも大きな影響をあたえた。地方制度については、昭和二十一年十一月に公布された日本国憲法の第八章で地方自治が定められ、それに基づいて翌二十二年四月に地方自治法が公布された。これは中央集権的官僚統制を排除した地方自治制度の創設をめざしたものである。これよりさき、昭和二十一年九月にＧＨＱの指令で改正された東京都制《とせい》および道府県制《どうふけんせい》（旧府県制）によって、それまでは官選であった知事は公選制となり、昭和二十二年四月五日に最初の知事選挙（東京都および北海道は長官）が全国で行われた。公選最初の福岡県知事には、戦後第一回の衆議院議員総選挙（前年四月）で日本社会党から立候補して当選していた杉本勝次《すぎもとかつじ》が当選している。

警察制度については、GHQ民政局《みんせいきょく》の主導で中央集権的な警察機構を改めるとして、昭和二十二年十二月に警察法が公布され、国家地方《こっかちほう》警察と自治体警察に分離された。また、これらを管理する組織として国家および各地方の公安委員会が設置された。しかし、自治体警察の経費負担は地方自治体にとって重いものであり、昭和二十九年六月の警察法改正によって、警察庁と都道府県警察に再編成されている。

GHQによる一連の改革を通して、地方行政や警察をはじめ、行政の広大な領域を所管して官庁のなかの官庁とうたわれた内務省の権限はしだいに細っていったが、昭和二十二年十二月末日をもってついに内務省そのものが廃止された。

学制改革

教育については、昭和二十二年（一九四七）三月三十一日に教育基本法と学校教育法が公布され、六・三・三・四制の単線的な教育体系に一本化された新しい教育制度が発足し、同年四月から新制の小学校と中学校が発足した。また、昭和二十三年七月には、教育行政の民主化・地方分権化・自主化を掲げて教育委員会法が制定され、十一月には公選制による福岡県教育委員会が設立された。こうした教育改革のなかで、GHQの指令に基づき、軍国主義的な教育内容の一掃と平和・民主主義・自由主義的教育の奨励がはかられ、徹底した実施が要求された。

なかでも当時の児童に強い衝撃をあたえたと思われるのは、いわゆる「墨塗《すみぬ》り教科書」である。文部省はGHQの要求によって、教科書中の軍国主義的教材と目された部分の削除を指示し、福岡県においても各学校で教科書の問題箇所に墨を塗らせたり、切りとらせるなどの措置を行った。この措置は、まさに戦後の混乱と価値観の転換を象徴するものであったといえよう。

高等学校については、昭和二十三年四月から県内の旧制中学校のすべてが新制高等学校に切りかえられた。さらに昭和二十四年には、男女共学をはじめとするあらたな体制に向けて再編成され、県立七五校に統合された。

大学については、昭和二十四年五月末日をもって、国立学校設置法によって六九の国立大学が発足した。新制大学の設置は、旧制の官立大学を中心に、旧制高校、専門学校、師範学校などの再編成を通して行われたが、そのプロセスは混乱をともなうものであった。たとえば単独での大学昇格をめざした明治専門学校は、若干の曲折をへて九州工業大学として大学昇格を果たした。他方、久留米工業専門学校は旧制福岡高校とともに九州帝国大学に吸収される形で、新制九州大学として統合された。

師範学校については、旧福岡第一、第二、青年師範学校が統合されて福岡学芸大学（現、福岡教育大学）が発足したほか、県立福岡女子大学（旧女子専門学校）など、多くの新制大学が誕生した。

財閥解体と福岡県

ＧＨＱは日本経済の非軍事化・民主化の方向にそって、大企業の分割を徹底して進める方針のもとに財閥解体を推進した。財閥は閉鎖的で封建的な経済組織であり、それが日本社会の前近代性を温存させ、ひいては軍国主義の温床となったと考えられたのである。

昭和二十年（一九四五）十一月六日のＧＨＱによる持株《もちかぶ》会社の解体に関する指令（いわゆる財閥解体指令）で、三井・三菱・住友・安田の四大財閥本社の解体が決定され、二十二年四月には独占禁止法《どくせんきんしほう》が、同十二月には過《か》度経済力集中排除法《どけいざいりょくしゅうちゅうはいじょほう》が、いずれもＧＨＱの指令によって公布されている。

しかし、昭和二十二年から二十三年にかけて、アメリカの占領政策は転換しはじめ、日本の非軍事化から経済復興に重点がおかれるようになる。二十三年秋になると、米ソ冷戦の激化を反映してはっきりと日本を反《はん》共《きょう》（反共産主義）の防波堤とする方向に政策を転換し、復興に重点をおいたため、集中排除政策の緩和を打ち出し、賠償も縮小した。このため、過度経済力集中排除法による企業分割の対象は最終的には一一社にとどまったが、昭和九年（一九三四）一月に八幡製鉄を中心に成立した日本製鉄株式会社は、その圧倒的な独占力のために分割の指定を受けた。その結果、八幡製鉄所を継承する八幡製鉄株式会社と、それ以外の四製鉄所を継承する富士製鉄株式会社が誕生したのである。八幡製鉄株式会社は、昭和二十五年四月一日に発足した。官営八幡製鉄所から半官半民の日本製鉄をへて、ここに純然たる民間会社となった八幡製鉄は、ふたたび官営時代と同様の一社一作業所の体制に戻ったことになる。

四大財閥の解体のなかで、福岡県にとりわけ関係の深いものとしては、三井三池を中心とする大牟田のコンビナートや、三井田川をはじめとする筑豊の炭鉱経営を行っていた三井財閥の解体があった。三井本社はもちろん、大牟田のコンビナートを形成する三井鉱山、三井化学なども解体措置の対象となった。三井鉱山は過度経済力集中排除法の適用を受け、昭和二十四年九月に金属部門の分離による神岡《かみおか》鉱業株式会社が成立し（のち三井金属鉱業株式会社と改称）、石炭部門の三池鉱山はそのままの社名で存続した。

財閥解体は、アメリカの極東政策転換によって当初のＧＨＱの意図からみれば不徹底に終ったが、産業界における会社間の序列を破壊し、多くの産業分野で競争的状況をつくりだした。それは戦後日本経済の活力を生んだのである（中村隆英『昭和経済史』）。

福岡県の農地改革

占領下の改革のなかで、その後の日本社会に巨大な変化をもたらしたのは農地改革であった。占領軍の指令をまつまでもなく、日本の知識人や官僚の多くが、地主制こそ日本社会の後進性の根源であると考えていた。このため農林省は地主の保有面積を五町歩（約五ヘクタール）に制限する農地調整《ちょうせい》法改正案をまとめ、昭和二十年（一九四五）十二月の終りに公布された（第一次農地改革）。しかし、ＧＨＱはこれを不十分であるとして、さらに徹底的な改革を要求した。このため、政府は翌年の十月に農地調整法改正案、自作農創設特別措置法案を成立させた。これは不在地主の小作地全部と、一町歩の保有地を除く在村地主の小作地を二年以内にすべて解放すること、この解放は地主・小作の直接交渉ではなく、政府が強制的に買収して小作人に売り渡すことなどを骨子《こっし》とする徹底した内容のものであった。

福岡県では、昭和二十一年十一月に農地部が新設されて農地改革業務を担当するとともに、同年の法改正によって、小作人の発言力が強化された公選制の農地委員会（県および市町村）を中心に、改革事業が推進された。改正された農地委員会の構成は、地主三、自作二、小作五という比率であった。

福岡県の農地改革は、農地委員会選挙における耕作農民の代表性が強かったこと、地主団体が未結成であり、農民組織（日農、農青連《のうせいれん》）が発展していたこと、地主からの土地取上げが比較的円滑であったこと、暴行傷害事件と調整法違反事件が少なかったことなどから、九州内の他県と比較してスムースに進展したとされている（『福岡県農地改革史』下巻）。

他方で筑豊の炭坑地帯では、鉱害問題にからんで農民と炭鉱主のあいだに利害の対立が起こった。その原因は自作農創設特別措置法および同施行令によって、収穫の著しく不定な農地や、炭坑付近で陥没《かんぼつ》の恐れがあるものを農地買上げの対象から除外したことにある。採掘地域が人家の密集地域の真下にまで広がっていた筑豊では、この条文をそのまま適用するなら農地改革は不可能となる。さらに広大な社有田《しゃゆうでん》をもつ法人地主でもある大手炭鉱は、鉱害賠償の免責《めんせき》とからんで補償農地の買収を阻止する行動をとり、県農地部ばかりでなく、石

買収農地面積（昭和25年８月１日現在）

期別	年月日	田	畑	計
		町反　歩	町反　歩	町反　歩
第１期	昭和22・３・31	1,102.3908	167.9420	1,270.3328
２期	22・７・２	6,024.4026	1,010.7421	7,035.1447
３期	22・10・２	5,696.2424	1,080.0906	6,776.3330
４期	22・12・２	10,143.7021	1,722.7525	11,866.4546
５期	23・２・２			
６期	23・３・２	1,961.7518	531.7224	2,493.4742
７期	23・７・２	4,441.7614	678.3600	5,120.1214
８期	23・10・２	901.0907	295.6113	1,196.7020
９期	23・12・２	853.0205	363.0611	1,216.0816
10期	23・12・31	76.7903	24.6629	101.4532
11期	24・３・２	397.1916	138.1323	535.3239
12期	24・７・２	634.3428	254.0424	888,3852
13期	24・10・２	157.6001	58.2203	215.8204
14期	24・12・２	229.2417	81.6420	310.8837
15期	25・３・２	472.2219	178.2708	650.4927
16期	25・７・２	406.3122	126.7205	533.0327
合　計		33,498.0629	6,711.9732	40,210.0361

『福岡県農地改革史』中巻による。

炭増産に迫られていた中央官庁にも圧力をかけた（永末十四雄『筑豊』）。こうして筑豊では農地委員会と炭鉱側が鋭く対立し、鉱害被害農地の約七〇%が解放されたにとどまった。

農地改革が一段落したとみられる昭和二十五年末までの農地の解放実績は、上表のとおりである。買収された地主数は不在地主三万七六一九戸、在村地主三万八四一七戸、その面積（財産税・物納を含む）は不在地主一万四六八九町（解放率九一・八%）、在村地主二万六八九二町（六七・一%）であった。売渡しを受けた農家数は一三万一六〇〇戸の多きにおよんだ。この買収によって、二十年十一月末当時の小作地の七五・三%が解放され、それは同時期の総耕地の三三・四%に相当した（『福岡県農地改革史』下巻）。

農地改革は、戦前からの地主制を根底から掘りくずし、小作人の地位を改善したのみならず、農業技術の開発をうながすとともに、農家経済の改善による消費の拡大・需要の創出をもたらし、高度成長という社会変動の基盤となったのである。

簇生する労働組合

GHQの改革の一つに労働組合の育成があった。昭和二十年（一九四五）十二月には労働組合法が公布され、翌三月から施行されたが、それ以前から労働組合運動は活発となっていた。福岡県内では、とりわけ筑豊の炭鉱で多くの争議が起こったが、それらはインフレや食料難による生活不安であった。したがって、この段階では本格的な組合結成よりも、日本社会党および日本共産党の結成と組織確立が先行していたといえよう。

争議件数・労働組合と推定組織率

年次	総争議		単位労働組合数	単一労組組合員数（千人）	推定組織率（%）
	総件数	参加人員（千人）			
1945	256	165	509	381	3.2
46	920	2,723	17,266	4,926	41.5
47	1,035	4,415	23,323	5,692	45.3
48	1,517	6,715	33,926	6,677	53.0
49	1,414	3,307	34,688	6,655	55.8
50	1,487	2,348	29,144	5,774	46.2
55	1,345	3,748	32,012	6,286	35.6
60	2,222	6,953	41,561	7,662	32.2
65	3,051	8,975	52,879	10,147	34.8
70	4,551	9,137	60,954	11,605	35.4
75	8,435	10,261	69,333	12,590	34.4
80	4,376	5,456	72,693	12,369	30.8
85	4,826	3,249	74,499	12,418	28.9
90	2,071	2,026	72,202	12,265	25.2
95	1,200	1,207	70,839	12,614	23.8
2000	958	1,117	68,737	11,539	21.5
05	708	646	61,178	10,138	18.7

『近現代日本経済史要覧』による。

労働組合法の公布後は、民間企業や官公庁に急速に組合が結成され、昭和二十一年末には県下で六七六組合、三七万八〇六〇人が組織されるにいたっている。この年の二月には、戦前の旧総同盟系（右派と目された）を中心に日本労働組合総同盟九州地方連合会が結成され、十月には総同盟福岡県連合会の結成をみた。また十二月には、左派の旧評議会・全《ぜん》協《きょう》を中心に九州地方産業別労働組合会議（産《さん》別《べつ》会議）も結成された。前者は日本社会党を支持したが、後者は日本共産党の影響を強く受けており、戦後の労働組合運動も戦前の左右対立を再現していた。

県下の代表的産業である石炭の分野では、旧総同盟系の伊藤卯四郎《いとううしろう》・光吉悦心《みつよしえっしん》・宮崎太郎《みやざきたろう》らが活動を再開し、昭和二十年十二月、戦前の運動地盤を中心に九州地方炭鉱労働者組合を結成、翌年十一月には日本鉱山労働組合の結成にともなって日鉱福岡県連合会（日鉱福連）と改称した。さらに昭和二十一年五月には、日本共産党の指導によって全日本炭礦労働組合九州地方協議会が結成された。一方、同年半ばから資本別の労働組合連合体の結成も進み、三井・三菱・古河など大手炭鉱の労組連合会は中立系として独自の立場をとり、十月に九州炭鉱労組中立連盟を組織、同年末までに組合員数六万五〇〇〇人を数えた。こうして、県下の炭鉱労組は左派・右派・中立に別れることとなった。なお、日鉱福連と中立系炭鉱労組は合同し、昭和二十五年四月、日本炭鉱労働組合の福岡支部（福炭労《ふくたんろう》）を結成した。

戦後初期の労働運動のなかで注目されるのは、昭和二十一年の食料確保闘争であろう。福岡県の食料事情は、福岡市・北九州・筑豊の大消費地を擁していたため、筑後の一部を除く県内各消費地で配給食料の遅配にみまわれ、七月になるとますます悪化した。九月十八日、福岡市東公園で福岡・久留米など五地区労働組合協議会主催の労働者大会が開催され、県下各地から五〇組合、約一万人が参加した。この大会では、食料危機の突破を緊急課題とし、野田俊作《のだしゅんさく》知事の退陣要求を可決している。また十二月には、日本社会党、日本共産党、地区労協、農民組合、各文化団体、引揚者団体とともに、各地区で吉田茂《しげる》内閣打倒国民大会が開催され、食料問題、労働問題での内閣の責任を追求した。こうして、労働組合は食料確保闘争を通して、保守系勢力との対決姿勢を強めていった。

戦後初期に急速に労働組合組織が拡大した要因の一つは、戦時期における産業報国会の存在があった。企業単位で経営者を含む全従業員の参加によって組織されていた産業報国会の管理職を除外し、看板を掛けかえれば労働組合になると、つとに指摘されていることである。このことはまた、戦後日本の労働組合が個別経営を横断する産業別のユニオンという形態をとらず、企業別組合として発展した根拠でもあった。

農民組合運動の再建

農民運動では、昭和二十年（一九四五）十月ごろから、戦前における左派の旧全農福佐《ふくさ》連合会の活動家を中心に組合再建の動きが始まっている。彼らは戦前の農民組合運動の一切のゆきがかりを清算し、大同団結によってあらたな規模で発足すべきであるとして、右派の旧全日農九州同盟会、中間派の旧全農福岡県連合会の代表者とともに、日本農民組合福岡県連合会（日農県連）を結成することを決定した。昭和二十一年三月三日の結成大会にはかつての組合支部の代表者約七〇〇人が参集し、会長に稲富稜人《いなとみたかと》、書記長に北口栄《きたぐちさかえ》、常任執行委員に矢野勇助《やのゆうすけ》・岩田重蔵《いわたじゅうぞう》らを選出して、運動再発足の態勢を整えた。

このころ進められていた農地改革に対しては、農村民主化を旗印《はたじるし》として市町村農地委員会に五二八人（全体の一七・八％）、県農地委員会に八人（四〇％）の組合員を送り込み、改革事業の推進力となって活動した。同年末における日農県連の勢力は、七市一二五町村、三万八三九五人の組織となった。

しかし戦前の運動を繰り返すかのように、日本共産党の政治運動の活発化とともに県連幹部や支部の青年層は日本共産党員としての分派的な活動を積極的に行うようになったので、日本社会党を支持する幹部との対立が強まった。中央の日農本部では、平野力三《ひらのりきぞう》が反資本主義、反ファッショ、反共産主義を掲げて脱退し、昭和二十二年七月に全国農民組合（全農）を結成した。戦前から平野と近かった稲富稜人は、旧日農九州同盟会系の浮羽《うきは》・朝倉《あさくら》・小倉《こくら》・嘉穂《かほ》・粕屋《かすや》・筑紫《ちくし》・糸島《いとしま》の組合員約五〇〇〇人を率いて日農県連から脱退し、全農福岡県連を結成した（第一次分裂）。さらに日農内部では統一派（共産派、容共派《ようきょうは》）と主体性確立同盟（反共派）の対立が明確となり、昭和二十三年の第三回大会を機として分裂、県下の日農も日本社会党支持の支部は主体性確立同盟と行動をともにして脱退した（第二次分裂）。全農福岡県連と日農主体性派はともに日本社会党を支持していたため、同年十月に合同して福岡県農民組合と改称した。農民組合でも、労働組合と同様に、戦前から続く左右の対立が継承されたのである。

なお、以上にみた農民組合とは別個の農民組織として、農村青年連盟（農青連）がある。これは戦前の産業組合青年連盟の系譜をひくもので、福岡県では昭和二十一年四月に県農業会を産婆役として組織され、県下の町村の七割に町村連盟が結成された（書記長中村寅太《とらた》）。盟友は六万人と称され、農地改革では日農と提携して推進運動につとめ、中農上層の強い支持を受けた。福岡県農青連に特徴的なのはその政治活動であり、昭和二十二年の衆議院議員総選挙では二人の代議士を、さらに二十六年の県議会選挙では一二人を当選に導き、農村の保守層を地盤に県政に独自の地位を築いた。農青連は昭和二十五年十月に全国農民連盟と改称し、前年十二月結成の農民協同党《きょうどうとう》（最終的に自由民主党に合流）の組織基盤となった。

部落解放同盟の成立

戦前に全国的に知られた福岡県の部落解放運動は、敗戦とともに再建への動きをみせた。昭和二十一年（一九四六）二月、旧全国水平社と旧融和運動の指導者を発起人として部落解放全国委員会が結成された。福岡県からは松本治一郎・井元麟之《いもとりんし》らが参加し、松本が中央委員長に就任した。福岡県連合会の結成は同年四月である。

この時期の松本に関して注目すべきことは、公職追放問題であろう。松本は昭和二十二年の第一回参議院議員選挙に日本社会党公認で全国区から立候補して当選するが、二十四年一月、第二次吉田茂内閣により公職追放となる。この背景には、前年の第二回国会開会式に臨席の天皇に対し、参議院副議長であった松本が「カニの横ばい」式の拝謁《はいえつ》を拒否したこと（カニの横ばい事件）、また皇室の不必要な財産・費用の削減を主張したことなどに対する吉田茂など一部保守派の反発があったといわれる。しかしこれは、婦人運動の市川房枝《いちかわふさえ》でも戦時期の団体幹部であったことを理由に追放になったのと同様に、実際には戦時期の活動を理由としたものであろう。

松本の追放は国会内で政治問題となり、国会外でも部落解放全国委員会を中心に反対運動が展開された。全国委員会は「追放確定、直ちに闘争に入れ」との電報を全国の組織に発し、福岡をはじめ全国各地より追放反対請願隊が国会に繰りだされ、首相官邸前ではハンストも決行された（『松本治一郎伝』）。昭和二十六年八月、松本への公職追放は解除された。松本の伝記はこれを事実上の追放取消しとしているが、鳩山一郎《はとやまいちろう》をはじめ一万四〇〇〇人弱が対象となった第二次追放解除の一環である。

なお部落解放全国委員会は、昭和三十年八月に部落解放同盟と改称してあらたな運動を展開し、今日にいたっている。

2 廃墟からの復興

敗戦直後の荒廃

戦争は日本のあらゆる産業を荒廃させ、空襲を受けた都市は食料難・住宅難にあえいだ。政府は昭和二十一年（一九四六）十月に東京都区部および全国の一一五市を戦災都市に指定したが、福岡県内では福岡・門司・八幡・大牟田・若松・久留米の各市がこれに該当した。福岡や久留米

土管やバラックでの暮らし　家を失い，防空壕や土管で生活したり，バラックを建てて生活をはじめる人たちもいた。

など、江戸時代からの都市的な遺産を残していた都市では、古い町並みが失われた。皮肉なことに、それは近代都市へ脱皮するきっかけとなったともいえる。

　戦災都市でただちに問題になるのは住宅難である。多くの市民が野宿や防空壕生活を余儀《よぎ》なくされた。自治体は余裕のある住宅の開放を呼びかけ、福岡市などでは昭和二十二年度から余裕住宅税を課して開放促進をはかったがうまくいかなかった。より根本的な解決策としての公営住宅建設は資材難や、やがて始まるインフレのため進捗せず、都市の住宅問題は自治体を悩ませる問題であった。

　余裕のない生活のなかで、人びとの気風もとげとげしくなりがちであった。そのような都市を浮浪するいわゆる戦災孤児《せんさいこじ》の姿も珍しくなかった。福岡市では百道《ももち》にあった傷痍軍人《しょういぐんじん》職業補導所の施設を転用して、孤児の収容所「百道松風園《しょうふうえん》」として使用した。

　他方で食料をはじめとする物資の統制と極端な供給不足の裏で、それを補完するように都市には闇市《やみいち》が出現した。金さえだせば何でもあるといわれた闇市は、敗戦がもたらした社会の混乱と、そこで発揮された庶民の生への欲望やエネルギーを象徴するものであった。福岡市では天神、渡辺通《わたなべどおり》一丁目、大浜《おおはま》、千代町《ちよまち》、博多駅前、博多港一体などに大規模な闇市が存在した。それらはもちろん統制に反する違法行為であり、警察によって取払いが実施されたが、簡単に根絶できるものではなかった。

食糧危機

戦争は日本のあらゆる産業を荒廃させたが、福岡県の農業も例外ではなかった。他方で、戦争末期にはすでに東京・大阪など大都市からの大量の疎開者《そかいしゃ》・罹災者《りさいしゃ》が農村に移動してきたうえに、海外からの引揚者や復員軍人が大量に帰ってきたため、農村人口は急激にふくれあがり、農村においても深刻な食料難が起こった。また昭和二十年（一九四五）産米は全国的に大凶作で、平年の三分の二の収穫しかなかった。福岡県でも二度の台風襲来などの悪天候にみまわれて、明治三十八年（一九〇五）以来と言われる大減収となり、食糧需給の前途に不安が広がった。

東条英機《とうじょうひでき》内閣期に制定された食糧管理制度による供出と配給のシステムは、絶対的な収量不足のもとで瓦《が》解《かい》に瀕《ひん》しており、遅配《ちはい》、欠配《けっぱい》があいついだ。福岡市では昭和二十一年七月、食糧不足対策本部を設置したが成果はあがらず、占領軍のカリフォルニア米放出でわずかに急場をしのいでいた。二十二年にいたっても、たとえば六月の福岡市議会における三好弥六《みよしやろく》市長の説明によると、「全然市当局といたしましては七、八月、九月見通しがつかないのであります」というありさまで、占領軍の放出食料以外に方策なしという状況であった。

食料不足を訴えるデモ

強制疎開の空地などには争って畑がつくられ、庶民も家庭菜園でわずかに自給策をとった。多くの都市住民は農村に買出しにでかけ、衣料品などと交換に米やさつまいもなどを求めるという「タケノコ生活」を経験させられた。悪性のインフレと食糧危機のなかで、国民は食べていくだけで精一杯という生活を余儀なくされていたのである。

ストリップ・ミルの再開　昭和22(1947)年1月4日，日本製鉄戸畑作業所でストリップ・ミルが再開した。

生産の復興

戦後の生産の低下とインフレの進行のなかで、日本経済は昭和二十二年（一九四七）春ごろには破局的な状況に陥るという予測もたてられるようになった（三月危機説）。政府は財政の再建とインフレの抑制をめざして、二十一年二月に金融緊急措置令や価格統制令をだして翌三月から実施した。金融緊急措置とは、すべての現金を金融機関に預金させて預金封鎖を行い、同時に通貨を新円《しんえん》に切りかえて一カ月五〇〇円までしか引出しを認めないというものである。

しかしこのときGHQは、戦時中に生じた民間の損失を政府が補償する戦時補償の打切りを指令したため、企業や銀行は倒産しかねない状況に陥った。第一次吉田茂内閣（二十一年三月〜二十二年五月）の石橋湛《いしばしたん》山《ざん》蔵相は、復興金融金庫《ふっこうきんゆうきんこ》を設立し、日本銀行の引受けによる復興金融債を発行して重要産業に資金を供給する政策をとった。

吉田内閣はまた、戦時補償打切りで苦境に立った日本経済の梃入《てこい》れとして、重要物資の輸入許可をアメリカに申し入れ、重油の輸入が認められることになった。

重油をまず鉄鋼生産に重点的に投入し、その鉄鋼を炭鉱資材に投入して石炭を増産し、経済再建に必要とされた三〇〇〇万トンの産出をはかる。それを重点的に鉄鋼生産にまわす。このようなサイクルを梃として生産の復興をはかろうと構想されたのが、のちに傾斜生産《けいしゃせいさん》方式と呼ばれるようになった政策である。

傾斜生産は経済学者で東京大学教授の有沢広巳《ありさわひろみ》を中心に発案・策定されたとされる。傾斜生産政策を主として担ったのは、昭和二十一年八月に発足し、ＧＨＱの方針で拡充された経済安定本部である。経済安定本部は昭和二十二年七月から、鉄鋼・石炭・肥料などの重要物資を中心に、公定価格を設定するなどしてインフレをおさえ、公定価格が生産コストを上回る場合は、価格差補給金という補助金をだすという二重価格制をとった。復興金融金庫による優先的融資と価格差補給金は、福岡県に立地する鉄と石炭という二大産業の再建を支えることになる。筑豊や三池の炭鉱には、特別融資や石炭補給金などの資金保護や、資材・生活物資・食料などの優先的な投入が行われた。大牟田のコンビナートも化学工業が政府の重点産業に指定されていたため、傾斜生産のもとで漸次《ぜんじ》復興をとげていった。

八幡では日本製鉄（分割前）が、石炭供給が悪化するなかで八幡集中生産の方針をとっていたが、石炭および重油が確保できるようになって生産の上昇がみられるようになった。本格的に生産を回復するのは、海外の原料・エネルギーが入荷するようになる昭和二十三年以降であった。復興金融金庫融資によって産業設備資金の三分の二が融資され、高炉《こうろ》や平炉《へいろ》の補修による生産回復に効果があった。また価格調整補給金は半分近くが鉄鋼業に支出され、鉄鋼業は増産に専念し、鉄鋼消費産業は格安の価格で鋼材を入手することになった（『北九州市史』）。

傾斜生産は実際には、昭和二十二年六月に成立した最初の日本社会党首班内閣である片山哲《かたやまてつ》内閣で実施された部分が大きい。石炭の三〇〇〇万トンが達成されたのも片山内閣のときである。片山内閣は同時に、臨時石炭鉱業管理法を成立させて炭鉱国家管理政策をとった。これは三カ年の臨時措置として指定炭坑を国家管理のもとにおくものである。この法律は昭和二十五年に廃止されるが、法案成立に際して激しい反対運動を展開した筑豊の炭鉱主の政界工作が、炭管疑獄《たんかんぎごく》事件を引き起こすという置土産《おきみやげ》も残した。

昭和二十三年（一九四八）の秋には、アメリカの対日政策の転換は明らかなものとなっていった。冷戦《れいせん》というあらたな国際政治の枠組みのなかで、日本を反共の防波堤にする、そのために日本経済の復興をはかるという政策の転換である。翌二十四年には日本による賠償の打切りも決定された。

占領政策の転換

昭和二十二年度から実施されたガリオア資金は、生活必需物資を緊急輸入する援助、翌年創設されたエロア資金は石油・綿花・肥料などの工業資材や機械類を援助物資として提供するものであり、八幡を中心とする鉄鋼業はこれによって輸入原料を確保し、生産が軌道に乗りはじめた。同時にＧＨＱはアメリカ本国から技術者を招き、日本鉄鋼業に対する技術指導を行った。日本鉄鋼協会も渡米技術調査団を派遣し、このような動きによって、後述するような戦後鉄鋼業の技術革新が行われるのである。

他方で、補助金と援助物資でなりたっていた日本経済の復興を、自由主義経済に引き戻して自立させようとする動きも強まった。昭和二十三年十二月、ワシントンで経済安定九原則が採択され、その実現のために、翌年二月にデトロイト銀行頭取《とうどり》ジョセフ・ドッジがトルーマン大統領の特命公使として来日した。ドッジが発表した政策（ドッジ・ライン）は、超均衡《ちょうきんこう》予算の原則のもとに、統制を基調とした初期の占領政策に対して価格差補給金などの補助金を削減し、自由経済に戻すことを意図したもので、同時に一ドル＝三六〇円の単一為替レートを設定して、国際的な競争原理にリンクさせるものであった。

企業はこのために合理化によるコスト削減に迫られ、ようやく自立に向かいつつあった日本経済は大きな試練にみまわれた。同年、国の直営であった国鉄・電電・専売などが公社《こうしゃ》になり、国鉄では一〇万人の首切りが行われた。昭和二十四年七月から八月にかけては、国鉄をめぐって今日にいたるも真相が解明されていない下《しも》山《やま》事件・三鷹《みたか》事件・松川《まつかわ》事件が立て続けに起こった。翌年五月三十日には、日本共産党の指導のもとで皇居前広場で行われた集会で参加者と占領軍が衝突（人民広場事件）、翌月にはＧＨＱによって日本共産党幹部の公職追放と機関紙『アカハタ』の発行禁止を命令されるなど、騒然とした社会状況も出現していた。

朝鮮戦争と特需景気

朝鮮半島では第二次世界大戦終結後、アメリカとソ連による南北の分割占領が行われていたが、昭和二十三年（一九四八）に南部の大韓民国、北部の朝鮮民主主義人民共和国（北朝鮮）が北緯三八度線を事実上の国境線とする分断国家として成立した。

朝鮮戦争へ出撃する米軍機（福岡の板付基地付近）

昭和二十五年六月二十五日、北朝鮮軍が北緯三八度線を越えて韓国に侵入を開始し、朝鮮戦争が勃発した。同月三十日には、小倉のアメリカ軍第二十四歩兵師団に出動命令が下り、師団長のウィリアム・ディーン少将は朝鮮派遣アメリカ軍総司令官に任命された。

朝鮮半島に近い福岡県は、さまざまな形で戦争の影響を受ける。板付《いたづけ》・芦屋《あしや》・築城《ついき》など、旧日本陸海軍の飛行場を接収したアメリカ軍基地からは、連日のように軍用機が発着を繰り返した。板付基地では、農地を接収して拡張した滑走路から、最新鋭のジェット戦闘機Ｆ86が、多いときには一時間に数十回も出撃したという。また、松本清張《まつもとせいちょう》の小説『黒地の絵』に描かれたように、小倉では七月十一日の祇園祭《ぎおんまつり》の夜、祇園太鼓がとどろくなかで、出動命令を受けた黒人兵約一六〇人が武装したまま集団脱走し、民家に押し入って暴行する事件が発生している。

朝鮮半島での戦闘は、ソ連の支援を受けた北朝鮮軍が装備に劣る韓国軍およびアメリカ軍中心の国連軍を圧倒し、一時は韓国軍を釜山《プサン》を中心とする地域に包囲する形勢になった。しかし、国連軍は九月十五日に仁川《インチョン》の敵前上陸作戦を成功させ、十月終りには韓国軍の一部が鴨緑江《おうりょくこう》に到達した。この段階で中国は、義勇兵という名目で中国人民解放軍を参戦させ、形勢は再度逆転、翌年には相互にソウルを奪い合うなど、北緯三八度線を挟んで戦線は膠着《こうちゃく》した。トルーマン大統領などアメリカ政府中枢の意向にそわない言動がめだつようになったマッカーサーは、二十六年四月十一日に連合国軍総司令官を解任される。その後も戦争は一進一退の攻防が続き、ようやく二十八年七月二十七日、板門店《パンムンジョム》で休戦条約が調印された。

皮肉なことに戦争は世界の景気回復をもたらし、ドッジ・ライン下の不況にあえいでいた日本でも景気が上向く。ブームの原動力となったのは戦争による特需《とくじゅ》である。はじめはアメリカ軍の生活物資が中心であったが、やがて自動車部品・石炭・兵器などの分野で大量の特需がもたらされた。経済界は息を吹き返し、筑豊の炭鉱は昭和二十六年には戦前の出炭高を回復し、中小炭鉱も好景気にわいた。

直接軍事目的の特需だけでなく、世界的な鉄鋼需要の喚起による価格の急騰とそれによる収益は、鉄鋼業の本格的な合理化を可能にした。八幡製鉄所はブームによる蓄積を基礎として、老朽化した設備の更新や外国からの設備・技術の導入など、戦後鉄鋼業発展の基盤を築く合理化を推進することができた。

八幡製鉄所は昭和二十五年に第一次合理化計画に着手し、当初の三カ年計画を昭和三十年度までの五カ年で近代化を実施した。これら鉄鋼業の第一次合理化では、国際的にもっとも遅れていた圧延《あつえん》設備、とくにストリップ部門の近代化がはかられた。当時世界最新のアメリカの設備と操業技術が導入され、オートメーション化、平炉《へいろ》生産の飛躍的拡大、耐久消費財向けの薄板《うすいた》生産が実現した。これらはまさにのちの高度経済成長を支える基盤となったのである。
朝鮮戦争のさなかの昭和二十六年九月八日、サンフランシスコ平和条約が調印され、日本は主権を回復した（翌年四月二十八日に発効）。

平和条約の発効に関連して、福岡県をはじめとする九州・西日本の漁業者に悲劇を生んだのが李承晩《りしょうばん》ラインの問題である。アメリカが日本漁業の操業区域として設定したマッカーサー＝ラインが、平和条約発効で無効となることをみこした韓国大統領李承晩は、昭和二十七年一月、一方的に公海上に境界線を設定し、排他的経済水域とした。日米両国は国際法に反するとして強く抗議したが、韓国政府はこれを無視した。

韓国はこの海域内での他国籍漁船の操業を認めず、違反したとする漁船に対しては臨検《りんけん》のうえ拿捕《だほ》したり、場合によっては銃撃するなどした。そのため、福岡県の第一大邦丸《だいほうまる》が銃撃され、乗組員が殺害されるなど、悲劇的な事件も起こっている。また拿捕された漁船の乗組員は、長期間にわたり抑留された。

電産・炭労争議

昭和二十五年（一九五〇）七月十一日、朝鮮戦争と時を同じくして日本労働組合総評議会（総評《そうひょう》）が結成された。総評は、左翼系組合の産別会議に対抗する民主化同盟（民《みん》同《どう》）グループの指導する組合を中心に組織され、反共産主義を宣言し、日本社会党支持を表明した。当初GHQの指導のもとに成立した総評は、早々に左翼的色彩を強め、指導する争議は政治主義的なものとなっていった。

福岡県でも民同派による組織化が進み、昭和二十四年九月、国鉄・電産・西鉄・海員などの組合によって民主化同盟が結成された。民同系労組は二十五年十二月に福岡県民主的労働組合会議を結成したが、結成大会当日に総評の下部組織となる決議を行い、福岡県総評となった。こうして、福岡県では日本社会党と民同系労組とのブロックの形成がいちだんと進むこととなった。

講和をひかえて政府が進めていた労働関係法規の改正や治安立法（二十七年七月破壊活動防止法成立）などの動きに対して、総評は労働法規改悪反対闘争委員会を設置し、四波にわたるストライキで反対運動を展開した（労闘《ろうとう》スト）。そうしたなかで講和後の最初の大争議となったのが、電産・炭労《たんろう》争議である。総評の中核となっていた電産（日本電気産業労働組合）と炭労（日本炭鉱労働組合）は、それらがエネルギー産業であることもあって、産業合理化と労使関係の改変をめざす政府・財界の攻撃目標となった。総評も大幅賃上げと最低賃金制の確立、吉田茂内閣（第三次）打倒を掲げ、二十七年秋から年末にかけて電産・炭労に全闘争力を集中して秋季闘争を展開した。

六三日間にわたる炭労のストライキ、電産の九カ月におよぶ闘争は、中央労働委員会（中労委）の炭労スト（保安要員総引揚げ）への緊急調整の発動、炭労・電産への再度の斡旋により同年十二月十七日収拾に向かうが、この争議は戦後最大の長期闘争となった。

炭労・電産争議は、福岡県で激しいものとなった。電産九州地方本部および福岡県支部は実力行使に踏み切り、小倉・大門《だいもん》・築上《ちくじょう》・戸畑《とばた》・名島《なじま》などの県下の発電所が波状的に全出力の一五％から二五％カット、大口《おおぐち》工場に対する時限的な停電ストなどを断行した。このため九州電力の業務は極度の停滞に追い込まれ、産業界の各方面にも影響がおよんだ。八幡製鉄所は「自家発電をフルに運転してようやく切抜け」、また三菱化成黒崎《くろさき》工場・電化大牟田工場などの化学工業でも「節電に努めるなど窮境《きゅうきょう》打開に懸命《けんめい》」であったという（『西日本新聞』十二月十九日付）。

一方、炭労は十月に、労働者一七万人以上が参加したという四八時間ストを実施した。しかし賃上げ要求に対する経営者側の態度は「予想外の強硬」(『西日本新聞』十一月四日付)であったため、引き続き無期限ストにはいった。ストの長期化にともない、三井三池労組では、周辺の農協を通じて農作業の手伝い斡旋、漁業組合による魚介採集などで現金収入をはかり、日本炭鉱(日炭)高松《たかまつ》労組は、労組自立劇団を結成し近隣農村に資金カンパ公演を行うなどした(福岡県労働部労政課編『福岡県労働運動史』第二巻)。炭労は家族ぐるみで六三日間にわたるストライキ闘争を継続した。この職場闘争はのちの三池争議に受け継がれたといわれている。

この争議における総評の強硬な戦術は結果的には成功せずに終り、かえって組織の弱体化を招いた。争議直後に、総評内部の右派組合は「四単産《よんたんさん》批判」を表明して脱退し、のちに総同盟右派とともに全日本労働組合会議(全労《ぜんろう》)を結成して総評に対立、日本の労働組合運動は総評と全労(のちに同盟)に二分されることとなった。

3 戦後政治の出発と県政界

戦後政党の結成

戦後、政党運動をいち早く展開したのは、かつての合法無産政党の指導者たちであった。その一人が松本治一郎である。福岡県の動きは全国的にみても早いものであり、終戦直後の八月中には松本の呼びかけで無産新党結成の打合会が開催されている。松本は、戦前の第十九回総選挙(昭和十一年)、第二十回総選挙(同十二年)に第一区より出馬して連続当選を果たし、戦前最後の総選挙となった第二十一回のいわゆる翼賛《よくさん》選挙(同十七年)でも、旧水平社の人脈を支持基盤として第二位で当選、県下無産政党のなかでただ一人代議士の地位を戦後に継続させていた。

松本は旧社会大衆党の河上丈太郎《かわかみじょうたろう》ら中間派系、西尾末広《にしおすえひろ》ら旧社会民衆党系とともに、昭和二十年（一九四五）九月七日、十日の両日に、合法無産政党の結集による新党をめざす最初の会合に出席している。その結果、安部磯雄《あべいそお》・高野岩三郎《たかのいわさぶろう》・賀川豊彦《かがわとよひこ》の名前で、九月二十二日の日本社会党結成準備会開催の招請状がだされている。

日本社会党は昭和二十年十一月二日、戦前の合法無産政党各派を総結集する形で結党大会を挙行した（書記長片山哲《かたやまてつ》）。これとならんで、保守政党も復活し、十一月九日、日本自由党（総裁鳩山一郎《はとやまいちろう》）、同十六日日本進歩党（総裁町田忠治《まちだちゅうじ》）、十二月十八日日本協同党（委員長山本実彦《さねひこ》）と結成があいついだ。また、十二月一日には戦前は非合法下におかれていた日本共産党の第四回大会（再建大会）が開催され、活発な活動を再開した。

九月二十五日には、松本治一郎と田原春次《たはらはるじ》が中心となって、福岡市馬出《まいだし》の大光寺《だいこうじ》に九州各地より一五〇人を集める集会が行われ、無産各派の大同団結、中央の無産新党結成に積極的に参加するなどが決議された（『日本社会党福岡県本部の三五年』）。これを受けて、同年十一月二十四日、福岡市大博《たいはく》劇場で日本社会党福岡県支部連合会（福岡県連）の結成大会が開催され、書記長に全国水平社の田中松月《しょうげつ》が選出された（委員長は空席、のち松本治一郎が就任）。

日本社会党福岡県連には、戦前の労働運動・農民運動・無産政党運動のほぼすべての系統が合流した。松本治一郎らの全国水平社運動、それを基盤とした最左派農民組合としての全農全国会議派福佐連合会、田原春次を中心とする全農総本部派福岡県連合会の中間派農民組合、稲富稜人《いなとみたかと》を中心とする全日農九州同盟会に集まった右派農民組合、堂本為広《どうもとためひろ》や青野武一《あおのぶいち》など九州民憲党系（旧浅原健三《あさはらけんぞう》派）の無産政党・労働運動グループ、伊藤卯四郎・光吉悦心・宮崎太郎などの総同盟に参加した労働運動右派グループである。

こうした戦前の無産政党運動のグループに対して、戦後インテリの結集もはかられ、杉本勝次《すぎもとかつじ》（西南《せいなん》学院校長、のち衆議院議員・県知事）、波多野鼎《はたのかなえ》（九大教授、のち参議院議員）は松本治一郎の働きかけで、松本七郎《しちろう》（松本健次郎の七男、慶大卒、のち衆議院議員）は田原春次の紹介で国会への道をあゆむことになる。

新選挙法下の衆議院議員総選挙

昭和二十年（一九四五）十二月十七日、幣原喜重郎《しではらきじゅうろう》内閣のもとで改正された衆議院議員選挙法が公布された。その翌日に衆議院が解散され、二十一年四月十日に戦後第一回の衆議院議員総選挙が実施された。はじめて満二〇歳以上の男女に平等に選挙権が認められたこの選挙では、前回（昭和十七年）に比べ有権者数は約二・五倍に増加し、戦後の政治的・思想的混乱のなかで、二六七の党派から二七七〇人が立候補した。女性も数多く立候補した。

森山ヨネの当選風景

改正選挙法は大選挙区、定数一〇人以下の選挙区では二人連記、定数一一人以上の選挙区では三人連記という制限連記制をとった。福岡県では第一区が福岡地区・筑後地区、第二区が北九州地区・筑豊地区で、ともに定員九人である。

一区の当選者は日本社会党三、日本自由党二、日本進歩党二、無所属二、二区は日本社会党五、日本進歩党三、無所属一である。最高点は女性の森山ヨネ（日本進歩党）で、「日本の復興は台所の復興から」のスローガンのもとに、婦人代議士の第一号となった。また、日本社会党が八議席を占めたことは、「保守派の伝統を大いにゆらがした」

（『西日本新聞』昭和二十一年四月十二日付）と報じられた。当選した八人の日本社会党議員のうち、稲富稜人・田中松月・伊藤卯四郎・田原春次・上田清次郎《うえだせいじろう》は労働・農民・水平社運動の古くからの活動家であり、福岡県における戦前からの社会運動リーダーシップの連続性を示している。

翌二十二年四月には、第一回統一地方選挙（五日）、第一回参議院議員選挙（二十日）、新憲法発布後初の衆議院議員総選挙（二十五日）、戦後初の県議会議員選挙（三十日）とつづき、戦後政治の行方を占う重要な選挙が行われた。このとき衆議院議員選挙法は第二十一回総選挙（昭和十七年）までの中選挙区・単記制に戻っている。福岡県の選挙区割りは戦前と同じ全四区である。

日本社会党福岡県連は、後述のように県知事選挙に公認候補杉本勝次を擁立し当選を果たすと勢いに乗り、参議院議員選挙には地方区に三人を立て全員当選（定員六人、ほかは日本自由党一、民主党一、無所属一）を果たした。このなかには九大教授であった波多野鼎が含まれる。

しかし第二十三回衆議院議員総選挙では、日本社会党は前回の八議席から一議席減となり、逆に民主党（日本進歩党を母体に日本自由党・国民協同党・無所属倶楽部《クラブ》の一部が合同して結成）と日本自由党の合計議席は前回の六議席から九議席へとふえ、保守勢力の一定の巻返しを示す結果となった。日本社会党にとっては、田中松月・稲富稜人・田原春次の三人の前回当選者が公職追放となったこと（田中松月は当選後追放指定）が痛手だった。

この選挙では、本章一節に述べた農村青年連盟が、「農民が、農民の力で、農民の代表を送る」をスローガンに、中村寅太《とらた》（一区）、寺崎覚《てらさきさとる》（三区）の二人を擁立し全員初当選した（半田弘『農魂日記』）。

この総選挙では全国的には日本社会党の票が伸びて第一党となり、初の日本社会党内閣（片山哲首相、社会・民主・国民協同三党の連立内閣）が成立した。

講和後の政界と五十五年体制の成立

昭和三十年（一九五五）までの衆議院議員総選挙において、保守政党と革新政党、とりわけ日本社会党はほぼ互角に議席を分けあっていく。たとえば、三十年の総選挙においては、左表のように保守と革新は総得票を折半し、また保守両派と日本社会党左右両派の四派は県民の支持をほぼ四等分した形になっている。一方、日本共産党は、昭和二十四年一月の総選挙ではじめて一議席を獲得するが、昭和二十五年のGHQによるレッド・パージや、県下労働・農民運動における社共の対立などによって票が伸びず、議席の回復は昭和四十年代前半までまたなければならなかった。そうしたなかで、日本社会党は、講和問題をめぐって昭和二十五年に左派と右派に分裂しながらも、全体としては保守党と拮抗《きっこう》していた。

緒方竹虎

第27回総選挙（昭和30年）各党派別得票数

政党		得票数	得票率
		票	%
保守	自由党	349,125	23.0
	日本民主党	354,927	23.4
	合計	704,052	46.4
革新	左派日本社会党	338,318	22.3
	右派日本社会党	331,525	21.8
	日本共産党	34,059	2.2
	合計	703,902	46.4
無所属		109,422	7.2
総計		1,517,376	100.0

『西日本新聞』，古川政憲編『福岡県選挙史』などにより作成。

昭和二十七年十月の衆議院議員総選挙は、講和条約が発効して独立を回復したあとの最初の選挙であった。このとき緒方竹虎《おがたたけとら》は、修猷館《しゅうゆうかん》・早稲田大学の先輩として交友の深かった中野正剛《なかのせいごう》の旧東方会《とうほうかい》人脈を支持基盤として立候補し、当選している（栗田直樹『緒方竹虎』）。緒方は朝日新聞社の幹部から小磯国昭《こいそくにあき》内閣に国務大臣兼情報局総裁として入閣し、敗戦直後の東久邇宮稔彦《ひがしくにのみやなるひこ》内閣では内閣書記官長をつとめたが、A級戦犯容疑者に指名され、昭和二十一年には公職追放処分を受けていた。

衆議院議員当選後、緒方は第四次吉田茂内閣の国務大臣兼官房長官として入閣し、副総理に指名され、池田勇人《はやと》と党内を二分する実力者になる。緒方は保革二大政党論者であり、その立場から保守合同を推進、吉田を退陣させ、自由党総裁に就任して民主党との合同による自由民主党を誕生させた（昭和三十年十一月）。その一カ月前に左右の日本社会党が統一しており、ここに長期にわたって政権を保持する自由民主党と、衆議院の三分の一を守る日本社会党とが対抗するという、いわゆる五十五年体制が成立するのである。緒方は自由民主党の有力な総裁候補であったが、翌年一月に急死した。

緒方と近かった政治家に、久留米市出身で朝日新聞社幹部であった石井光次郎《いしいみつじろう》がいる。石井は戦後第一回の衆議院議員総選挙で自由党から当選するが（福岡一区）、このときは公職追放処分を受け辞職している。追放解除後の二十七年総選挙で当選し、第五次吉田内閣で運輸大臣、緒方総裁のもとで自由党幹事長をつとめた。

社会党王国と革新首長

昭和二十二年（一九四七）四月十七日に地方自治法が公布され、五月三日、日本国憲法と同日に施行された。これよりさき、四月五日には第一回の統一地方選挙が実施され、都道府県知事（東京都と北海道は長官）、市町村長の選挙が行われた。はじめての知事公選は県民の大きな関心を集めた。この選挙は革新陣営の推す日本社会党前代議士杉本勝次と、保守陣営の推す官僚出身の龍《りゅう》野喜一郎《のきいちろう》との事実上の一騎打ちとなり、「県政の民主化」をスローガンとする杉本が一九万九三〇票の大差をつけて圧勝し、初の民選知事に就任した。全国で四人という数少ない革新知事の一人であった。

これより前、革新陣営では社会・共産両党の共闘委員会を開き、民主政府樹立促進協議会を結成、知事候補を社共統一候補でたたかうことを決定していた。しかし統一候補の人選に難航した。そのため、日本社会党福岡県連会長の松本治一郎が帰福して日本共産党と民主戦線統一懇談会を開き、激論の末に九州産別会議の推す林功《はやしいさお》（日本共産党）の立候補辞退と県民主主義戦線協議会の設立を承認しあった（『西日本新聞』昭和二十二年四月三日付）。これは投票日の三日前のことであった。一方、保守陣営でも、県下の有力政治家が公職追放によって出馬不可能という状況のなかで候補者選定は難航し、曲折ののち日本自由党と日本進歩党の協同推薦で龍野と決定した。杉本は、労働組合の多い北九州の五市や筑豊・大牟田の炭鉱地域で大量得票しただけでなく、もともと保守勢力の強い地盤であった農村部においても、朝倉・糸島など六郡を除く一三郡で龍野票を上回った。戦災の復興や食糧増産・失業対策といったこの時期の国民の切実な問題に対して、社会党の政党として未知数の魅力と期待が革新知事を誕生させたといえよう。

知事選と同日に行われた市長選挙では、福岡市で社会党候補が自由党候補に大差をつけて当選したが、小倉・久留米・門司では保守候補に敗れた。また、昭和二十二年四月三十日の県議会議員選挙でも、社会党は二〇議席（のち無所属の三人が加わる）を占めて県議会第一党となった。こうして、福岡県議会は社会党知事、与党の社会党多数という革新体制のもとであらたなスタートをきった。杉本知事は、インフレと食料危機の克服を基本政策としながら、終戦後の民政の安定・経済の復興・県政の民主化・教育の新興などをスローガンとした県政の運営にあたり、また在任中の最大の仕事となった農地改革事業の熱心な推進者として農地行政にも重点をおいた県政を展開した。

杉本による革新県政が二期続いたあと、昭和三十年四月の知事選では、革新知事三選阻止を合言葉に自由・民主両党が結束し、杉本県政の元副知事であった土屋香鹿《つちやかろく》を擁立、杉本からバトンを受けた日本社会党候補鵜《う》崎多一《ざきたいち》を約二万六〇〇〇票という僅差《きんさ》で破り当選した。これ以後、保守合同の実現や経済成長にともなう春闘《しゅんとう》方式の定着といった状況が変化するなかで、県下の日本社会党は総評とのブロック体制の強化につとめ、自由民主党との対決姿勢を強めていった。土屋（一期）後の福岡県知事選は、いずれも保革の熾烈《しれつ》な闘いとなり、鵜崎多一（革新、二期）、亀井光《かめいひかる》（保守、四期）、奥田八二《おくだはちじ》（革新、三期）、麻生渡《あそうわたる》（保守、三期）と保守と革新の県政の交代が続く。そのなかで福岡県の県政は、戦災の復興や食糧増産対策といった戦後復興的な政策から、徐々に開発型の政策に転換していくのである。

戦後の自治体と町村合併　昭和二十五年（一九五〇）五月に公布された国土総合開発法を受けて、翌二十六年三月には福岡県総合開発法が策定された。これは県下を北九州、筑後、福岡の三地区に分けて、国土保全（治山・治水・造林など）と鉱工業立地条件整備を行おうとするものであり、戦後はじめての開発計画であった。

戦後の地方自治体にとって大きな変化の一つは、町村合併の推進であった。その第一段階は昭和二十八年九月に公布された町村合併促進法に基づくもので、福岡県でも人口八〇〇〇人未満の小規模町村の解消をめざして、計画が策定された。その結果、昭和二十八年十月現在の二五〇町村が、三十年末現在で一四〇町村に整理・統合されている。また、町村合併にともなって、各市において市域の拡大が行われ、また合併によるあらたな市が誕生した。すでに昭和二十七年に市制を施行していた柳川市に続いて、二十九年中に甘木《あまぎ》市・大川市・山田市・筑後市・八女《やめ》市・行橋《ゆくはし》市が、三十年に豊前《ぶぜん》市が市制を施行している。さらに三十一年の新市町村建設促進法によって合併が促進され、あらたに中間《なかま》市が三十三年に市制を施行した。なお、その後、四十七年に春日《かすが》市・大野城《おおのじょう》市・筑紫野《ちくしの》市・小郡《おごおり》市が、五十六年に宗像《むなかた》市が、五十七年に太宰府《だざいふ》市が誕生し、この段階で県内の市は二二となっている。

九　高度成長とその後

福岡市南区の若久《わかひさ》団地

1 高度成長の出発

昭和三十年代の経済発展

昭和三十一年（一九五六）度の『経済白書』の「もはや戦後ではない」というフレーズは、時代を象徴する言葉として今日でもよく知られている。『経済白書』が言わんとしたのは、食わんがための必死の努力が自動的に経済成長をもたらす時代は終った、これからは技術革新をなしとげなければ成長はないという一種の警鐘であったが、多くの国民は貧困と混乱からの脱却を宣言したと受け取った。

実際に昭和二十年代後半から四十年代なかばにかけて、日本経済は好況と不況のジグザグを繰り返しながら、年率平均一〇%という驚異的な成長率を示した。経済のみならず、日本社会全体に構造的な変化をもたらし、国民の生活様式から意識までを変えることになった高度成長の時代である。

朝鮮戦争の特需《とくじゅ》ブームが去ると一転して不況の時代に入るが、昭和三十年から景気は上向きとなり、三十一年になると神武《じんむ》以来の好景気（神武景気）と呼ばれるブームが到来する。原動力となったのは、重化学工業を中心とする技術革新がもたらした大型設備投資である。重化学工業化比率は昭和三十年の三二%から三十六年には五四%に達し、産業構造の巨大な変化がもたらされた。鉄鋼業では需要の急増を背景に、技術革新による合理化計画の推進で、粗鋼生産量が昭和三十年度の九八〇万トンから三十五年度の二二二〇万トンへ二倍以上の増加を示し、三十四年にはフランスを抜いて自由主義世界第四位の鉄鋼生産国となった。

八幡製鉄所は昭和三十一年四月に第二次合理化計画を決定した。中心になったのは戸畑《とばた》地区における新鋭の銑鋼一貫《せんこういっかん》製鉄所の建設である。同地区の第一高炉は昭和三十四年九月に火入れが行われた。鉱石専用船が接岸する岸壁、すべて転炉《てんろ》に切りかえられた高炉、国内最大級、世界最新鋭のストリップ・ミルなど、港を中心とする物流との関連で生産工程全体が合理的にレイアウトされた、巨大臨海《りんかい》製鉄所の誕生である。これは八幡製鉄所の中心が、創業以来の八幡地区から隣接する戸畑地区に移る画期的な出来事であった。また、のちの堺《さかい》や君津《きみつ》のような大規模臨海製鉄所のモデルともなったものである。

なお、この時期の大規模投資としては、昭和三十一年の九州電力苅田《かんだ》発電所の完成があげられる。これは水力発電から火力発電中心への電力の転換を象徴するものであった。また昭和三十三年三月には関門《かんもん》国道トンネルが開通し、物流のあらたな時代を切りひらく役割を果たした。

炭鉱の企業整備反対闘争

朝鮮戦争ブームが去ったあとの炭鉱では、過剰貯炭による炭価下落が始まった。一方で産業界は、あいつぐ炭労《たんろう》のストライキの長期化で安定供給に不安をいだき、石炭から石油への転換を急ぐようになる。弱小炭鉱では昭和二十七年（一九五二）の景気後退の段階で閉山が続出し、それらはとくに筑豊に集中していた。

炭価下落による不況に直面した炭鉱はようやく本格的な企業整備に着手し、これに対して炭労はストを含む反対闘争を組織した（企業整備反対闘争）。企業整備とは要するに人員整理と労務慣行の見直しである。しかし、炭鉱の労務慣行は経営によってそれぞれ独自の内容を含む複雑なものであり、炭労は有効な統一行動を組織できなかった。またあいつぐ争議に世論はさめており、経営側は強気であった。このため筑豊では会社案に近い形で妥結し、財閥系をはじめとする大手で計三四五一人の人員整理が行われた（永末十四雄『筑豊』）。

三井鉱山では筑豊の田川、山野は妥結したが、三池労組はさまざまな戦術を駆使して頑強に抵抗した。会社側は昭和二十八年八月七日に、六七三九人の人員整理を含む合理化案を提示したが、組合は団体交渉を拒否した。このため会社は四五六三人の人員整理を通告し、希望退職が予定人員をはるかに下回ったため、九月四日に従わなかった者に対して解雇通告を行った。これに対して組合側は職員を取り囲んでの吊《つる》し上《あ》げ、部分スト、本社や幹部宅へのデモ、指名ストなどを波状《はじょう》的に継続したため、会社側は減産に追い込まれ、その間に販売網を侵食されるという痛手をこうむった。

このため、十一月二十七日に調印された労使による合意書は、解雇拒否者の職場復帰を認めるなど指名解雇の実質的な白紙撤回となった。これは企業整備反対闘争で三池のみが獲得した成果であり、「英雄なき一一三日の闘い」と称された。三池労組が炭労でも最強をうたわれる存在となっていったのは、多様な戦術を駆使し、中央の指導ではなく組合員大衆に依拠した大衆闘争方式の成果とされ、以後の炭労の戦術に大きな影響をあたえた。

地域ぐるみの現場闘争が成立した背景には、昭和二十八年七月二十一日に結成された三池炭鉱主婦協議会の存在も大きかった。昭和二十七年の炭労六三ストを支えたのも主婦層であった。組合による主婦層の組織化はのちの三池争議でも大きな力を発揮するが、炭鉱住宅コミュニティにおける「地域ぐるみ」は、同時に組合の分裂に際して地域社会に悲劇的な分断をもたらす前提ともなった。

エネルギー革命と筑豊の衰退

昭和三十三年（一九五八）になると石炭産業の業績はさらに悪化する。これは三池争議の直接の前提となったが、その前に筑豊の状況をみておこう。この時期の筑豊では、不況は零細《れいさい》炭鉱にとどまらず、比較的経営の良好であった地場資本の中小炭鉱にも波及していった。すでにみたように、産業界は技術革新による生産性向上を達成しつつあったが、石炭産業は旧態依《きゅうたいい》然《ぜん》たる労働力依存の体質を改善できなかった。

これに加えて、エネルギー源としての石炭にあらたな競争相手が登場した。一九五〇年代に中東《ちゅうとう》の油田《ゆでん》開発が進み、安価な石油が市場を求めていたのである。政府や産業界には、輸入エネルギーとの競合で高炭価の引下げ促進をはかる動きがでてきた。製鉄業における重油への転換、化学工業の石炭化学から石油・ガス化学への転換も進みはじめ、石炭産業の経営を圧迫した。

エネルギー供給の推移

年度	一次エネルギー総供給	一次エネルギー供給構成比(%)					
	10^{15}J	石油	石炭	天然ガス	原子力	水力	その他(新エネルギー・地熱等)
1953	2,578	15.3	47.7	0.2	—	29.0	7.8
55	2,684	17.6	47.2	0.4	—	27.2	7.6
60	4,220	37.6	41.2	0.9	—	15.7	4.6
61	4,853	40.6	38.8	1.2	—	15.5	4.0
65	7,071	59.6	27.0	1.2	0.0	10.6	1.5
70	13,383	71.9	19.9	1.2	0.3	5.6	1.0
75	15,330	73.4	16.4	2.5	1.5	5.3	0.9
80	16,627	66.1	17.0	6.1	4.7	5.2	1.1
81	15,998	63.7	18.4	6.3	5.2	5.3	1.1
82	15,250	61.8	18.5	6.9	6.3	5.1	1.2
85	16,967	56.3	19.4	9.4	8.9	4.7	1.3
90	20,183	57.1	16.7	10.2	9.4	4.1	2.6
95	22,685	54.8	16.5	10.9	11.9	3.4	2.5
2000	23,622	50.8	18.1	13.0	12.2	3.3	2.6
05	23,787	49.0	20.3	13.8	11.3	2.8	2.8

『近現代日本経済史要覧』による。

ただし、エネルギー革命と呼ばれる石炭から石油への転換は短期間で一気に進展したわけではないし、所管官庁の通産《つうさん》省も石炭を簡単に切りすてたわけではない。上表にみるように、一次エネルギー供給における石炭から石油への逆転が生じたのは、一九六〇年代になってからである。

石炭業界は危機の打開をはかるために、長年つちかった政治力を駆使して政府に働きかけた。しかし、それは戦中から戦後の統制時代に炭鉱を潤《うるお》した、国の補助金政策の再現を思わせるような業界本位の対策であり、産業界や官庁の反発を招いた。通産省も昭和二十八年一月に、いったんは石炭から重油への熱源転換を奨励する方針をだすが、しかし翌年一月には再度方針を転換するのである。

通産省の検討をへて、政府は昭和三十年五月、石炭鉱業合理化臨時措置法案を閣議決定し成立させる。ここで打ち出されたのが、買上げによって非能率炭鉱の閉山をうながし、経済効率の高い優良鉱は補助金による立直しをはかるという、いわゆるスクラップ・アンド・ビルド政策である。これによって、一部のビルド鉱は竪《たて》坑《こう》開発を中心に生産の合理化がはかられたが、中小炭鉱を中心に閉山が加速することになった。

神武景気（昭和三十一年）は産炭地にも一時的な好景気をもたらしたが、筑豊では技術革新や合理化をともなわない、労働力投入型の中小生産を簇生《そうせい》させることになり、次にくる危機を深刻化させる要因となった。神武景気を最後に、炭鉱は決定的な危機に陥っていった。産炭地でもっとも深刻だったのは筑豊だろう。筑豊を代表する大炭鉱であった三井田川ですらビルド鉱に指定されず、昭和三十九年には閉山に追い込まれている。

地域住民の日常生活をなりたたせる社会構造そのものが、石炭生産を中心に構造化されていた筑豊では、閉山と失業によって地域社会は崩壊の様相を呈していた。炭鉱住宅街は電気や水道も止められ、生活保護を受ける者が急増し、長欠《ちょうけつ》児童や欠食《けっしょく》児童も少なくなかった。しかも財政の窮乏にあえぐ産炭地市町村に、救済能力はまったくなかった（以上、永末十四雄『筑豊』）。

昭和三十四年には、こうした窮状を募金活動によって救済し、問題を世論に訴える目的で、「赤《あか》い羽根《はね》」にならった「黒《くろ》い羽根」運動が展開された。日活の映画スターが街頭募金に立つ姿はメディアで全国に報じられ、大きな反響を呼んだ。写真家の土門拳《どもんけん》は、中綴《なかと》じの週刊誌形態であえてざら紙に印刷した写真集『筑豊のこどもたち』を一冊一〇〇円で刊行、全国の書店に平積《ひらづ》みされた子供たちの窮状は、社会問題としての「筑豊」を世論に注目させた。

政府は昭和三十四年十二月に炭鉱離職者臨時措置法を成立させた。これによって筑豊各地で失業対策事業が開始されるとともに、県外への就職斡旋《あっせん》が開始され、多くの人びとが単身で、あるいは家族で県外に移住した。こうして、筑豊は急速に地域の活力を失っていくのである。

石炭から石油へのエネルギー転換が一気に進むのは、昭和三十五年六月に政府が「貿易・為替自由化計画大綱」を決定し、これにともなって同年十月に原油の輸入自由化が実施されてからである。中東の安価な原油が大量に入ってくる、マンモスタンカーの時代が到来する。

電力や製鉄などの大口需要者は石炭から石油に切りかえていき、臨海工業地帯を中心とする重化学工業はめざましい発展をとげた。新産業である石油化学工業の勃興もめざましく、ナフサや重油をその地域のコンビナートへパイプラインで供給する、コンビナート製油所があいついで設立された。

石油化学工業の展開は、産業立地を大きく変化させた。四日市《よっかいち》（三重県）・岩国《いわくに》（山口県）・水島《みずしま》（岡山県）・鹿島《かしま》（茨城県）などに石油化学コンビナートが立地して、大規模な臨海工業地帯を形成した。三井・三菱などの財閥系企業は、これらの臨海工業地帯への投資によって石油化学への進出をはかった。鉄鋼・石油化学を中心とする新興の臨海工業地帯は、戦前からの四大工業地帯と連ねられて、昭和三十年代の後半には太平洋ベルト地帯と呼ばれる産業立地構想のなかに位置づけられていった。そのため、三菱化成黒崎や大牟田の三井グループなど、それまで化学工業の主力をなした福岡県内の工場は、戦前から戦後復興期に保っていた地位をしだいに低下させていくのである。

エネルギー革命は日本経済の高度成長を支えた大きな要素であったが、福岡県の産業構造にあたえた影響も決定的であった。昭和三十年代後半には、大部分の炭鉱経営が成り立たなくなることがはっきりする。

三池争議

このようななかで、三池炭鉱では昭和三十四年（一九五九）から三十五年にかけて大争議が発生する。これは労働運動史、労使関係史を分かつ戦後最大の争議であり、階級闘争意識に基づく大争議の時代の終りを告げるものであった。同時期に盛り上がった日米安全保障条約改定阻止運動（安保《あんぽ》闘争）とも重なって、一大政治問題化した争議でもあった。それはまたエネルギー革命と産業構造の転換を象徴するものでもあり、その意味で、福岡県の戦後史を画《かく》するものともいえるだろう。

会社側は銀行団から三三億円の融資を受け、組合側が使った闘争資金は二二億円、現地に入った組合のオルグは延べ三〇万人、動員された警察官は延べ五〇万人といわれる（平井陽一『戦後労働運動の分水嶺』）。もって争議の規模を想像できるだろう。

昭和三十三年に入って急速に業績が悪化していた三井鉱山は、翌年一月に組合に対して第一次合理化案を提示し、団体交渉（団交《だんこう》）にはいった。三池労組には全国三井炭鉱労働組合連合会（三鉱連《さんこうれん》）と職員を中心とする三井鉱山社員労働組合連合会（三社連《さんしゃれん》）があり、いずれも炭労に所属していたが、それぞれの立場は異なっていた。また三鉱連は三池のほか筑豊の山野・田川、北海道の美唄《びばい》・芦別《あしべつ》・砂川《すながわ》の各鉱山労組からなり、争議に対する姿勢は労組間で微妙な相違があった。炭労最強をうたわれた三池労組も一枚岩というわけではなかったのである。

団交も両者別個に行われ、第一次合理化案に三鉱連は全面拒否の態度であったが、三社連はある程度柔軟な姿勢を示した。二カ月半を要した交渉の末に、四月初めにいったんは協定が成立し、会社側は希望退職の募集を行ったが、その結果は全山《ぜんざん》六〇〇〇人の募集にわずか一二〇〇人余りの応募しかなく（三池は一五二人）、会社側の希望は達せられなかった。

このため会社側は昭和三十四年八月、三池二〇二〇人をはじめ計四五八〇人の人員整理を骨子《こっし》とする第二次合理化案を提示する。組合側は闘争方針をめぐって三池とそれ以外の三鉱連五山《ござん》が対立したが、最終的には指名解雇撤回、首切りにつながる希望退職も拒否という方針が貫かれた。他方で会社側は「労働時間の規律化、職場運営の正常化」を強く求めた。具体的には組合活動家の指名解雇である。数度の決裂を挟んで繰り返された団交はまとまらず、会社側が十月に実施した希望退職者募集に対して、三池労組は一切の退職を認めず、募集阻止の闘争を行った。このため三池ではわずか一三五人の応募しかなかった。

指名解雇というあらたな段階に直面して、十一月に再開された団交は徹夜の交渉にもかかわらず進展をみなかったため、同月二十一日に中央労働委員会の中山伊知郎《なかやまいちろう》会長は職権をもって斡旋《あっせん》案を提示した（中労委第一次斡旋案）。これに対して会社側は、五山については応諾《おうだく》するが三池については拒否すると回答、受諾の可能性があった炭労中央もこれをみて拒否を回答した。

これらの経過をへて、会社は十二月十一日、三池に対する一二七八人の指名解雇を通告した。年末年始の休戦状態をへて、指名解雇後の配置転換をめぐる団交は進展せず、会社側はついに昭和三十五年一月二十五日、三池全山のロックアウトを通告、これに対して労組は無期限全面ストをもって応じ、争議はあらたな段階に突入した。

組合の分裂と対立

しかし、三池労組のなかにも強硬方針に批判的な勢力は存在した。このため労組の戦術は組合の分断阻止に比重がおかれ、配転承認などの「統制違反」に対する監視を厳しくするなど、険悪な空気につつまれた。そのようななか、昭和三十五年（一九六〇）三月十五日に開かれた

三池争議　ホッパー前でピケをはる三池労組員（昭和35〈1960〉年）。

三池労組の中央委員会は、両派が会場の外でデモを繰り返し怒号《どごう》が飛び交うなか、批判派の中央委員による戦術転換の議案が議論され、全員による無記名投票という主張が容《い》れられなかった批判派は退場し、三月十七日に二八七〇人をもって三池炭鉱新労働組合（新労《しんろう》）が組織された。三社連は新労結成と歩調をあわせて炭労を脱退している。

こののち、三池争議は二つの組合による労働者同士の衝突を含む、十数回の衝突による流血の惨事《さんじ》という悲惨な展開をとげる。新労は会社側とともに就労をめざし、総評の支援を受けた三池労組は実力阻止行動にでた。炭労は三月十八日に短期ゼネストを指令するが、二十七日に三鉱連が戦術転換を要求、これを受けて炭労は指令を撤回し、中労委に斡旋を申請する。二十八日には三川《みかわ》坑で、就労しようとする新労組員と三池労組のあいだで労働運動史上に例をみない大乱闘事件が発生し、多数の重軽傷者をだすという惨事にいたった。

このようななかで、二十九日に三池労組のピケ隊員久保清《くぼきよし》が、スト破りの暴力団員に刺殺されるといういたましい事件が発生した。この事件は炭労の斡旋申請によってただよい始めた争議の後退ムードを一変させた。中労委会長の藤林敬三《ふじばやしけいぞう》による斡旋案に対して、四月九日からの炭労大会は、八日間にわたる議論の末に斡旋案拒否を決定、おりから高まりをみせていた安保改定反対闘争を背景に、総評・炭労の全面支援のもと、労組側は三川坑ホッパー（貯炭槽《ちょたんそう》）の死守《ししゅ》に全精力を集中した。ホッパーを守れば会社は出炭することができない。

争議はホッパーをめぐる攻防戦の様相を呈していった。

この間、海上から就労しようとする新労の輸送船と、阻止しようとする三池労組のピケ船のあいだで、「三池海戦《かいせん》」と称された衝突が、六月末から七月初めにかけて三回にわたって展開された。ホッパー周辺では、ヤッケを着込み鉄帽《てつぼう》に覆面《ふくめん》姿で、竹竿《たけざお》や棍棒《こんぼう》を手にした労組の行動隊員がデモや衝突を想定した訓練を行うなど、騒然とした空気が日常化するなかで、七月七日にホッパー周辺の二度目の立入禁止仮処分が決定された。これに対して総評・炭労は二万人を動員、二十日の仮処分執行には警官隊と労組の激突が必至という状況になった。こうしたなかで、石田博英《いしだひろひで》労働大臣が労使双方に政府勧告を行うとともに、中労委の藤林会長が白紙委任の斡旋を前提とした衝突回避の申入れを行い、ついに衝突寸前の二十日早朝、事実上の「休戦」が実現したのである。しかしこの休戦は、炭労が苦渋の末に「白紙委任」を受諾して成立したものであった。

争議の終焉

八月十日に提示された中労委の第二次斡旋案（いわゆる藤林斡旋案）は、実質的に解雇を認めるもので、組合側には厳しい内容であり、十二日に開かれた三池労組の中央執行委員会は斡旋案拒否を決定した。しかし、すでに白紙委任を承認していた炭労には、三池を支える体力は残っていなかった。八月十八日に始まった炭労の大会は、苦悩を示すかのように実に九月六日まで続き、斡旋案受諾を決定するのである。翌日の総評大会は炭労の方針を承認し、九月八日、三池労組中央委員会も受諾を決定した。

十月二十四日に妥結協定書が調印され、十一月一日に三池労組がスト解除・就労を宣言し、同日に会社側はロックアウトを解除、十二月一日を期して一番方《いちばんかた》より全面就労が実現した。さしもの大争議もここに最終的な決着をみたのである。

三池争議、ことにその後半は、国会周辺を連日一〇万人単位のデモ隊が埋めつくす日米安全保障条約改定阻止運動と連動して、大きな盛上りをみせた。しかし自由民主党による強行採決をへて、昭和三十五年六月十九日に安保条約が自然成立すると、革新政党や労働界は三池を支え続ける確固とした方針を示すことができず、突出する三池労組の孤立化は覆うべくもなかった。岸信介《のぶすけ》内閣退陣のあとを受けて七月十八日に、「寛容《かんよう》と忍《にん》耐《たい》」を掲げて池田勇人《はやと》内閣が成立し、階級闘争意識を基盤とする争議の時代が終りを迎えるのである。

しかし三池という炭鉱に立脚した地域社会では、新旧労組の対立による後遺症は簡単には解消しなかった。すでに述べたように、家族を単位とする炭鉱社宅によって形成された地域社会は、争議の強力な基盤となった。しかし同時に、労働運動のイデオロギー対立による組合の分裂と激しい衝突は、親密な人間関係によってなりたっていた地域社会を、より深く引き裂くことになったのである。

マルクス主義経済学者で左派社会党の理論家であった向坂逸郎《さきさかいつろう》(一八九七〜一九八五)は、三池争議に深くかかわっている。向坂は大牟田市に生まれ、旧制五高から東京帝大経済学部を卒業し、ヨーロッパ留学後に九州帝大教授となるが、昭和十三年に同大学を追われ、戦後九州大学に復職している。向坂を中心に三池労組のなかに組織された学習会から、争議を担う幾多の活動家が登場した。メディアはそれを「向坂学校」と呼んだ。しかし三池争議を特徴づけた激しい闘争は、理論や指導を超えたところに発生した、名状《めいじょう》しがたい意識に基づく労働者の激発であったと思われる。向坂学校が三池争議を指導したのではなく、三池争議が向坂を一種のカリスマにしたのであろう。

政策転換闘争とその後の石炭政策

三池争議の敗北以後、炭労は「政策転換闘争」方針を決定し、東京でのデモや、国会、関係省庁への陳情を繰り返した。石炭産業の窮状打開は石炭政策の転換なしにはありえないとする立場からの行動である。また財政難に苦しむ産炭地の市町村も、政府に立法・財政措置を要求した。

政府も単純に切捨て政策を進めたわけではない。三池争議のただなかの昭和三十四年（一九五九）十二月には、緊急就労・職業訓練・離職者援護を骨子とする炭鉱離職者臨時措置法が成立し、それに基づいて炭鉱離職者の再就職および生活の安定を目的とする炭鉱離職者援護会が設立されている。また昭和三十五年八月十六日には、炭鉱離職者対策推進本部が設置された。

昭和三十六年六月、政府は石油の輸入自由化を閣議決定し、エネルギー革命の進行が本格化する。だが他方で、通産省石炭局内には、三〇万人ともいわれた炭鉱労働者の雇用をどう守るかという問題意識も存在した。政策転換闘争の時期に炭政課長をつとめた井上亮《まこと》は、戦前戦後を通じて国の政策に協力して、合理的生産の枠を超えて増産につとめた炭鉱に対して、石油が安いからといって経済合理主義一本で律するのはいくらなんでも気の毒ではないかという雰囲気が、役所内にもあったと証言している（『有沢広巳戦後経済を語る』）。陳情活動の際の炭労幹部は、井上の部屋をたまり場にしていたという。日本社会党中枢には多賀谷真稔《たがやしんねん》ら炭労出身の政治家がおり、産炭地問題については無視できない存在であった。通産省のみならず労働省の所管でも、昭和三十六年七月に労働者の技能習得、雇用促進、就職援助などを目的とする雇用促進事業団が設立されている。

そのようななかで、同年十月には産炭地振興臨時措置法が制定された。同法に基づいて、昭和三十七年七月に産炭地域振興事業団が発足し、産業団地の造成や融資事業などを行った。しかし根本的な問題は、斜陽《しゃよう》の石炭産業の方向性をどのように定めるかである。政府は昭和三十七年四月に、「権威ある調査団」を編成することを閣議決定し、著名な経済学者であった有沢広巳《ありさわひろみ》を団長とする石炭鉱業調査団が組織された。同調査団は三次にわたって全国の産炭地の調査にあたったが、同調査団の報告書は、それまでのスクラップ・アンド・ビルド政策が、建前とはいえ石油と価格面で競争することを目標としていたのに比べ、石炭が石油に対抗できないことを前提に、石炭産業の崩壊がもたらす社会的摩擦の回避をめざす政策へと大きく舵を切るものであった。

昭和三十七年十月の「第一次答申大綱」が語るところはつぎのようなものであった。すなわち、(1)現在の石炭関係者に課せられた苦難の大きさはほとんど類をみないものである。(2)今回の合理化の成否《せいひ》はおそらく石炭にとって最後の機会と考えられる。(3)炭鉱離職者多発地帯における問題の深刻さにかんがみ、地域社会の総合的振興対策を樹立することが、当面焦眉の急務である。

スクラップ・アンド・ビルドを推進する側がこのように語らなければならなかったことのなかに、当時の石炭産業と地域社会の苦境が読みとれるだろう。実施されたおもな産炭地振興策としては、地域振興整備公団（産炭地域振興事業団の後身）による融資、税制優遇などによって企業を誘致し、地域振興をはかる、公団による産業団地などの整備による基盤整備事業、交付金、補助金などの財政支援などであった。

これらの政策努力にもかかわらず筑豊の閉山はとどまることなく、スクラップ・アンド・ビルドならぬスクラップ・アンド・スクラップと自嘲《じちょう》的に揶揄《やゆ》された。昭和四十年ごろまでには、わずかなビルド鉱を残して雪崩《なだれ》を打って閉山が続き、労働力の流出による過疎化、生活保護世帯の激増、鉱害問題などが地域社会に影を落とした。こうして昭和四十八年にはすべての坑内掘《こうないぼり》の炭鉱が筑豊から姿を消したのである。

衰退する石炭産業に追打ちをかけるように、大規模な炭鉱災害が続いた。昭和三十八年十一月九日に三池炭鉱三川坑で起こったガス炭塵《たんじん》爆発は、死者四五八人を数える戦後最大の炭鉱事故となった。助かった人も、八三九人が一酸化炭素中毒におかされ、長期間にわたって言語障害や運動障害に苦しめられ、補償をめぐる訴訟を続けなければならなかったのである。続いて昭和四十年には筑豊の山野《やまの》炭鉱でも、死者二三七人をだすガス爆発事故が発生している。

閉山は産炭地の人びとにどのような変化をもたらしたのだろうか。嶋﨑尚子《しまざきなおこ》の研究によれば、閉山後の炭鉱労働者の社会移動は、地元産炭地に滞留する中高年層と石炭産業から他産業へ職業転換し地域移動する者とに二分されるという。前者は大手炭鉱→中小炭鉱→請負組夫《くみふ》→失業対策事業→生活保護という下降法則に世代間にわたって陥り、旧産炭地に滞留し続けている。後者は広域職業紹介と集団就職という形で太平洋ベルト地帯に移住していった（嶋﨑「炭鉱閉山と労働者・家族のライフコース─産業時間による説明の試み」）。

炭鉱離職者

嶋﨑は広域移動する筑豊の元炭鉱労働者やその家族の姿を、つぎのように印象的に述べている（「炭鉱離職者対策初期における労働者の広域職業移動─「炭鉱離職者就職通報」個票データによる分析─」）。

多くの若年男女、壮年男性、夫婦、親子が火曜日ごとに急行阿蘇《あそ》号（夜行）に乗って新天地を求めてヤマの町飯塚を後にした。同じ列車に福岡県内、佐賀、長崎からも相当数が同乗していたことは容易に想像できる。この光景は炭鉱離職者たちの広域移動の原風景である。

筑豊の解体的な閉山は、日本経済の高度成長を象徴する池田勇人内閣の所得倍増計画の時期と重なっている。次項で述べるように、高度成長は農村から都市への地滑り《じすべ》り的な人口移動をもたらした。それと同じように、産炭地から大都市圏への人口移動が生じていたのである。

飯塚公共職業安定所の資料を用いて、昭和三十五年（一九六〇）度に飯塚地域から広域移動した炭鉱離職者やその子弟などについて分析した嶋﨑の研究結果はきわめて興味深いものである。それによれば、同地域から愛知・大阪・東京・神奈川・兵庫などの大都市への移動は、制度化された仕組みによって職員引率のもとで粛々《しゅくしゅく》と進められ、昭和四十年代以降も雇用促進事業団ならびに各ヤマの閉山対策本部によって正確に継承されたという。また昭和三十五年度における炭鉱離職者子弟の大規模な広域就職の仕組みは、東北を中心とする農村からの「金《きん》の卵《たまご》」の移動と驚くほど共通しているという。筑豊における解体的な閉山がもたらした、もう一つの社会史として記憶されるべきであろう。

所得倍増計画

六〇年安保闘争が収束したのち、政治の季節から経済の季節への転換が広く意識されるようになる。神武景気のあとの昭和三十三年（一九五八）の不況は鍋底《なべぞこ》景気と呼ばれたが、三十五〜三十六年には岩戸《いわと》景気と呼ばれる好況が訪れる。ブームを牽引したのは設備投資である。昭和三十五年十一月の総選挙で圧勝したのち、第二次池田勇人内閣において「国民所得倍増計画」が閣議決定され、国民総生産（GNP）を一〇年間で二倍にする政策がスタートした。所得倍増計画は当初はメディアのみならず多くの経済学者すら批判的な論評をしていたが、結果的には日本社会に巨大な構造的変動をもたらした。

鉄鋼業についてみると、政府による長期需要予測に基づいて第三次合理化計画が進行し、生産力が飛躍的に拡大した。粗鋼生産は昭和三十年の二二〇〇万トンから四十五年には一億トンへ、一五年間に約五倍の増大を示し、イギリス、西ドイツを抜いて米ソにつぐ世界第三位の鉄鋼生産国となった。

この時期の特徴は、これまで鉄鋼供給基地のなかった太平洋沿岸に、銑鋼一貫の大型臨海製鉄所が配置されたことである。それらを中心に、東京から北九州にいたる太平洋ベルト地帯と呼ばれる工場立地が形成された。消費地に近接した、大型化と近代化による新しい生産基地へのスクラップ・アンド・ビルドは、近代日本の産業化を支えた八幡製鉄所の役割を変えていく。八幡は新鋭製鉄所建設への兵站《へいたん》基地へと変化した。堺《さかい》（昭和三十六年操業開始、四十年高炉火入れ）や君津《きみつ》（四十年操業開始、四十三年高炉火入れ）などの新鋭工場に技術や熟練労働力、ノウハウを提供し、対外技術協力にも対応する本社機能を担うようになる。そのような変化を『八幡製鉄所八十年史』は、「遊学した息子のために、自分の身なりも構わず、仕送りを続ける母親」の姿になぞらえている。

すでにふれたように、高度成長期に農村から都市への大規模な人口移動が発生した。人手不足による都市勤労者の賃金が上昇したためである。各地から中卒、高卒の若者が就職列車で大都市に向かった。農村から都市への人口移動は、耐久《たいきゅう》消費財へのあらたな需要をもたらす。テレビ・電気洗濯機・電気冷蔵庫が三種《さんしゅ》の神器《じんき》と呼ばれ、耐久消費財の爆発的な普及は高度成長の原動力であった。

都市部では一九五〇年代末から、鉄筋《てっきん》コンクリート建築の賃貸《ちんたい》の公営住宅があいついで建設された。これらの集合住宅を示す団地という呼称はこのころ始まったものである。団地の一般的な間取りであった2DKは、高度成長期における都市部の生活様式の変化を象徴するものであった。2DKにテレビ（白黒）・電気洗濯機・電気冷蔵庫、かなり背伸びしてステレオをおいた生活こそ、当時の庶民の憧《あこが》れの存在だったのである。

福岡市では日本住宅公団によって建設された曙《あけぼの》団地（現、早良区《さわらく》。昭和三十一年入居開始）が九州の公団住宅としては一番早いとされる。一九六〇年代になると、大規模な市営、公団の団地が市内の各所に建設されるようになる。

北九州でも一九五〇年代前半から、馬寄《まいそう》団地（門司《もじ》）など、主として市営による団地が、現在の北九州市を形成する五市すべてで建設されるようになる。

他方で農業従事者の全就業者に占める割合は、昭和三十五年から四十五年のあいだに二九％から一六％に低下し、兼業農家のうち第二種兼業農家（農業を従とする）は四十五年で半数、専業農家は同年で一五％にすぎない。農村もそのありさまを一変したのである。

テレビの時代

家庭電化製品をはじめとする耐久消費財の爆発的普及は高度成長の原動力の一つであり、同時に庶民の生活様式に大きな変化をもたらしたものであった。いわゆる大衆消費社会の到来である。耐久消費財の急速な普及のなかでも、テレビのそれはきわだっていた。グラフにみられるように、テレビの普及率は昭和三十年（一九五五）ごろにはおよそ八〇％に達し、しかもほかの電化製品に比べて、普及の速度における所得階層間の差や都市部と農村部の差がきわめて少なかったのである（吉川洋『高度成長』）。

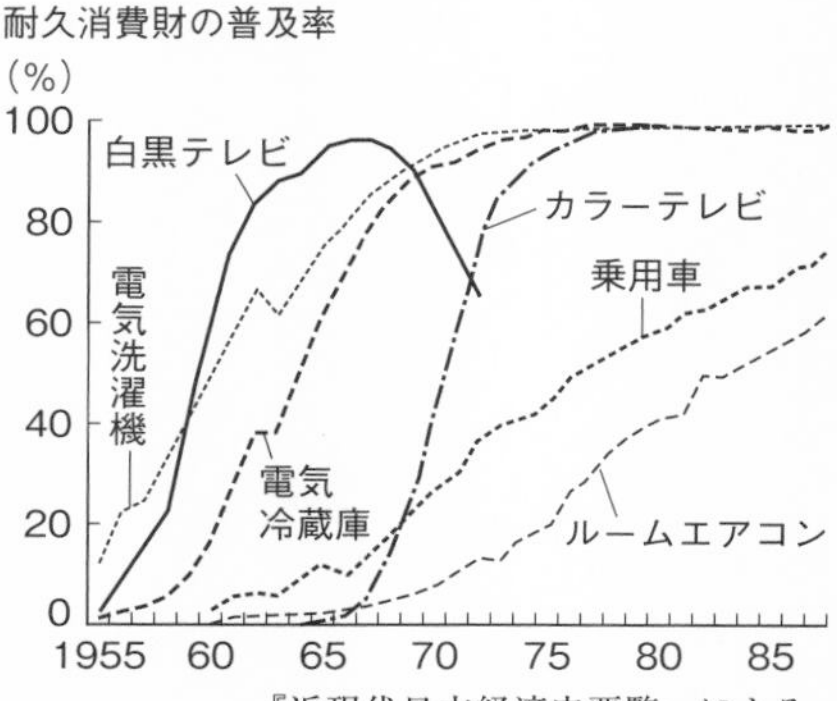

『近現代日本経済史要覧』による。

日本シリーズ初制覇　昭和31年，西鉄ライオンズは，読売ジャイアンツを破って日本シリーズで初優勝。優勝記念パレードの沿道は歓喜の人びとで埋められた。

福岡の人びとにとって、昭和三十一年からのプロ野球西鉄ライオンズの日本シリーズ三連覇がのちのちまで語り継がれたのも、多くの人がテレビ中継でそれをみとどけたからであろう。安保条約反対闘争や三池争議が日本中の注目を集めたのも、テレビ画面がデモの様子やデモ隊と警官隊の衝突をなまなましく伝えたことと無関係ではない。

映画の時代からテレビの時代への転換を象徴する東京タワーは、昭和三十三年十二月に竣工しているが、この年は福岡における民放テレビ局が開局した年でもあった。同年八月にはＲＫＢ毎日放送とテレビ西日本（ＴＮＣ）があいついで開局、翌三十四年には九州朝日放送（ＫＢＣ）が開局した。高度成長期における耐久消費財の普及は国民の生活様式、ひいては国民意識に大きな変化をもたらしたが、テレビはその象徴的な存在だったのである。

2　経済大国化と地域社会の変貌

高度成長の光と影

昭和四十年代は、日本の経済があらたな段階にはいった時代であった。昭和四十一年（一九六六）に始まるいざなぎ景気に続いて、四十五年までの長期にわたって、一〇％を超える持続的な経済成長が続いた。重化学工業を中心とする輸出が飛躍的に伸び、ＧＮＰ（国民総生産）が自由主義世界第二位に到達したことが騒がれる一方、高度成長の「ひずみ」が語られ、公害問題への関心が高まった時期でもあったのである。

戸畑第４高炉　八幡製鉄所における鉄源部門の戸畑地区集約が進み，1970年には第４高炉が操業を開始した。

この時代に春闘《しゅんとう》の賃上げ率は平均一五％弱を示し、自動車（自家用車）が急速に普及した。３Ｃと呼ばれたカー・クーラー・カラーテレビが新三種の神器ともてはやされた。自動車産業はそれまでの鉄鋼、機械、化学工業に続いて、重化学工業化の主要な担い手となっていった。

自由化が進むなかで、国際競争力を強化するための大型合併が注目されたのもこの時代である。その象徴といわれたのが、八幡製鉄と富士製鉄の合併である。両者の合併によって、昭和四十五年三月三十一日に新日本製鐵株式会社が成立した。ここに粗鋼生産でＵＳスチールを抜いて世界第一位の巨大企業が誕生したのである。

この前後に八幡製鉄所では、堺や君津の新鋭設備建設のかげで老朽化が進んでいた八幡の若返りをめざして、マスタープランが作成された。これは鉄源部門の戸畑集約と、収益性の高い高級鋼生産の推進を中心とするものであった。戸畑集約によって昭和四十七年には、明治三十四年（一九〇一）の創業以来稼働を続けてきた東田《ひがしだ》第一高炉の火が消え、その歴史的役割を終えるという象徴的な出来事があった。

筑豊地域では旧産炭地振興政策として一九六〇年代から多くの工業団地が造成され、企業誘致が進められたが、中小規模のものが多かった。そのなかで特筆すべきは、昭和四十年に造成が開始された苅田《かんだ》町の小波瀬《おばせ》臨海工業用地である。かつて筑豊炭の積出港であった苅田港に隣接する埋立地に日産自動車九州工場が進出し、昭和五十年から輸出用小型トラックを中心とする生産が開始された。

他方で昭和四十年代の社会は、高度成長のマイナスの部分が多くの人に認識されるようになった時期でもあった。物価は上昇し、公害問題が発生し、『朝日新聞』の連載企画のタイトルだった「くたばれＧＮＰ」は、時代を象徴する流行語となった。とりわけ公害問題は高度成長の負の部分を代表する社会問題となり、昭和四十六年には環境庁が設置された。

もっとも大きく社会的な注目をあび、日本人が公害問題を認識する原点となったのは水俣病《みなまた》である。加害企業であるチッソ（水俣病の発生時は新日本窒素《ちっそ》）と政府を弾劾する運動は、この時期の時代思潮を象徴する存在となり、公害問題を超えた社会的影響力をもった。

北九州と大牟田という重化学工業地帯をかかえる福岡県が、公害問題の深刻さと無縁《むえん》でなかったのはいうまでもない。一九六〇年代、北九州の大気汚染は全国最悪といわれ、洞海湾《どうかいわん》は工場排水によって大腸菌も住めない「死の海」と評された。洞海湾には排水規制が実施され、北九州市は昭和四十二年に企業とのあいだに公害防止協定を結び、四十五年には公害防止条例を制定した。福岡県も昭和四十七年に環境保全条例を制定している。さらに昭和四十九年には北九州市が硫黄酸化物《いおうさんかぶつ》総量規制地域に指定されている。これらの問題に対して、洞海湾の浚渫《しゅんせつ》工事など公害防止対策事業も実施された。一般に工業都市における環境対策は、法制度のみならず社会工学的な技術が解決した側面も多い。北九州市は平成二十年（二〇〇八）に環境モデル都市に認定されている。

大牟田市については、昭和四十六年に工場排水によるカドミウム汚染の要観察地域に指定されている。有明《ありあけ》

若戸大橋の架設様子（昭和37〈1962〉年頃）

海《かい》が環境基準の指定水域となったのもこの年である。

地域開発と都市間競争

一九六〇年代以降、国土計画的な観点からの総合的地域開発計画が数次にわたって立案され、地方はその誘致合戦を繰り返した。第二次池田勇人内閣のもとで、昭和三十七年（一九六二）に経済企画庁によって全国総合開発計画が策定された（目標年次昭和四十五年）。これは「均衡ある発展」を掲げて地域間格差の是正をはかろうとしたものである。太平洋ベルト地帯に企業と人口が集中し、それ以外の地域とのあいだに格差が拡大することが問題視されていたからである。

その具体化として、昭和三十七年五月に新産業都市建設促進法が制定され、全国一五の地域が開発の拠点地域として新産業都市に指定された。福岡県関連では熊本県にまたがる不知火《しらぬい》・有明《ありあけ》・大牟田地域が指定されている。地域に多大の期待をいだかせた新産業都市だが、水島《みずしま》（岡山県）と大分を除けば造成された工業用地に企業はほとんどこなかった。不知火・有明・大牟田地域も例外ではなかったのである。

こうしたなかで、昭和三十八年二月に門司・小倉・若松・八幡・戸畑の五市が合併して、一〇〇万都市北《きた》九州市《きゅうしゅうし》が発足し、合併後の四月一日に政令指定都市に指定された。全国で六番目、三大都市圏以外では初の政令指定都市であった。五市の合併問題の歴史は長い。古くは明治後期に隣接する都市間の合併が論議され、大正期には北九州工業地帯という一体化したとらえ方がなされるようになった。戦前から戦後にかけての数次にわたる合併運動をへて、昭和三十五年二月の五市市長会で合併の推進が同意され、三十七年一月に五市合併促進協議会が設置された。五市合併には議員数などさまざまな利害の調整が問題となるが、特別立法（合併特例法）を自治省が容認し、合併が成立した。

このようななかで、工業都市化による発展の夢を追い続けるかどうかの岐路に立っていたのが福岡市である。明治以来、工業化によって急速に発展する門司・八幡などの北九州都市に羨望《せんぼう》のまなざしを向けていた福岡市は、昭和三十六年に最初のマスタープランである福岡市総合計画を策定した。めざされたのは第二次産業の振興による発展であり、博多湾を埋め立てて臨海工業地帯を造成し、大規模工業の立地をはかることが中心であった。昭和三十五年の福岡市の産業構造は、第二次産業二二・六％、第三次産業六八・二％であり、第二次産業の比率は東京（三九・六％）、大阪（四四・二％）、名古屋（四二・六％）と比較しても低位にあった。

福岡市は総合計画のもとで政令指定都市や新産業都市の指定をめざしたが成功せず、その間に五市合併を果たした北九州市に人口も抜かれてしまう。その後、昭和三十九年に福岡市は大規模地方開発都市の指定を受ける。大規模地方開発都市は全国総合開発計画で規定されたもので、北海道・東北・中国および九州地方のそれぞれに、「産業等の誘導を容易にし、当該地方の飛躍的な発展をはかるため、中枢主導的な役割を果たす」ものとして整備するとされた。

これによって福岡市の工業化が進展することはなかったが、他方で「行政、経済、文化等都市的機能を綜合《そうごう》的かつ高度に具備《ぐび》」することで東京・大阪などの過大都市への依存を緩和し、「当該地方発展の中枢主導的役割を果す」とされた点は、その後の福岡市の総合計画に一定の影響をあたえたかもしれない。

昭和四十一年に発表された福岡市の第二次総合計画は、第一次計画の工業化路線からかなり大きく舵《かじ》を切っ

新幹線の開通　1975（昭和50）年３月10日，山陽新幹線「ひかり」号が博多まで開通。東京－博多間が6時間56分で結ばれた。博多駅は，筑紫口側にホームと駅ビルを増設した。

たものとなった。第二次計画は、管理中枢都市としての都市機能の充実を軸に、情報・物資の伝達、施設の高度化・集約化に発展の方向性を見出そうとしている（石橋知也「戦後期の福岡市政における臨海部開発の計画経緯と影響に関する研究」）。

第二次計画に示された方向性は、必ずしも順調に実現したわけではない。またその後の政策がただちに福岡市の都市発展に効果を発揮したかどうかも疑問である。

しかし、結果として一九八〇年代以降の福岡市の発展ぶりをみると、昭和四十一年の路線転換はそれを暗示しているようにもみえる。福岡市は昭和四十七年四月に、札幌市・川崎市とともに政令指定都市となった。

オイルショックと列島改造

福岡市が政令指定都市となった昭和四十七年（一九七二）の七月に、自由民主党の田中角《かく》栄《えい》は佐藤栄作《えいさく》のあとを受けて首相に就任した。田中はその前月に、実質的な政権構想である『日本列島改造計画』を出版して注目を集めていた。田中の構想は、太平洋岸の巨大都市に集中している工業を地方の中核都市に分散し、それらを高速交通網で結ぶネットワークを形成し、経済成長の成果を地方にいきわたらせようというものであった。列島改造論は厖大《ぼうだい》な公共投資を前提とするものであり、日本社会は列島改造ブームにわいた。

すでに昭和三十年代には新幹線や高速道路の建設などによって「交通革命」が唱えられていたが、こうした動きがやや遅れて福岡県でも展開されるようになった。昭和四十八年十一月には、着工以来五年半の歳月と三〇〇億円の工費を投じた関門橋《かんもんきょう》が開通し、本州と九州を結ぶ動脈を形成した。昭和五十年三月には国鉄山陽新幹線の岡山《おかやま》—博多《はかた》間が開通し、東京—博多間が六時間五六分で結ばれるようになった。高速自動車道についてみると、新幹線開通の三日後に九州縦貫《じゅうかん》自動車道の古賀《こが》—鳥栖《とす》間が開通して古賀—熊本間が直行できるようになり、本格的な高速道路時代にはいった。なお昭和五十年二月十四日には玄海《げんかい》原子力発電所が送電を開始している。

一九七〇年代の日本の経済発展について、ある経済学者はつぎのように述べている（中村隆英『昭和史』下）。

戦前以来、日本の課題は欧米に追いつき追い越すことであった。その目標が日本人がほとんど気がつかないうちに達成されたのが一九七〇年代であった。

国民の多くが経済成長の果実を実感できる時代が到来していた。しかし同時に一九七〇年代初めの日本は、今日では高度成長の終焉《しゅうえん》として語られることが多い。いわゆるオイルショックを契機に低成長の時代にはいったからである。

一九七三年の十月に第四次中東戦争が勃発、石油輸出国機構（ＯＰＥＣ）に加盟するペルシャ湾岸の産油国は、石油戦略を発動して原油価格を大幅に引き上げた。このため「総需要抑制《そうじゅようよくせい》」政策がとられ、大型公共事業が凍結されたり縮小されたりした。他方で原油価格の高騰を受けて、昭和四十九年の消費者物価指数は前年比二三％の上昇をみせ、「狂乱物価」という新語が生まれた。激しいインフレを抑制するため公定歩合の引上げが行われ、企業の設備投資は抑制された。

その結果、昭和四十九年の経済成長率は戦後はじめてのマイナス成長となり、高度成長の時代はここに終りを迎えることになる。

しかし高度成長終焉の主因がオイルショックであるとの説に対しては、別の見方も存在する。高度成長の原動力であった耐久消費財の普及が限界に達したことが、高度成長を終らせたとする見解である（吉川洋『高度成長』）。実際に、低成長の時代が生活水準の低下をもたらしたわけではない。自動車の保有台数は、一九七〇年代後半から八〇年代にかけて伸び続けている。低成長の時代は一方で、経済大国化を背景に日本人がみずからの存在に自信をもちはじめた時代でもあったのである。

他方で低成長の時代は、福岡県の産業構造に影響をもたらした。鉄鋼不況がそれである。円高《えんだか》による一部業種の輸出不振は、すでにオイルショック以前にドルショックでもたらされていた。アメリカ大統領ニクソンが、一九七一年八月十五日にドル紙幣と金の兌換《だかん》を停止する声明を発表したのである。この結果、それまで一ドル＝三六〇円の固定相場であった為替《かわせ》レートは変動相場《へんどうそうば》に移行する。強くなった日本経済の実態に見合わない円安を享受《きょうじゅ》してきた日本の輸出産業は、一転して円高による輸出不振に直面する。その後、一九八五年のプラザ合意《ごうい》でさらに円高が進行した。大きな打撃を受けたのは鉄鋼である。世界的な鉄鋼不振のなかで、日本では「鉄冷《てつび》え」という言葉が生まれ、いわゆる素材型の重厚長大《じゅうこうちょうだい》産業が構造的不振業種となる。新日鉄八幡をかかえる北九州工業地帯は相対的に地位を低下させていくのである。

日中国交回復と福岡

一九七〇年代は東アジアをめぐる国際関係が一変した時代でもある。それは一九七一年七月十五日に発表された、アメリカ大統領ニクソンの中華人民共和国訪問を予告する宣言によってもたらされた。この宣言から翌年二月の実際の北京《ペキン》訪問にいたる外交はニクソンショックと呼ばれ、世界に衝撃をあたえた（正式の米中国交回復は一九七九年一月一日）。

アメリカの動きを受けて、田中角栄首相は昭和四十七年（一九七二）九月二十五日に、現職の総理大臣としてはじめて訪中し、北京の人民大会堂における数次の首脳会談のあと、同二十九日に日中共同声明の調印式が行われ、日中の国交が正常化した。こうして、超大国化した中国への警戒感も生じている今日では想像しにくい、友好一色の中国ブームが到来したのである。

奇《く》しくも田中訪中の直前に福岡市長に就任した進藤《しんとう》一馬《かずま》は、みずから訪問団を率いて訪中するなど日中友好事業に積極的であった。進藤一馬の父は、かつて亡命中の孫文《そんぶん》を支援した玄洋社《げんようしゃ》の進藤喜平太《きへいた》である。孫文は中華人民共和国の歴史観でも国父《こくふ》的な位置を占めており、日中国交正常化と友好ムードの高まりは進藤市政の追い風ととらえられたであろう。

九大の米軍機墜落現場　九大工学部で建設中の大型計算機センターに突っ込んだアメリカ軍ジェット戦闘機。3カ月後も事故当時のまま放置されていた。

昭和四十七年は、後世の目からみると福岡市にとって画期をなす年であった。前述したように、四月一日には福岡市が政令指定都市となった。さらに同日付で、板付《いたづけ》飛行場がアメリカ軍より返還され福岡空港が開港した。板付飛行場に関しては、ベトナム戦争のさなかの昭和四十三年六月二日に、同基地を発進したアメリカ軍ファントム機が建設中の九州大学の大型計算機センターに墜落するという事故が発生し、九州大学における大学紛争を長期化させる大きな争点となった歴史がある。この事故は基地返還の世論を盛り上げた。ごく一部の機能をアメリカ軍に残した返還とはいえ、福岡空港への名称変更は、板付という地名と結びついた軍事基地の記憶を希薄化させる契機となっただろう。

日中交流が進展するなかで、昭和五十四年五月には北九州市が大連《だいれん》市と友好都市協定を、福岡市が広州《こうしゅう》市と姉妹都市協定を結んでいる。

戦後文化の変容

前述（二一七ページ参照）のように、地域の芸能や伝承文化とは異なる意味での「地方文化」という概念が登場したのは、戦時下においてであった。そのような戦中の地方文化運動が、広い意味で一九六〇年代までの戦後文化運動に一定の土壌をあたえたことは否定できないだろう。火《ひ》野葦平《のあしへい》らを中心とする人脈が、そのまま戦後文学運動の核をなしたのがその例である。

他方で、戦後の民主化と労働運動の興隆を背景に、昭和五十年代の福岡では中央と地方という価値序列を破壊する独得の文化運動が展開した。昭和三十一年（一九五六）に福岡県庁の通りに面した壁面で展覧会を敢行した前衛美術家の菊畑茂久馬《きくはたもくま》・桜井孝身《さくらいたかみ》・オチオサム・働正《はたらきただし》らは、翌年に福岡市で九州派を名のった活動を始める。彼らは単に作品の制作・発表にとどまらず、ハプニングという手法でのパフォーマンスを行うなど、戦後日本の前衛芸術運動に鮮烈な足跡を残した。

『サークル村』の表紙

文学の世界では、筑豊を拠点とした同人誌『サークル村』を中心とする文学運動が一時代を牽引した。中心となったのは詩人で労働運動家の谷川雁《たにがわがん》である。谷川はその詩作品で戦後詩史に巨大な足跡を残すが、それ以上に評論は一種のアジテーションとして迎えられ、三池争議と安保闘争の時代に、日本社会党や日本共産党に批判的な左翼知識人に強い影響をあたえた。谷川とともにサークル村の運動を中心的に担った上野英信《うえのえいしん》や森崎和江《もりさきかずえ》は、筑豊の坑夫（男女）の世界を表現の主題としてはじめて形象《けいしょう》した作家である。

上野英信らと交流のあった木村栄文《きむらえいぶん》は、福岡の民放局ＲＫＢのディレクターとして、演出を織り込んだ独得のテレビ・ドキュメンタリー作品を残し、後進に大きな影響をあたえた。代表作の一つ、石牟礼道子《いしむれみちこ》の原作に基づいて水俣病を描いた「苦海浄土《くかいじょうど》」は、昭和四十五年の文化庁芸術祭大賞を受賞している。

一九六〇年代の終りになると、ベトナム反戦運動、大学紛争、反公害運動などが、政治闘争・社会運動の枠を超えて、広い意味でのあらたな文化運動の色彩をおびて展開された。その背景には、大学進学率の向上などの社会的諸条件を反映した一九六〇年代から七〇年代初めの都市文化の形成があった。その中から、やがて政治性が脱色されたあらたな若者文化が生まれる。

その一例として、一九六〇年代末から若者文化の発信源となっていた、ラジオの深夜放送がある。深夜放送はフォークソングブームを生み出す媒体であったが、福岡の民放局も東京のキー局の人気番組をネットするとともに、ＲＫＢやＫＢＣなどの民放が独自の番組を編成した。そこから生まれたシンガーソングライターが、井上陽水《いのうえようすい》・財津和夫《ざいつかずお》・武田鉄矢《たけだてつや》らで、彼らは東京に出てスターになっていった。福岡市天神《てんじん》にあったフォーク喫茶の照和《しょうわ》は、彼らを育てた場として一種の伝説となっている。

時代と文化の舞台は大きくまわろうとしていた。しかしこのころ、まだ東京との物理的な距離はほとんど縮まっていなかった。航空運賃（プロペラ機）は高価で便数も少なく、新幹線はもちろん通っていない。東京へは寝台《しんだい》特急で十数時間かかったのである。彼らが大ブレイクするのはバブルの時代になってからである。

3　国際化と情報化

昭和から平成へ

裕仁《ひろひと》天皇の死去による昭和から平成への移り変わりは、世界の激動のなかで進行した。元号が平成と変わった一九八九年（昭和六十四／平成元）は、ヨーロッパにおける東欧革命とアジアにおける中国の天安門事件に象徴される。この年の東欧諸国における民主化の進展から一九九一年のソ連解体によって、旧ソ連圏の社会主義体制は完全に崩壊した。他方で民主化を要求する学生・市民の運動を、人民解放軍の戦車が蹴散らした天安門事件以降、中国は共産党独裁体制を強化しつつ大国化への道を進んでいく。

同じころ、日本社会はバブル景気に酔っていた。バブル経済とは、昭和六十一年（一九八六）の終わりから平成三年（一九九一）の初めまでの、不動産や株価の高騰に示される好景気と、ブランド商品の消費ブームから企業メセナなどによる文化の商品化にいたる社会現象をさして、ブームの崩壊後に語られた概念である。

重要なのは、表面的な徒花《あだばな》のように語られる現象の背後で進んでいた、社会的な制度の転換と人びとの意識の変容である。バブルの少し前、昭和五十八年の福岡県知事選挙で、現職の亀井光《かめいひかる》の五選を阻止して、日本社会党・日本共産党が推薦する元九州大学教授の奥田八二《おくだはちじ》が当選した。奥田は四年後の知事選挙でも再選される。

しかし、奥田を当選させた世論は、必ずしも革新県政を求めていたわけではなかった。最初の当選は、「豪華」な知事公舎に対するメディアの批判に助けられたものであり、再選は、大きな問題となっていた政府の売《うり》上税《あげぜい》法案（選挙後の五月に廃案）への反発が最大の要因であった。日本社会党・日本共産党に支えられた奥田の当選は、むしろ世論の脱イデオロギー化を象徴するものといえるだろう。

売上税が消費税と名を変えた税制改正法案は、昭和六十三年十二月に成立した。消費税はその後急速に進行した少子高齢化の波を受けて、膨張する社会保障費の財源として政治争点となり続ける。消費税法案が可決された昭和六十三年は、一五歳未満の人口がはじめて二割を切った年である。

これより前、昭和六十一年四月には男女雇用機会均等法《こようきかいきんとうほう》が施行されている。翌年の四月には、多年にわたる論争の焦点だった国鉄の分割民営化が実施された。平成十九年（二〇〇七）には、郵政民営化により日本郵政グループが発足している。昭和を支えた、見方によっては近代日本を支えたさまざまな制度や社会通念の変容は、世界史的激動をながめているだけにみえる人びとの意識の底で、何かが変わり始めたことの反映のように思われる。

ここではその問題を、地域社会の歴史意識の解体という観点から考えてみよう。郵政民営化法案が成立した平成十七年は、平成の大合併と呼ばれた町村合併が頂点に達した年である。合併に従って多くの地名が消滅したが、それを惜しむ声はあまり大きくなかった。

かつて一九六〇年代以降に、町名地番《ちばん》制度の改正で全国に中央町や本町が乱立したが、それらに対しては、地名を文化・歴史遺産と考える立場から、多くの批判が投げかけられた。興味深いのは、平成の大合併に際してそのような批判が聞かれなかったことである。たとえば福岡県では、宗像《むなかた》郡という古代以来の地名が消滅した（宗像市として残ったが）。考えようによっては重大な事態である。あるいは、全国で県域をまたいだ合併や、カタカナなどの新奇な市の名称案が話題になった。これらの事態が示しているのは、地名の背後にある価値観の変容であり、大きくいえば歴史意識の解体的な変化である。

地名が文化・歴史遺産だと考えられる前提には、歴史によって形づくられた地域社会の姿や表情が、近代化によって失われていくことへの危機感があったと思われる。今やそのような危機感は社会に共有されていない。そして、「近代後」の社会における歴史意識の形はまだ明らかになっていないのである。

福岡市と北九州市

地域社会の変容のあり方を象徴するのは、都市の姿である。北九州市と福岡市は、明治以降の歴史を通して、異なる道をたどりながら地方の巨大都市に発展してきた。この二つの都市を比較しながら、地域社会の「現在」について考えてみたい。

今日の北九州市を構成する北九州の諸都市は、近代港湾都市にして鉄道の起点である門司の都市整備と八幡への官営製鉄所の立地を起点に、筑豊を後背地《こうはいち》として、日本の産業化・工業化とともに発展してきた。近代日本における都市発展の、いわば王道をあゆんできたといえる。対して福岡市は、県庁所在地であり新聞社や高等教育機関を擁する近代商業都市でありながら、大正・昭和と北九州の工業化に羨望《せんぼう》の視線を送っていた。福岡市の工業化の隘路《あいろ》となったのは、水資源の制約や港湾整備に要する資本などいくつかの要因があった。市のマスタープランが、第二次産業の拡大をめざすのではなく、第三次産業の基盤のうえに管理中枢機能を拡大する方向に路線転換するのは、前節にみたように一九六〇年代にはいってからである。

『Newsweek』の平成十八年（二〇〇六）六月二十六日号は、世界でもっともホットな一〇都市の一つに福岡市を選定した。それ以前から、福岡市はバブルがはじけたあとも元気だといわれてきた。このような状況は、一九六〇年代の都市戦略における路線転換から直線的に導きだされたものではなく、あきらかに一九八〇年代終りからの国際化と情報化の波に福岡市が適応したことによる。

昭和六十三年（一九八八）に公表された福岡市の第六次総合計画は、めざすべき方向として「活力あるアジアの拠点都市」を掲げた。そして翌平成元年の三月から九月に、市政一〇〇年を記念して開催された「アジア太平洋博覧会'89よかトピア」は、八二三万人の来場者を数える成功をおさめ、当時ブームであった地方博覧会のなかでもひときわ異彩《いさい》を放った。アジア太平洋博覧会は、労働事務次官の経歴をもち、進藤一馬《しんとうかずま》の後継として昭和六十一年に福岡市長に就任した桑原敬一《くわはらけいいち》の、アジアに開いた政策を象徴するものであった。この段階では「アジアの交流拠点都市」は謳《うた》い文句《もんく》にすぎなかったが、やがて韓国・台湾、そして中国と続く東アジア諸地域の経済発展のなかで、実体をともなっていくのである。

「よかトピア」会場の全景

福岡市発展の第二のエンジンは、一九九〇年代後半からのIT革命ともいわれる情報化の進展であろう。平成七年に発売されたWindows95が引き金となって、コンピューターの普及と多様なソフトウェアの開発は、コミュニケーションのあり方を一変させた。ウェブ系ベンチャー企業が一挙《いっきょ》に出現し、その波は全国におよんだ。そのなかでも福岡市の特徴は、ゲーム産業におけるベンチャービジネスの成功であろう。一九九〇年代のなかば以降、レベルファイブ（平成十年創業）に代表されるような、ベンチャーから身を起こしたゲーム産業が集中する都市として注目を集めている。起業《きぎょう》する若い人材のもたらす活力こそが、今日の福岡市の発展を支えているといっても過言ではない。

他方で北九州市においては、石油ショックと昭和六十年のプラザ合意による円高の進行で、鉄鋼業が長い冬の時代にはいる。素材型の重厚長大《じゅうこうちょうだい》産業の長期にわたる低迷のなかで、北九州市は新たな都市戦略に取り組む必要性に迫られた。その結果、昭和六十二年に市長となった末吉興一《すえよしこういち》のもとで翌六十三年に策定されたのが、「北九州市ルネッサンス構想」である。この構想は、サービス化・ソフト化・知識集約化の方向にそって、高度な技術に裏打ちされた産業都市へと再生をはかろうとするものである。その一環として、中小企業振興を目的とする北九州テクノセンターが平成二年に戸畑区に建設された。また平成七年に整備に着手した北九州学術研究都市は、若松区と八幡西区にまたがる地域に、大学や研究所のみならず、住宅地・商業施設の一体的整備を進めている。

経済のソフト化の波は、観光・文化などのさまざまな側面におよんでいる。平成二年には、すでに高炉の火が消えていた八幡製鉄所の遊休地《ゆうきゅうち》に、宇宙開発などをテーマとするテーマパーク、スペースワールドが開園した（二〇一八年一月一日閉園）。スペースワールドの立地が製鉄所創業の地である枝光《えだみつ》であったことは、時代の転換を象徴しているかもしれない。平成七年には、旧門司港駅や港湾周辺の歴史的建造物を中心とした観光開発「門司港レトロ」事業が全面開業し、集客を伸ばしている。また平成十四年には、歴史博物館・考古博物館・自然史博物館を統合して北九州市立自然史・歴史博物館がオープンしている。

明治以降、対照的な歩みを進めてきた福岡市と北九州市の都市戦略は、観光を含む経済のソフト化という近似した方向に活路《かつろ》を見出そうとしている。日本の地域社会は、少子高齢化の急速な進行、国際化と情報化の加速度的な進展という、これまで人類が経験したことがないような変動のなかにおかれている。国際関係の力学から人びとの意識にいたる大きな、そして見通しにくい変化は、地域社会の将来像を描くのを著しく困難にしているのである。

あとがき

当初の予定から大幅に遅れて、ようやく本書の編集作業を終えることができた。改めて思い返すと、執筆メンバーも企画の当初からずいぶん変わってしまった。もっとも残念なことは、執筆チームの代表であった福岡大学名誉教授の井上忠先生が平成十四年（二〇〇二）に他界されたことである。そのため、有馬が全体の取りまとめ役を引き継ぐことになった。またメンバーの一員であった中野健氏（佐世保高専教授、故人）は、『長崎県の百年』執筆を希望されたため、途中でメンバーを退かれた。

作業が延引してしまったことは粛然たる反省の対象であるが、その間に研究環境もまた大きく変化し、本書の叙述を豊富にする素材が提供されたことも、事実である。その主たる要因としては、さまざまな自治体史の編纂事業を通じて史料が発掘され、本格的な実証研究が積み重ねられたことがあげられる。福岡県史をはじめ、柳川市史、太宰府市史、筑紫野市史、福岡市史などの編纂事業には、本書の執筆者三名のいずれか、または全員が参加し、現在も関わりが続いているものもある。

それに劣らず重要なのは、この間に進んだ日本社会の変化である。情報化・国際化が進み、産業構造が転換する最中にあったことが、過去を振り返る私たちの視点に影響をあたえ、変化をもたらした。本当に成功しているかどうかはともかく、あえていえば、時代環境は過去をみる目に奥行きをあたえたと思う。

しかしそれは同時に別の困難さをもたらした。人びとにとって地域の来歴を問うことの意味は大きく変化し、ひょっとしたら意味を失っているかもしれないのである。かつて経済の高度成長とその後の現代化は、地域社会の姿を根底から変貌させた。しかし記憶に残る地域の個性は、まだ歴史に紐付けられていた。いまや古代から続く地名が地図上から消え去っても、そのことは人びとの多くになんの感慨ももたらさない。それは国民的規模での歴史意識の変化を、ひょっとしたら歴史の喪失を意味するのではないか。

本書がということではなく、そもそも地域の歴史を叙述することが、なにがしかそれに抗うことになるのか、歴史意識の変化に呑み込まれて終るのか、それはわからない。波濤に小石を投げただけなのか、小さな波紋くらいは残せるのか。まだこれといった方法を手にしていない私たちは、願わくば後者でありたいと念じつつ、しばらくのあいだ小石を放り続けるほかないだろう。なお、本書の執筆分担は次の通りである。全体に分量および内容の調整を有馬が行った。近代の横顔(有馬)、一章(石瀧)、二章(石瀧・有馬)、三章(有馬)、四章(有馬)、五章1(有馬)、2(小西)、3(小西・有馬)、六章1(小西・有馬)、2(小西・有馬)、3(有馬)、七章(有馬)、八章(有馬・小西)、九章(有馬)。

また、年表および参考文献リストの作成にあたっては赤司友徳、谷智子両氏の多大な尽力を得た。記して謝意を表したい。

二〇二一年三月

有馬 学

付　　　録

■索　引

シ——

ス——

ハ──

ヒ──

フ──

■年 表

（注） 月日は明治５年までは旧暦。

年号	事項
天保１ 1830	***7***- 福岡藩，大坂借銀10年間据置きに決定。***7***- 久留米藩，町方，火の梯子・喚鐘を設置。***8***- 福岡藩，米会所ならびに両替所より米札発行。
天保２ 1831	***7-18*** 小倉藩，石炭採掘を許可制とする。
天保３ 1832	***7-28*** 久留米藩，組借財の償還をめぐって亀王組一揆発生。この年，久留米藩，物産方を設置。
天保４ 1833	***11-27*** 小倉藩，城内の米1600石を江戸表に廻送するよう幕府より命じられる。***11***- 福岡藩，領内に倹約令を達す。この年，福岡藩，生蠟仕組を開始。
天保５ 1834	***1***- 福岡藩，白水養禎らを登用し藩政改革に着手(天保の改革)。***4***- 福岡藩，生蠟仕組博多会所を設置。
天保６ 1835	***3-5*** 安東節庵没(51歳)。***6***- 村山仏山，築城郡稗田に水哉園を開塾。閏***7-4*** 福岡藩，大坂天王寺屋忠次郎を御救方蔵元に命じる。***12-17*** 青柳種信没(70歳)。
天保７ 1836	***1***- 小倉藩，企救郡田野浦に国産御用蔵を設置。***5-17*** 亀井昭陽没(64歳)。
天保８ 1837	***1-4*** 小倉城火災，本丸を焼失。***8***- 福岡藩，石炭仕組法を実施し，焚石会所作法書を芦屋・若松両会所へ発布。***10***- 聖福寺の仙厓没(88歳)。
天保９ 1838	***12***- 小倉藩，石炭山の経営に着手。この年，福岡藩，鶏卵・生蠟仕組方を設置。
天保10 1839	***10-22*** 小倉藩田野浦会所，諸産物取締方を通達。
天保11 1840	***5***- 福岡藩，藩札の通用を停止。***11***- 小倉藩，産物会所を設置。
天保12 1841	***1***- 武谷元立・百武万里，死体解剖を実施。この年，伊藤常足，『太宰管内志』全82巻を脱稿。福岡藩，生蠟会所手形を発行。
天保13 1842	***7-16*** 福岡藩内で生蠟会所手形取付け騒ぎ。***7-20*** 福岡藩，生蠟会所を廃止。***7***- 福岡藩，生蠟仕組・鶏卵仕組への出資回収の見込みが立たず，両仕組を停止。また焚石旅売仕組も停止。***8-23*** 黒田長溥，国政を直裁。
天保14 1843	この年，真木保臣(和泉)・木村三郎・村上量弘ら，水戸に遊学。
弘化１ 1844	***2***- 小倉藩，田川郡赤池村に赤池石炭会所を開く。***4***- 三浦庸礼，『国家勘定録』を著す。***7***- 久留米藩，弘化の改革を開始。
弘化２ 1845	***2-10*** 福岡藩，軍法を改革。***11***- 柳川藩，領内の借金返済を停止。
弘化３ 1846	***3***- 黒田長溥，鍋島直正とともに幕府へ長崎砲台増設を申入れ。
弘化４ 1847	この年，福岡藩，東中洲に精錬所を設置。
嘉永２ 1849	***11***- 福岡藩，生蠟会所を設置。***12***- 久留米藩，天保学連が分裂し，藩政主導権争いが始まる。***12***- 福岡藩，種痘を開始。この年，柳川藩，種痘を開始。
嘉永３ 1850	***3***- 久留米藩，種痘を実施。***6***- 福岡で大洪水，田地の損耗激しく大飢饉を生じる。

嘉永 4 1851	***11-*** 柳川藩，大坂借金の25年賦返済を決定。***12-7*** 奥州下手渡藩立花種恭，旧領三池に5000石給せられる。
嘉永 5 1852	***2-27*** 真木和泉，水田村に幽閉。***7-7*** 武谷元立没(68歳)。***7-7*** 田中久重，蒸気船雛形を製造。
嘉永 6 1853	***6-22*** 小倉藩，ペリー来航につき厳重な警戒と穀類旅売の一時停止。
安政 1 1854	***6-14*** 小倉藩，種痘を始める。この年，福岡藩，財政整理を実施。
安政 3 1856	***2-13*** 立花種恭，幕府へ石炭を献上。***4-*** 福岡藩，安政の郡方改革を開始。この年，三池藩，生山炭坑採炭に着手。古川俊平・岡正節を長崎に派遣，これが藩費留学の開始。
安政 4 1857	この年，福岡藩，西洋式軍備を導入。三池藩，大浦炭坑採炭に着手。
安政 5 1858	***7〜8-*** 筑後地方でコロリ流行し，多数の死者。***11-5*** 伊藤常足没(85歳)。この年，福岡藩，土居町に反射炉を築造。
安政 6 1859	***9-*** 柳川藩，立花壱岐を登用し，藩政改革に着手。この年，小倉藩，企救郡曽根に社倉を設置。
万延 1 1860	***3-*** イギリス軍艦，門司に上陸し，村方騒動を起こす。***5-*** 久留米藩，藩校明善堂を改革し武館を併設，学館と改称。***10-*** 福岡藩，軍制改革を実施。
文久 1 1861	***5-*** 福岡藩，月形洗蔵ら勤王派を処分(辛酉の獄)。***5-*** イギリス船，門司浦に繋船し，たびたび上陸(〜12月ころ)。***9-*** 雲龍久吉，横綱免許を授与される。
文久 2 1862	***2-*** 真木和泉，久留米藩を脱藩。
文久 3 1863	***3-*** 小倉藩，農兵を徴募。***10-11*** 平野国臣ら，生野の変を起こす。***11-*** 英彦山僧徒の挙兵計画発覚。小倉藩，主謀者を捕縛。
元治 1 1864	***1-*** 久留米藩，西洋艦雄飛丸を購入。***4-*** 久留米藩，開成方・開物方・成産所をおき，国産会所仕法を実施(元治の改革)。***7-20*** 平野国臣，京都にて刑死(37歳)。***7-21*** 真木和泉，大坂天王山で自決(52歳)。***11-*** 長州征討のため，肥後・薩摩・唐津・中津などの諸藩兵，小倉に布陣。
慶応 1 1865	***2-13*** 三条実美ら五卿，太宰府に到着。***10-*** 福岡藩，勤王派加藤司書らを処刑(乙丑の獄)。***11-*** 野村望東尼，姫島に流刑。
慶応 2 1866	***6-*** 九州諸藩，小倉口で長州藩と戦闘(小倉戦争)。***6-17*** 長州勢，田野浦上陸。***8-1*** 小倉藩，小倉城に火を放ち，藩庁を田川郡香春に移転。***9-3*** 久留米藩士今井栄・田中久重ら，上海に密航。***10-*** 長州藩，企救郡を占領。***12-*** 小倉藩，長州藩と和議，企救郡は長州藩直轄地となる。
慶応 3 1867	***2-*** 豊前国宇佐郡59カ村，久留米藩預かり地となる。***2-*** 久留米藩士柘植善吾，欧米見聞に出発。***7-*** 久留米藩，洋艦を軍艦とし，海軍設立の準備開始。***11-6*** 野村望東尼没(67歳)。***12-21*** 三条実美ら五卿，筑前を出発し帰洛。
明治 1 1868	***1-11*** 福岡・久留米・小倉・柳川各藩，新政府の命により出兵。***2-*** 久留米藩，改革派失脚し，旧尊王攘夷派が政権掌握。***4-18*** 久留米藩所有の蒸気船千歳丸，大阪湾天保山沖で日本最初の観艦式に参列。
明治 2 1869	***11-*** 企救郡で農民一揆発生。この年，直方出身の和泉要助ら，人力車を発明。
明治 3 1870	***7-18*** 福岡藩，太政官札贋造事件。
明治 4	***4-23*** 西海道鎮台，小倉に設置。***7-2*** 福岡藩知事黒田長知，贋札事件で罷免。有

1871	栖川宮熾仁親王あらたに就任。***7-14*** 廃藩置県により，中津・豊津・千束・福岡・秋月・久留米・柳川・三池の８県を設置。***11-1・2*** 田川郡一揆発生。***11-14*** 県を福岡・三潴・小倉の３県に統合。***12-5*** 小倉郵便取扱所設置。***12-20*** 福岡郵便役所設置。
明治５ 1872	***1-18*** 柳川城全焼。***3-12*** 小倉の西海道鎮台を廃し，熊本に鎮西鎮台を設置。***6-*** 県下初の新聞『三潴県新聞誌』創刊。***8-20*** 海底電線，関門海峡に開通。
明治６ 1873	***3-20*** 県下初の近代的博覧会となる第１回太宰府博覧会開会。***6-16*** 筑前竹槍一揆起こる（６月21日，県庁襲撃）。***9-1*** 小倉沖藍島の白洲灯台点灯。***9-5*** 三池炭鉱官営化し，工部省鉱山寮三池支庁開設。***10-1*** 電信局，福岡大名町に開設。***10-20*** 倉田雲平，久留米でつちやたび創業（のちに月星化成。現，ムーンスター）。
明治７ 1874	***2-4*** 佐賀の乱勃発，福岡の鎮台兵も出兵。
明治８ 1875	***2-22*** 福岡の武部小四郎・越智彦四郎，大阪の愛国社結成大会に参加。***8-8*** 矯志社（社長武部小四郎）・強忍社（社長越知彦四郎）・堅志社（社長箱田六輔）発足。
明治９ 1876	***4-18*** 小倉県を福岡県に，佐賀県を三潴県に編入。***7-5*** 福岡県庁舎，天神町に新築落成。福岡城内庁舎から移る。***8-21*** 三潴県，筑後一円を福岡県に，肥前９郡を長崎県に編入。福岡県，下毛・宇佐郡を大分県に分け，現在の福岡県域確定。***10-27*** 旧秋月藩士宮崎車之助ら，神風連に呼応し挙兵（秋月の乱）。***11-7*** 箱田六輔・頭山満ら，萩の乱への呼応計画漏洩し逮捕。
明治10 1877	***2-26*** 征討総督有栖川宮熾仁親王，福岡に到着。***3-24***『筑紫新聞』創刊。***3-27*** 西南戦争に呼応し，越知彦四郎・武部小四郎ら挙兵（福岡の変）。***11-1*** 第十七国立銀行，福岡橋口町に開業。***11-27*** 林遠里，『勧農新書』を刊行。
明治11 1878	***7-22*** 府県会規則・郡区町村編制法・地方税規則（地方三新法）公布，県内は福岡区および31郡となる。***9-11*** 頭山満・進藤喜平太ら，愛国社再興大会（大阪開催）に参加。***10-*** 第１回県会議員選挙実施。***11-2*** 第八十七国立銀行，仲津郡大橋村に開業。***11-20*** 第六十一国立銀行，久留米に開業。***12-15***『めさまし新聞』創刊。
明治12 1879	***1-4*** 植木枝盛，頭山満らの招聘を受け来福。***2-*** 福岡県勧業試験場，那珂郡春吉村（東中洲）に開設。***3-12*** 第１回福岡県会を開く（議長中村耕介）。***4-*** 植木枝盛，『民権自由論』を福岡集文堂より刊行。***7-1*** 福岡医学校および付属病院開設。***8-25***『めさまし新聞』，『筑紫新報』に改題。***10-13*** 福岡商法会議所発足。***12-8*** 筑前共愛公衆会結成。***12-*** 玄洋社発足。
明治13 1880	***1-10*** 士族授産組織戸畑炭塊社，戸畑村に発足。***2-*** 筑前共愛会，民権派初の憲法草案「大日本憲法大略見込書」を起草。***4-17***『筑紫新聞』を改題し，『福岡日日新聞』発行（県下初の日刊紙）。***5-13*** 玄洋社結社届出。***11-30*** 県下初の福岡農学校，県勧業試験場内に開校。***12-17*** 旧秋月藩士臼井六郎，両親の敵を討つ（最後の仇討ちとされる）。
明治14 1881	***2-4*** 筑紫銀行，博多下対馬小路に開業（西日本初の私立銀行）。***2-19*** 豊前国商法会議所，小倉に開設。***11-*** 西公園，福岡市に開園。***11-28*** 部落差別からの解放を求め，復権同盟結成。***12-8*** 杉山徳三郎，筑豊目尾炭鉱で揚水ポンプの実用化に成功。
明治15 1882	***3-12*** 九州改進党結成。***5-*** 福岡県会，鉄道建設を建議。
明治16 1883	***2-5*** 福岡医学校，甲種医学校に昇格。***4-14*** 三池集治監開庁。***5-5*** 三池集治監，三池炭坑での囚徒使役を開始。***9-2*** 三池大浦坑使役中の囚徒，大暴動（死者46人）。***12-*** 博多港，朝鮮貿易港に指定され，長崎税関出張所設置。この年，林遠里，早良郡入部村に勧農社を起こし，馬耕教師を養成。

明治17 1884	***2-*** 梅ヶ谷藤太郎に横綱免許授与。***5-1〜5*** 九州改進党会議，福岡で開催。***6-14*** 博多米商会所発足(現，福岡証券取引所)。
明治18 1885	***3-25*** 団琢磨，三池鉱山局勝立坑長に任命。***4-28*** 大森治豊・池田陽一ら，日本初の帝王切開手術に成功。***4-9*** 福岡県，石炭坑業人組合準則を制定・布達し，筑豊5郡で同業組合発足。***6-*** 第12旅団，小倉に設置。***11-14*** 筑豊5郡の坑業組合統合し，筑前国豊前国石炭坑業組合設立(のちに筑豊石炭鉱業組合)。
明治19 1886	***3-29*** 福岡県私立教育会設立。***4-*** 博多織同業組合結成。***5-10*** 九州改進党，久留米大会で解党を決議。***5-15*** 福岡英和女学校創立(現，福岡女学院)。***5-30*** 修猷館を再興，英語専修修猷館設立。***6-4*** 県民149人，ハワイに移住。***6-14*** 歩兵第24連隊本部，福岡城内に設置。***7-19*** 県令を県知事に改称。安場保和県令，初代県知事として更任。
明治20 1887	***2-10*** 第5回九州沖縄八県連合共進会，那珂郡春吉村で開催。***8-11*** 玄洋社機関紙『福陵新報』創刊。***9-21*** 九州鉄道株式会社，創立事務所を博多に設置。***10-*** 安川敬一郎，筑豊の大城炭坑の開坑に着手(明治鉱業の発端)。***11-***『福陵新報』，高島炭坑坑夫虐待事件の記事を連載。
明治21 1888	***1-*** 福岡商法会議所，福岡商工会に改称。***4-1*** 県立福岡病院開院(3月31日，福岡医学校廃止し改組)。***5-21*** 福岡県教育会設立。***8-15*** 九州鉄道会社設立。***8-18*** 三池炭鉱を三井に払い下げ，団琢磨，三井三池炭鉱社事務長に就任。***12-*** 日本赤十字社福岡委員部発足(委員長安場保和県知事)。
明治22 1889	***1-3*** 三池炭鉱，三井経営となり採炭を開始。***2-*** 県下国権派政社の筑前協会発足。***2-25*** 民権派政社の九州連合同志会発足。***3-28*** 門司築港会社設立し，築港工事着手。***4-1*** 市制・町村制施行，福岡・久留米両市誕生。***5-*** 大村務・野田卯太郎・永江純一ら，三池紡績会社を設立。***7-5*** 筑後川大洪水。***8-*** 県内自由党系の政談社，条約改正の建白書を政府に提出。***10-18*** 玄洋社員来島恒喜，大隈重信外相に爆弾を投じる。***10-*** 若松築港会社設立。***11-15*** 門司，特別輸出港として開港。***12-11*** 九州鉄道会社および博多駅開業，博多—千歳川(久留米)間開通。
明治23 1890	***2-23*** 県内自由改進論者，三州倶楽部を結成。***5-17*** 郡制公布，福岡県は19郡に統合されることに決定。***6-27*** 宮崎湖処子の『帰省』発行。***6-*** 政談社・三州倶楽部合同し，福岡自由倶楽部を結成。***7-1*** 第1回衆議院議員総選挙，県内は吏党派が議席を伸ばす。***9-15*** 九州同志会，大同倶楽部・再興自由党・愛国公党に合同し，立憲自由党を結成。この年，県下にコレラ・赤痢大流行。オランダ人技師デ・レーケの設計による若津港導流堤完成。
明治24 1891	***2-19*** 長崎県裁判所判事辻村庫太，三池監獄脱走囚(終身刑)であることが露顕し逮捕。***2-*** 川上音二郎，大阪堺卯の日座で「書生芝居」を旗揚げ。***3-24*** 修猷館生徒による福岡連隊兵士への投石事件。***4-1*** 九州鉄道，博多—門司間全通。***4-11*** 西日本初の洋式製紙工場千寿製紙，小倉に創業(のちに王子製紙に合併)。***7-*** 三池紡績・久留米紡績会社操業開始。***8-30*** 筑豊興業鉄道開業，若松—直方間開通。
明治25 1892	***2-15*** 第2回衆議院議員総選挙実施，品川弥二郎内相選挙大干渉(福岡で死者3人・負傷者65人)。***5-21***『門司新報』創刊。***6-1*** 福岡鉱山監督署(のちに福岡鉱山保安監督局)開所。***7-20*** 安場保和県知事，選挙干渉問題につき県会の追及を受け，辞任。***7-20*** しまや足袋創業(のちの日本ゴム)。
明治26 1893	***6-27*** 博多港の築港工事決定。***7-30*** 博多米商会所，株式会社博多米穀取引所に改称。***9-1*** 浅野セメント門司分工場など設置。***12-20*** 筑豊鉄道株式会社，底井野—筑前植木間を複線化(九州初の複線区間)。
明治27 1894	***1-*** 藩校伝習館，県立尋常中学伝習館に改称。***8-1*** 日清戦争勃発，小倉歩兵第12連隊および福岡第24連隊出兵。***10-21*** 中原嘉左右没(63歳)。

明治28 1895	***4-1*** 九州鉄道，小倉—行事(行橋)間開通。***8-15*** 豊州鉄道，行橋—伊田間開通。***7-30*** 初の全九州柔道大会，福岡市東公園で開催。***10-21*** 日本初の門司石炭取引所開業。
明治29 1896	***1-*** 博多絹綿紡績，福岡市住吉に開業。***3-30*** 製鉄所官制公布。***4-25*** 第5回全国商業会議所連合会，県会議事堂で開催。***4-*** 安川敬一郎，明治炭坑株式会社を創業。
明治30 1897	***2-5*** 農商務省，福岡県八幡村に製鉄所建設を決定。***6-1*** 官営製鉄所，八幡村に開庁。***8-12*** 県下初の活動写真，福岡市中洲教楽社で公開。***10-1*** 筑豊鉄道株式会社，九州鉄道会社に合併。***11-1*** 博多電灯会社営業開始。
明治31 1898	***5-10***『福陵新報』，『九州日報』に改題(古島一雄主筆)。***6-12*** 博多築港株式会社設立。***7-1*** 若松電灯会社開業。***7-*** 松屋モスリン店開業(のちの松屋デパート)。***11-21*** 第12師団，小倉に開庁。***12-1*** 平岡浩太郎ら，憲政本党福岡支部を結成。
明治32 1899	***2-11*** 日本美術院展，福岡で開催。来福の岡倉天心，九州博物館設置を提唱。***4-1*** 門司市市制施行。***4-3*** 九州美術協会，福岡市に発足。***5-1*** 福岡電信電話局業務開始。***6-19*** 森鷗外，小倉第12師団軍医部長に就任。***9-25*** 久留米・三池・熊本の3紡績会社合同し，九州紡績株式会社を設立。
明治33 1900	***4-1*** 小倉市市制施行。***9-23*** 小倉電灯会社開業。***10-7*** 初の市外電話，門司—福岡間に開通。***11-1*** 野田卯太郎・永江純一ら，立憲政友会福岡県支部を結成。***11-1*** 修猷館・久留米・豊津・伝習館の4中学校，純県立中学校となる。
明治34 1901	***2-3*** 内田良平ら，黒龍会を結成。***2-5*** 官営八幡製鉄所操業開始。***2-13*** 福岡日日新聞，地方紙初のマリノニ輪転機を導入。***5-27*** 関門連絡船運行開始。***7-1*** 県下初の公衆電話，博多停車場に設置。
明治35 1902	***7-18*** 八女郡製糸工女養成所開所。***7-19*** 鐘淵紡績・九州紡績・中津紡績株式会社の合併契約調印(9月27日，博多絹綿紡績もこれに参加)。***10-*** 広瀬玄鋹，出雲大社教福岡分院境内に私立福岡図書館を設置。
明治36 1903	***2-*** 片山潜ら，県内で社会主義思想普及のため遊説。***4-1*** 京都帝国大学福岡医科大学開学。***4-1*** 福岡県女子師範学校開学。***4-29*** 三井物産,門司に船舶部を設置(のちに三井船舶株式会社)。***7-*** 筑後馬車鉄道営業開始(のちの筑後軌道，吉井—田主丸間)。***9-10*** 平岡浩太郎ら，福岡市で対露九州同志大会を開催。***11-*** 川上音二郎，日本初のシェークスピア劇ハムレットを東京で公演。
明治37 1904	***1-1*** 博多湾鉄道，西戸崎—須恵間で営業開始。***2-10*** 日露戦争開始により，小倉第12師団出兵。***4-10*** 若松港開港。***6-19*** 九州鉄道篠栗線吉塚—篠栗間営業開始。***9-*** 青木繁，白馬会展に「海の幸」出品。***10-15*** 県下初の寄席川丈座，東中洲に完成。***11-8*** 日蓮上人銅像，福岡市東公園で除幕。***12-24*** 亀山上皇銅像，福岡市東公園で除幕。
明治38 1905	***1-*** 旅順からのロシア人捕虜，福岡東中洲の収容所に移送。***7-22*** 第1回九州柔道大会，久留米市武術館で開催。***4-*** 奉天からのロシア人捕虜80人，福岡・小倉に収容。大里収容所の937人も小倉へ移送。***9-15*** 日露戦争非講和福岡県大会，福岡市東公園で開催。***12-*** 久留米電灯会社設立。
明治39 1906	***2-22*** 博多瓦斯会社，県下初の点火開始。***3-24*** 八幡製鉄の第1期拡張計画，衆議院で可決。***5-3*** 岡田孤鹿没(68歳)。***8-6*** 定期航路，博多—釜山間開通。***10-24*** 平岡浩太郎没(56歳)。
明治40 1907	***7-1*** 九州鉄道，前年公布の鉄道国有法により国有化され，九州帝国鉄道に改称。***7-1*** 帝国鉄道庁九州帝国鉄道管理局，門司に設置。***7-20*** 田川郡の明治豊国炭鉱でガス爆発事故(明治期最大規模。死者365人・負傷者64人)。***8-*** 北原白秋ら「五足の靴」一行，博多などを訪問。***10-25*** 和田三造，第1回文展に「南風」を出品，最高賞を受賞。***12-5*** 第18師団，久留米に設置。この年，福岡市ではじめて自動

車走行。

明治41 1908 *3-18* 県立小倉・朝倉・八女中学校設立認可。*3-26* 福岡監獄で暴動。*4-1* 小倉師範学校設置。*4-6* 三池港，開港場に指定。*7-25〜26* 東洋競馬会，戸畑に競馬場を開設，第1回競馬を開催(現，小倉競馬)。*8-11* 福本日南，『九州日報』に「元禄快挙録」(全295回)を連載開始。*12-11* 九州電気軌道株式会社設立。

明治42 1909 *3-15* 北原白秋，処女詩集『邪宗門』発表。*4-1* 私立明治専門学校，戸畑に開校(現，九州工業大学)。*11-21* 門司—鹿児島間鉄道全通。*8-31* 福博電気軌道株式会社設立。この年，京都帝国大学福岡医科大学教授榊保三郎，フィルハーモニー会設立(のちに九州帝国大学フィルハーモニー，国内最古級のアマチュアオーケストラ)。

明治43 1910 *3-9* 福博電気軌道，福岡市に初の路面電車開通。*3-11* 第13回九州沖縄八県連合共進会，福岡市で開催(明治期県下最大の博覧会)。*6-25* 戸畑鋳物株式会社設立(現，日立金属)。

明治44 1911 *1-1* 九州帝国大学開学。*2-14* 八幡製鉄所第2期拡張費，衆議院可決。*3-25* 青木繁没(29歳)。*4-5* 九州水力電気会社設立。*6-5* 九州電気軌道，門司—大蔵川間開通。*6-20* 出光佐三，門司に出光商会を創立。*11-10* 陸軍特別大演習，久留米地方で挙行。*11-11* 川上音二郎没(47歳)。この年，県下初の常設活動写真館世界館，久留米で開業。

大正1 1912 *1-8* 頭山満ら，南京で孫文と会見。*3-29* 野田卯太郎，政友会幹事長に就任。*5-25* 九州帝国大学フィルハーモニー第1回演奏会開催。*5-* 水道工事，若松・門司で完成。*10-24* 九州劇場，博多東中洲に落成。*11-17* 国産第1号飛行機「風号」，福岡第24連隊城外練兵場で，九州初の飛行。この年，坂本繁二郎の「うすれ日」第6回文展に入選。

大正2 1913 *1-17* 政友会・国民党県支部共催の憲政擁護福岡県民大会，福岡市九州劇場で開催。*2-* 久保猪之吉ら，文芸誌『エニグマ』を創刊。*3-17* 孫文，来福し，平岡浩太郎など玄洋社関係者の墓参。*5-25* 水道給水，小倉市で開始。*5-25* 福岡史談会と太宰府史談会合併し，筑紫史談会発足。*8-18* 西部瓦斯株式会社設立。*9-* 九州帝国大学の宮入慶之助，日本住血吸虫の中間宿主宮入貝を発見。

大正3 1914 *4-1* 若松市市制施行。*3-27* 永江純一，政友会幹事長に就任。*4-1* 筑紫史談会，機関誌『筑紫史談』を発刊。*4-5* 加藤介春，詩集『獄中哀歌』を刊行。*5-28* 山座円次郎没(48歳)。*7-5* 田原淳九州帝国大学教授，心臓の刺激伝導系の研究で帝国学士院恩賜賞受賞。*8-23* 対独宣戦布告，久留米第18師団青島出兵。*10-6* 久留米俘虜収容所開設(9日からドイツ兵捕虜530余人を収容)。*11-11* 福岡俘虜収容所開設(15日からヴァルデック総督らドイツ兵捕虜830余人を収容)。*12-15* 田川郡の三菱方城炭鉱でガス爆発事故(死者671人。日本最大の炭鉱事故)。

大正4 1915 *1-20* 九州帝国大学の稲田竜吉・井戸泰，ワイル病病原体を発見。*4-1* 九州沖縄勧業共進会，福岡市で開催。*4-28* 福岡県庁新築，開庁式を挙行。*7-16* 安川電機製作所，八幡市に設立。

大正5 1916 *2-15* 私立西南学院，福岡市大名に設立(4月11日に開院)。*7-2* 九州帝国大学の稲田龍吉・井戸泰，黄疸出血性スピロヘータ病に関する研究で学士院恩賜賞。*8-7* 博多湾築港株式会社設立。*11-1* 貝島太助没(71歳)。*11-11* 陸軍特別大演習，筑肥平野で挙行。

大正6 1917 *2-14* 県立三池中学校設立。*2-15* 県立福岡中学校設立。*2-25* ドイツ人捕虜ザルデルン夫人イルマ殺害事件，福岡市で発生。*3-1* 大牟田・八幡両市市制施行。*5-15* 東洋陶器株式会社，小倉市に設立。*6-* 友愛会八幡支部発足。*7-10*『玄洋社社史』刊行。

大正7 1918 ***5-1*** 福岡県立図書館開館(初代館長伊東尾四郎)。***7-7*** 福岡日日新聞社，県下初の百道海水浴場を開設。***8-3*** 小倉第12師団，シベリア出兵。***8-14*** 米騒動，門司市で発生。***8-16*** 小倉師団，門司の米騒動を鎮圧。***8-17*** 米騒動，添田町の峰地炭坑などにも波及。***8-24*** 寺内正毅内閣弾劾九州記者大会，福岡県公会堂で開催。***8-28*** 久留米第18師団，三池郡・佐賀県の米騒動を鎮圧。***10-*** スペイン風邪大流行(県内罹患者53万8900人，死者3840人)。***10-*** 友愛会会長鈴木文治，九州を巡覧，筑豊で坑夫生活を研究。***12-*** 光吉悦心ら，友愛会後藤寺支部を結成。

大正8 1919 ***4-1*** 九州帝国大学に農学部設置。***5-1*** 九州鉄道管理局，門司鉄道管理局に改称。***10-16*** 浅原健三・西田健太郎ら，八幡製鉄所職工を中心に日本労友会を結成。***12-5*** 小倉競馬倶楽部，三萩野に競馬場を新設し，第1回競馬大会開催。この年，県内初の小作人組合，宗像郡で結成。

大正9 1920 ***2-1*** 九州普選期成同盟会，福岡市記念会館で普選促進大会を開催。***2-5*** 八幡製鉄所争議，職工1万8000人が待遇改善を要求。***3-20*** 工業博覧会，福岡市で開催(～5月20日)。***10-5*** 末松謙澄没(65歳)。***12-12*** 大博劇場，福岡市上東町に開場。

大正10 1921 ***4-12*** 西南学院高等部設置。***6-17*** 筑後川・矢部川流域で大洪水。***6-*** 株式会社中座，嘉穂郡飯塚町に設立(のちの嘉穂劇場)。***9-2*** 福本日南没(64歳)。***9-13*** 九州歯科医学専門学校開校。***11-9*** 福岡高等学校(旧制)，福岡市六本松に設立。

大正11 1922 ***5-1*** 八幡官業労働総同盟同志会，メーデー記念演説会開催(県下初のメーデー)。***5-31*** 九州電灯会社鉄道，関西電気に合併され，東邦電力株式会社となる。***11-1*** 大阪毎日新聞社，門司に西部総局を開設し，付録『西部毎日』を発刊。***12-24*** アインシュタイン博士，福岡市大博劇場で講演。

大正12 1923 ***3-1*** 曲淵ダム竣工，福岡市上水道通水。***4-17*** 福岡県立女子専門学校開校(現，福岡女子大学)。***5-1*** 全九州水平社創立(会長松本治一郎)，福岡で総会開催。***7-*** 福岡県水平社創立(会長梅津高次郎)。***11-*** 県下初の二科会展開催。***11-13*** 市内初の舗装道路，福岡市橋口町に完成。***12-5*** 北九州鉄道，浜崎―福吉間開通(現，筑肥線)。

大正13 1924 ***3-*** 県下初の踏切警報機，鹿児島本線門司―大里間(現，門司港―門司間)に設置。***4-1*** 定期旅客便，福岡―大阪間に開設。***4-12*** 九州鉄道株式会社，福岡―久留米間で急行電車開通(現，西鉄天神大牟田線)。***6-7*** アメリカの対日移民法を受け，米貨排斥運動，門司で起こる。***6-*** 三池製作所・鉱業所で労働者8000人がストライキ。***9-1*** 戸畑市市制施行。***9-26*** 九州帝国大学に法文学部設置。***11-1*** 九州婦人水平社創立大会開催。***12-*** 日本農民組合福岡県連合会結成。

大正14 1925 ***4-6*** 浅原健三ら，九州民憲党を結成。***4-20*** 日本航空会社，福岡―大阪―東京間に定期飛行郵便開設。***4-*** 第1戦車隊を久留米に設置(日本初の戦車隊)。***5-1*** 宇垣一成陸相の宇垣軍縮により久留米第18師団廃止，小倉から第12師団移転。***5-1*** 西田ハルら，福岡県婦人水平社を結成。***5-11*** 進藤喜平太没(76歳)。***10-4*** 市内最初のデパート玉屋呉服店，福岡市東中洲に開業。

昭和1 1926 ***1-16*** 福岡第24連隊で差別事件発覚(福岡連隊差別事件)。***6-30*** 県下の郡役所廃止。***9-10*** 普通選挙法による全国最初の村会議員選挙，早良郡内野村で実施。***11-12*** 松本治一郎ら，福岡連隊爆破陰謀事件の容疑者として検挙。

昭和2 1927 ***2-23*** 野田卯太郎没(74歳)。***3-15*** 金融恐慌起こり，県下の銀行休業。***3-25*** 東亜勧業博覧会，福岡市西公園下(現，大濠公園)で開催(60日間)。***4-1*** 福岡市内バス登場。***6-20***『九州帝国大学新聞』創刊。***9-22*** 普通選挙法による初の県会議員選挙実施。***10-17*** 九州大環状線完成(肥薩海岸線川内―八代間全通)。***10-22*** 陸軍造兵廠東京工廠小倉出張所開設(のちの小倉工廠)。

昭和3 ***3-15*** 三・一五事件，県下では検挙者400人。***3-15*** 早良郡脇山村，大嘗祭主基斎

1928	田に決定。***4-19*** 九州帝国大学社会科学研究会に解散命令。***4-28*** 九州医学専門学校，久留米に開校(現，久留米大学医学部)。***9-16*** 日本放送協会熊本放送局の番組編成援助のため，福岡演奏所を設置(のちに福岡放送局)。
昭和 4 1929	***2-15*** 立花小一郎没(69歳)。***3-*** 大濠公園，福岡市に開園。***4-1*** 若松市営バス，若松—折尾間に開通。***7-15*** 日本航空輸送，福岡(大刀洗)—東京間に旅客輸送開始。***9-27*** 県下初のトーキー映画，福岡市寿座で上映。***10-22*** 陸海軍連合大演習，博多湾で実施。***12-*** 共同漁業(現，ニッスイ)，漁業根拠地を下関から戸畑へ移転，東洋一の漁業基地となる。
昭和 5 1930	***2-15*** 浅原健三，『鎔鉱炉の火は消えたり』を刊行。***2-21*** 県下初のひき逃げ事件，大牟田市で発生。***3-1*** 水道，久留米に完成。***3-27*** 福岡市名島飛行場開場。***9-30*** 三池炭鉱，坑夫請負いの全廃および女子・少年坑夫の入坑禁止。***12-6*** 日本放送協会福岡放送局(JOLK)開局。
昭和 6 1931	***1-1*** 直方市市制施行。***2-6*** 嘉穂劇場，飯塚町に落成。***2-11*** 堺利彦，京都郡行橋町で農民労働学校開校。***3-1*** 久留米市の日本足袋タイヤ部独立し，ブリヂストンタイヤ株式会社を設立。***3-22*** 中央気象台福岡支台，福岡市大濠公園に開庁。***4-29*** 嘉穂郡の住友忠隈炭鉱で筑豊炭田争議開始。***7-1*** 福岡地区防空演習実施。***7-16*** 北九州地区防空大演習実施。***9-17*** リンドバーグ夫妻，福岡市名島飛行場に飛来。***12-21*** 日本放送協会小倉放送局(JOSK)開局。
昭和 7 1932	***1-20*** 飯塚市市制施行。***2-22*** 久留米工兵隊３人，上海事変中の戦闘で戦死(爆弾三勇士)。***3-5*** 団琢磨暗殺(血盟団事件，74歳)。***5-16・17***『福岡日日新聞』主筆菊竹六鼓，五・一五事件につき軍部批判。***9-15*** 満洲国承認祝賀会，北九州各市で挙行(18日，福岡市で祝賀式)。***12-26*** 日本共産党九州地方委員会成立(委員長西田信春)。
昭和 8 1933	***1-23*** 堺利彦没(64歳)。***2-11*** 福岡県を中心に全九州にわたって共産党・全協・全農全会派など左翼組織大弾圧(二・一一事件)。***3-20*** 福岡県国防会結成。***4-15*** 福岡県国防会大会，梨本宮元帥臨席のもと開催。***8-20*** 市立動植物園，福岡市東公園に開園。***9-14*** 広田弘毅，斎藤実内閣で外務大臣に就任。***11-1*** 陸軍造兵廠，東京から移転し，小倉工廠開庁。***12-8*** 麻生太吉没(77歳)。
昭和 9 1934	***1-29*** 八幡製鉄所および輪西製鉄など官民１所５社合併し，日本製鉄株式会社設立。***3-*** 創生会結成(清水芳太郎顧問)。***4-15*** 九州初の自動信号機，福岡市天神交差点に設置。***5-5*** 福岡県教育会，海軍機を献納し「福岡教員号」と命名される。***5-24*** 福岡高等商業学校開校(現，福岡大学)。***6-24*** 県下初のバラバラ殺人事件，八幡市で発生。***11-15*** 国鉄久大線(久留米—大分間)全通。***11-30*** 安川敬一郎没(85歳)。
昭和10 1935	***5-25*** 国鉄佐賀線(瀬高—佐賀間)全通。***6-12*** 国防婦人会福岡本部発足。***7-15*** 博多祇園山笠，はじめて福岡地区へかき入れ。***7-19*** 杉山茂丸没(72歳)。
昭和11 1936	***3-6*** 福岡市の神屋宗湛の茶室「湛浩庵」，国宝に指定。***3-9*** 広田弘毅，福岡県出身者初の首相に就任。***3-11*** 夢野久作没(47歳)。***3-25*** 博多築港記念大博覧会，福岡市須崎裏で開催。***6-6*** 雁ノ巣飛行場，粕屋郡和白村に開場。***10-6*** 井筒屋デパート，小倉市に開店。***10-7*** 九州初のターミナルデパート岩田屋開業(福岡駅に隣接)。***11-1*** 福岡思想犯保護観察所，福岡市に開設。
昭和12 1937	***5-22*** 海老名弾正没(81歳)。***7-21*** 菊竹淳(六鼓)没(57歳)。***7-26*** 内田良平没(63歳)。***8-2*** 西部防衛司令部，旧小倉城内に設置。***9-9*** 郷土部隊特設第18師団編成(のちに菊兵団として中国・マレー・ビルマなど転戦)。***9-25*** 赤痢患者，大牟田市で大量発生(罹患者１万1851人，死者712人)。***10-10*** 火野葦平，詩集『山上軍艦』を刊行。***10-25*** 国民精神総動員運動講演会，県下21カ所で開催(～29日)。***10-*** 火野

葦平，『文学会議』第４号に「糞尿譚」を発表。***11-11*** 対英国交断絶促進福岡市民大会，福岡県公会堂で開催。***12-16*** 県下の日本無産党関係者44人逮捕(人民戦線事件)。

昭和13 1938 ***2-7*** 出征中の火野葦平，「糞尿譚」で第６回芥川賞受賞。***2-19*** 大日本農民組合福岡県連合会結成大会，八幡市で開催。***8-2*** 九州電気軌道，小倉―門司間で木炭バス運行。***8-5*** 日航福岡支所，エアガール採用試験，応募者殺到。***9-*** 劉寒吉・原田種夫・火野葦平ら，『九州文学』を創刊。***11-3*** ドイツのヒトラーユーゲント使節団，福岡市を訪問。

昭和14 1939 ***1-15*** 福岡工場懇話会，福岡産業報国協会と改称。***3-31*** 九州帝国大学に理学部設置。***4-17*** 日本製鉄従業員組合(八幡製鉄)，産業報国会に合流。***8-5*** 福岡地方鉱業報国連合会発足。***8-16*** 東方会福岡支部結成。***9-*** 朝鮮人労働者募集要項発表，筑豊大手炭鉱への朝鮮人移住開始。

昭和15 1940 ***1-*** 火野葦平，兵隊３部作(「麦と兵隊」「土と兵隊」「花と兵隊」)で朝日文化賞を受賞。***4-20*** 福日文化賞(現，西日本文化賞)第１回贈呈式，火野葦平ら受賞。***5-*** 大牟田市の三井三池石油合成工場，日本初の人造石油生産に成功。***7-2*** 政友会福岡支部解散。***8-1*** 西部軍司令部，旧小倉城内に創設。***8-13*** 九州日報社，読売新聞社に買収。***8-*** 久留米第12師団の常設師団として龍兵団新設(のちに南洋諸島を転戦)。***9-3*** 民政党福岡県支部解散。***11-29*** 大政翼賛会福岡県支部発足(支部長本間精県知事)。***12-24*** 西部軍司令部，小倉から福岡に移転。

昭和16 1941 ***3-31*** 北九州文化連盟発足(会長火野葦平)。***5-25*** 福岡地方文化連盟発足。***6-1*** 米の割当配給制，県下で実施。***6-25～29*** 西日本一体で豪雨(福岡県では53年ぶりの豪雨)。***8-30*** 大政翼賛会県支部機関誌『翼賛福岡』発刊。***12-1*** 興亜国民九州大会，福岡市で開催。***12-1*** 日本銀行福岡支店開業。***12-12*** 福岡県映画興行協会，イギリス・アメリカ映画の上映を自主的に禁止。***12-15*** 筑豊石炭鉱業会解散。***12-20*** 福岡県美術協会発足。***12-*** 福岡県文化連盟発足。

昭和17 1942 ***2-11*** 大日本翼賛壮年団福岡県団発足。***4-1*** 配電国家管理実施につき九州４電力会社を統合，九州配電株式会社発足。***4-18*** 太平洋戦争下初の空襲警報，福岡市で発令。***5-16*** 金子堅太郎没(89歳)。***8-10***『福岡日日新聞』『九州日報』統合し，『西日本新聞』発刊。***9-22*** 九州電気軌道など５私鉄統合し，西日本鉄道開業。***11-2*** 北原白秋没(57歳)。***11-15*** 関門海底鉄道トンネル開通。

昭和18 1943 ***3-*** 県下初の満蒙開拓義勇軍270人出発。***4-16*** 西日本新聞社創立(社長永江真郷)。***4-30*** 県護国神社，福岡城外に創建。***7-15*** 博釜連絡船，博多―釜山間就航。***10-27*** 中野正剛没(57歳)。***11-23*** 学徒出陣壮行会，九州帝国大学農学部で開催。これを皮切りに福岡市内各学校(九州帝国大学法文学部，福岡市立拓殖専門学校，西南学院専門学校)でも行われる。***11-3*** 田川市市制施行。

昭和19 1944 ***2-*** 陸軍飛行場，福岡市席田地区に建設開始(のちの板付基地)。***5-20*** 福岡動植物園廃止，猛獣を射殺。***6-5*** 生産教室，福岡県女子専門学校に誕生。***6-6*** 国民総蹶起運動福岡県総会，福岡市で開催。***6-15*** アメリカ軍機，八幡市を中心に初空襲。***6-30*** 北九州５市を学童疎開都市に指定。***10-5*** 頭山満没(89歳)。***12-7*** 井上哲次郎没(88歳)。

昭和20 1945 ***3-1*** 陸軍大将百武源吾，九州帝国大学総長に就任。***4-1*** 筑邦・十七・嘉穂・福岡貯蓄の４銀行統合し，福岡銀行創業。***5-17*** アメリカ軍捕虜の生体解剖，九州帝国大学医学部解剖学教室で実施。***6-19・20*** 福岡市大空襲。***6-29*** 門司市空襲。***7-27*** 大牟田市空襲。***8-8*** 八幡・若松市空襲。***8-9*** アメリカ軍機，小倉への原爆投下を中止，かわって長崎に投下。***8-11*** 久留米市空襲。***8-26*** 九州地方総監府，福岡市に設置。***9-4*** 南朝鮮引揚げ邦人２万7644人，博多港に上陸。***9-30*** 占領軍，

福岡に進駐。***10-7*** 県警察部機構改革，特高課など廃止。***10-14*** 九州郵船博多―対馬連絡船珠丸，浮遊機雷に接触し沈没(死者545人)。***12-16*** 伊藤卯四郎ら，飯塚市で九州地方鉱山労働者組合を結成。

昭和21 1946 ***1-12*** 日本共産党の野坂参三，中国から16年ぶりに帰国，博多港に上陸。***3-3*** 日本農民組合福岡県連合会結成(会長稲富稜人)。***4-8***『夕刊フクニチ』創刊。***4-10*** 第22回衆議院議員総選挙，福岡県初の女性議員誕生。***4-22*** 長谷川町子の漫画「サザエさん」，『夕刊フクニチ』に連載開始。***5-12*** 在満引揚げ邦人1648人，博多港に上陸。***7-12*** 九州帝国大学医学部石山教授ほか11人，生体解剖事件容疑で逮捕。***9-10*** 県下初の婦人警官50人，福岡・小倉両署で採用。***10-1*** 福岡県炭鉱労働組合協議会結成。***12-25*** 農地委員選挙，県下で実施。

昭和22 1947 ***2-13*** 学校給食，県下小学校で開始。***3-14*** 岩重隆治，県知事就任(最後の官選知事)。***3-20***「米よこせ大会」，福岡市で開催。***4-5*** 第1回統一地方選挙実施，杉本勝次が福岡県知事，三好弥六が福岡市長に当選。***4-30*** 新選挙法による県議会議員選挙実施。***5-3*** 福岡控訴院を福岡高等裁判所と福岡高等検察庁に分離。***5-24*** 松ばやし，博多どんたく，福岡全市で復活。***6-3*** 新法による第1回県議会開催。***8-19*** 小倉中学校，甲子園の全国中等学校優勝野球大会で優勝(優勝旗初めて九州に渡る)。***10-19*** 九州帝国大学，九州大学と改称。***12-15*** 伊藤伝右衛門没(88歳)。

昭和23 1948 ***1-26*** 倉富勇三郎没(94歳)。***2-27*** 初の大型トレーラーバス，福岡市に運行。***3-15*** 山崎達之輔没(67歳)。***4-1*** 県下新制高等学校発足。***7-15*** 博多山笠復活。***8-20*** 小倉高校，全国高校野球選手権大会で2年連続優勝(学制改革にてこの年から高校)。***8-27*** 横浜軍事法廷，九州帝国大学生体解剖事件に判決。***9-8*** 東洋陶器争議。***10-15*** ヘレン・ケラー，福岡市を訪問。***11-1*** 福岡県教育委員会発足。***12-23*** 広田弘毅，文官唯一のA級戦犯として死刑執行(71歳)。***12-29*** アメリカ軍捕虜殺害の油山事件，横浜軍事裁判所で判決。

昭和24 1949 ***1-23*** 総選挙実施。田代文久，九州初の共産党衆議院議員となる。***4-1*** 県立九州歯科大学，西南学院大学発足(新制)。***5-19〜29*** 天皇陛下九州巡幸，県下を見学。***5-31*** 新制九州大学，福岡学芸大学(現，福岡教育大学)発足。

昭和25 1950 ***2-11*** 九州初の日展，福岡市で開催。***4-1*** 福岡市営平和台野球場完成。***4-1*** 日本製鉄株式会社解体し，八幡製鉄株式会社ほか3社に分離。***4-24*** 県立女子専門学校を改称し，県立福岡女子大学が開校。***6-25*** 小倉駐在のアメリカ陸軍第24師団，朝鮮半島に出動(朝鮮戦争勃発)。***6-29*** アメリカ空軍駐留の板付基地周辺および北九州各市に警戒警報発令，灯火管制実施。

昭和26 1951 ***1-30*** プロ野球球団西鉄ライオンズ結成。***5-1*** 九州電力株式会社発足。***8-17*** 日本考古学協会，福岡県板付遺跡第1次発掘調査を開始。***10-25*** 日本航空1番機もく星号，東京―大阪―福岡間を飛行。***12-1*** 九州初の民放，ラジオ九州開局。

昭和27 1952 ***4-1*** 柳川市市制施行。***4-18*** 福岡電気ホール開館。***4-26*** GHQ，八幡製鉄所など850工場を日本政府に返還。***5-1*** 福岡アメリカ文化センター開館。***7-26*** 板付・芦屋飛行場など，駐留アメリカ軍施設に決定。***11-15*** 第1回九州一周駅伝開催。***12-1*** ブラジル移民第1陣，九州から6家族18人決定。

昭和28 1953 ***1-22*** 松本清張，「或る『小倉日記』伝」で第28回芥川賞受賞。***3-31*** 大宰府跡・大野城跡・水城跡など，国の特別史跡に指定。***6-15*** 博多大丸，福岡市呉服町に開店。***6-25*** 九州北部・中部に大水害(福岡県の死者259人，被害総額793億円)。***7-21*** 三池炭鉱主婦協議会発足。***8-7*** 三井鉱山，6739人の人員整理を発表。***8-11*** 解雇反対闘争，三池炭坑で開始(英雄なき113日の闘い)。***10-31*** 九州交響楽団発足。***11-27*** 三井鉱山，解雇撤回を発表。

昭和29 ***1-1*** 九州朝日放送(KBC)ラジオ開局。***3-4*** 関門国道トンネル貫通式。***4-1*** 甘木・

1954	大川・筑後・山田・八女各市市制施行。**7-1** 福岡県警察本部発足。**10-10** 行橋市市制施行。
昭和30 1955	**4-10** 宇島市市制施行。**4-14** 宇島市，豊前市に改称。**4-23** 統一地方選挙，土屋香鹿当選。**6-25** 板付基地移転促進協議会，福岡市で結成。基地移転・国際空港誘致運動を開始。**8-25** 気象レーダー，背振山頂に完成。**11-13** 大相撲九州準本場所開始。
昭和31 1956	**1-28** 緒方竹虎没(67歳)。**4-1** NHK福岡放送局，テレビ放送を開始。**4-1** 福岡商科大学，福岡大学に改称。**4-26** 久留米市，総合文化施設石橋文化センター開園。**9-13** 日本航空，福岡—沖縄線開通。**10-17** 西鉄ライオンズ，プロ野球日本シリーズで初優勝(この年から３連覇)。**11-3** 坂本繁二郎に文化勲章。**11-19** 国鉄特急「あさかぜ」，東京—博多間運転開始。
昭和32 1957	**1-9** 有馬頼寧没(72歳)。**3-30** 久留米絣，重要無形文化財に指定。**6-9** 九州地方開発推進協議会発足。**10-22** 全国農民組合福岡県連と日農本部派合同し，福岡県農民組合結成。**11-10** 大相撲九州場所開始(本場所に昇格)。
昭和33 1958	**3-1** ラジオ九州(８月，RKB毎日に改称)，テレビ放送開始。**3-9** 関門国道トンネル開通。**8-28** テレビ西日本(TNC)開局(本社八幡市)。**11-1** 中間市市制施行。
昭和34 1959	**3-30** 九州地方開発促進法公布。**4-23** 統一地方選挙，鵜崎多一当選(２期連続，この間全国唯一の社会党県知事)。**6-5** 安保改正阻止・廃止福岡県共闘会議結成。県下安保闘争の先駆けとなる。**7-8** 石炭産業合理化に基づく失業対策調査特別委員会，県議会に設置。**9-1** 八幡製鉄戸畑製造所第１高炉稼働。**9-10** 炭鉱失業者救済の「黒い羽根」募金運動開始。**12-18** 炭鉱離職者緊急就労対策事業実施。
昭和35 1960	**1-24** 火野葦平没(53歳)。**1-25** 三井鉱山，三池鉱にロックアウト実施，労組，無期限ストに突入。**3-17** 三池労組に第２組合結成。**3-31** 日向神ダム完成。**4-1** 日田彦山線全通。**7-7** 総評・炭労，三池争議で全国から２万人動員。**7-19** 中労委，労使双方に白紙委任の斡旋申入れ。**11-1** 三池争議，労使双方が平和宣言を確認し，282日ぶりに解決。**12-1** 九州郵船，戦後初となる日韓定期航路，博多—釜山間就航。
昭和36 1961	**2-24** 九州・山口経済連合会結成(初代会長安川第五郎)。**6-1** 西日本初の電車，山陽本線小郡—久留米間運行開始。**10-25** 日本航空，東京—福岡間にジェット旅客機就航。
昭和37 1962	**2-14** テレビ西日本福岡放送局開局。**7-18** 大河内伝次郎没(現，豊前市大河内出身，64歳)。**9-26** 若戸大橋開通。**10-13** 福岡市，米国オークランド市と姉妹都市提携。
昭和38 1963	**1-** 西日本一帯で大寒波，県下に大雪で多数の被害。**2-10** 門司・小倉・八幡・戸畑・若松の５市合併，北九州市成立。**3-10** ダイエー，福岡市天神に開店。**4-1** 北九州市，政令指定都市となる。**4-1** 北九州市立大学開学。**7-11** 大牟田市および熊本県下各町村，大牟田・有明・不知火，新産業都市に指定。**7-22** 福岡県営総合プール開設。**10-25** 福岡市民会館開館。**11-9** 三池炭鉱三井坑で炭塵爆発事故(死者458人)。**12-1** 新博多駅竣工。
昭和39 1964	**3-31** 三井田川鉱業所閉山。**4-1** 国立久留米工業高等専門学校開校。**11-3** 福岡県文化会館開館。
昭和40 1965	**6-1** 穂波郡の山野炭鉱でガス爆発事故(死者237人)。**9-1** 福岡空港初の国際線(福岡—釜山間)開設。**11-3** 田崎広助，文化勲章を受章。
昭和41 1966	**4-1** 筑後川総合開発開始。**8-25** 九州で日本脳炎大流行(罹患者333人)。県下17市町村に全国初の日本脳炎撲滅特別指定。**10-1** 北九州市，西日本初の国際見本市中国経済貿易展開催。**11-22** 松本治一郎没(79歳)。
昭和42	**4-23** 統一地方選挙，亀井光当選。**6-17** 九州・山口経済連合会，福岡市で初の地

1967	方都市開発懇談会開催。***9-8*** 筑後川流域4県知事会発足。***9-26*** 福岡県社会福祉センター竣工。
昭和43 1968	***1-16*** 米原子力空母エンタープライズの佐世保寄港に反対する学生，博多駅で警官隊と衝突(博多駅事件)。***4-1*** 苅田港開港指定，貿易港となる。***5-1*** 国立九州芸術工科大学開校。***6-2*** 米軍板付基地のファントム機，九州大学で建設中の計算機センターに墜落。***10-10*** 朝日新聞西部本社版夕刊，県下に正体不明の奇病発生と報道(油症事件，初の新聞報道)。***10-16*** 福岡県，油症対策本部および油症対策連絡協議会設置。
昭和44 1969	***1-21*** 白ぐされ病，有明海のノリに発生。***4-21*** 西鉄グランドホテル開館。***6-23*** 筑後川総合開発マスタープラン決定。***7-10*** 初のUHF局，FBS福岡放送開局。***7-14*** 坂本繁二郎没(82歳)。***10-14*** 九州大学，機動隊を導入し全共闘派学生の封鎖を解除。
昭和45 1970	***2-2*** 県米生産調整対策本部を設置。***2-10*** 福岡市立福岡中央児童会館開館。***3-2*** 若手労働者の流出防止のため，県雇用対策協議会発足。***3-31*** 赤軍派にハイジャックされた日航機よど号，福岡空港に着陸後，韓国金浦空港へ。***3-31*** 八幡製鉄・富士製鉄合併し，新日本製鐵株式会社発足。***4-1*** 北九州市公害防止条例施行。***9-1*** 県公害対策本部発足。***11-16*** カネミ油症被害者，カネミ倉庫・国・北九州市などを相手に損害賠償請求。
昭和46 1971	***5-5*** 福岡市立少年文化会館図書館開館。***6-16*** 松永安左エ門没(95歳)。***7-3*** 北九州市，日中国交回復と貿易促進に関する決議案を採択。***12-17*** 有明海，環境基準の指定水域となる。
昭和47 1972	***1-*** 新日本製鐵東田第1高炉廃止。***3-15*** 国立九州がんセンター，福岡市に竣工。***4-1*** 福岡市，政令指定都市となり5区制開始。***4-1*** 大野城・小郡・春日・筑紫野各市市制施行。***4-1*** 板付飛行場，アメリカ軍から返還され，26年ぶりに民間空港となる。***8-24*** 江川ダム完成。***10-18*** 福岡県環境保全条例を制定。***11-16*** 福岡市立歴史資料館開館。
昭和48 1973	***2-24*** 県立九州歴史資料館，太宰府町に開館。***3-5*** 国の特別史跡，大宰府の発掘調査開始。***5-5*** 西日本経済界訪中代表団出発。***5-11*** 三池三川鉱爆発事故の遺族・患者，三井鉱山を相手取り損害賠償請求訴訟。***9-28*** 福岡県立勤労青少年文化センター開設。***11-14*** 関門橋(関門自動車道)開通。***11-29*** 宮田町の貝島大之浦炭鉱閉山。***12-5*** 石油ショックによる狂乱物価のため，県緊急物価対策本部設置。
昭和49 1974	***1-10*** 県総合開発審議会，水資源総合利用計画答申。***3-15*** 山陽新幹線新関門トンネル貫通。***3-31*** 鱒淵ダム完成。***4-1*** 北九州市，小倉・八幡両区を分割し7区制発足。***4-22*** 福岡空港騒音対策協議会結成(会長進藤一馬福岡市長)。***11-3*** 北九州市立美術館開館。***11-3*** 求菩提資料館，豊前市に開館。***11-27*** 環境庁，北九州市を硫黄酸化物総量規制地域に指定。
昭和50 1975	***3-5*** 苅田町の日産自動車九州工場生産開始。***3-10*** 国鉄山陽新幹線，博多—岡山間開通。***3-13*** 九州縦貫自動車道，古賀—鳥栖間開通。***8-1*** 北九州市立歴史博物館開館。***11-12*** 福岡市営地下鉄工事着工。***12-3*** 県道福岡直方線の新犬鳴トンネル開通。***12-9*** 福岡市の流通センター完成。
昭和51 1976	***1-2*** 檀一雄没(64歳)。***3-22*** 洞海湾の浚渫工事完了(公害防止対策事業)。***5-30*** 福岡市民図書館開館。***6-25*** 安川第五郎没(90歳)。***8-5*** 筑豊最後のヤマ，貝島炭鉱閉山。***9-10*** 西日本初の地下街，天神地下街，福岡市に開業。***9-11*** 石橋正二郎没(87歳)。
昭和52 1977	***3-*** 背振ダム，那珂川町に完成。***10-1*** 福岡市を中心とする「大都市圏構想」開始。

昭和53 1978	***1-26*** 寺内ダム，甘木市に完成。***2-2*** 博多湾地方港湾審議会，博多湾の約１割を埋め立てる港湾総合開発計画を答申。***4-1*** 産業医科大学，北九州市に開校。***5-20*** 福岡大渇水，給水制限を開始。***6-12*** 郭沫若没(85歳)。***7-20*** 新日本製鐵八幡製鉄所，洞岡４号高炉を休止。八幡から高炉の火消滅。***7-25*** 古賀政男没(73歳)。
昭和54 1979	***2-1*** 福岡市節水型水利用などに関する措置要綱施行。***2-11*** 福岡市の西鉄電車(路面電車)全廃。***3-24*** 福岡大渇水，287日ぶりに給水制限解除。***5-1*** 北九州市，旅大市(旧旅順)と姉妹都市提携。***5-2*** 福岡市，中国広州市と姉妹都市提携。***6-1*** 福岡市，「節水の日」制定。***11-3*** 福岡市美術館開館。
昭和55 1980	***6-1*** 福岡市植物園開園。***10-20*** 福岡都市高速道路(香椎—東浜間)および北九州都市高速道路(篠崎—日明間)開通。
昭和56 1981	***3-7*** 出光佐三没(95歳)。***4-1*** 宗像市市制施行。***7-26*** 九州初の福岡市営地下鉄，室見—天神間開通。***9-21*** 福岡県，アメリカハワイ州と姉妹提携。***10-15*** 福岡国際センター開業。***10-18*** 福岡海の中道海浜公園(国営公園)一部開園。***11-4*** 福岡県新庁舎，博多区東公園に完成。***11-8*** 大相撲九州場所，会場を九電記念体育館から福岡国際センターに変更。
昭和57 1982	***4-1*** 太宰府市，市制施行。***6-24*** 県議会，知事公舎疑惑を追及。***10-2*** 九州初の埋蔵文化財センター，福岡市に開設。
昭和58 1983	***3-22*** 福岡市営地下鉄，国鉄筑肥線と相互乗入れ運転開始。***4-1*** 新福岡県立図書館完成。***4-10*** 福岡県知事に16年ぶりに革新系の奥田八二当選。
昭和59 1984	***1-18*** 三井三池有明坑火災(死者83人)。***4-1*** 西日本相互銀行，西日本銀行として再発足。***10-31*** 筑後大堰竣工。
昭和60 1985	***1-9*** 国内初の北九州市営モノレール，小倉—企救丘間開業。***5-4*** 中国総領事館，福岡市に開設。***10-19*** 北九州市の西鉄路面電車北九州線３線廃止。
昭和61 1986	***3-31*** 福岡県情報公開条例制定(９月１日施行)。***4-1*** 国鉄赤字路線で廃止された甘木線，九州初の第３セクター方式の甘木鉄道となる。***6-15*** 中野浩一，世界自転車選手権プロスプリントで10連覇達成。***7-24*** 九州最長の三瀬トンネル開通。***10-25*** 第１回九州知事サミット，福岡市で開催。
昭和62 1987	***2-5*** 大分自動車道，鳥栖—朝倉間開通。***3-20*** カネミ油症原告団と会社側の和解，最高裁で成立。***4-1*** 国鉄，７分割・民営化され，九州旅客鉄道株式会社(JR九州)発足。***4-4*** 福岡—中国定期航路開設。***7-16*** 村田喜代子，「鍋の中」で芥川賞，白石一郎「海狼伝」で直木賞受賞。***12-28*** 鴻臚館の遺構，福岡市平和台球場で出土。
昭和63 1988	***3-31*** 九州自動車道，八幡—小倉東間開通。***9-21*** ダイエー，南海電鉄よりプロ野球球団南海ホークスを買収し，福岡市に本拠地をおくことを表明。***10-1*** 福岡ダイエーホークス誕生。
平成１ 1989	***3-6*** 福岡タワー完成。***3-17*** アジア太平洋博覧会'89(よかトピア)，福岡市で開催(～９月３日)。***3-23*** カネミ油症裁判，すべて終結。***4-15*** 中国首相李鵬，福岡市を訪問。***5-30*** 国内初の九州・沖縄国立大学長サミット開催。
平成２ 1990	***4-1*** 新幹線博多南線，博多—博多南駅間開業。***4-22*** スペースワールド，北九州市に開園。***5-1*** 福岡県青少年科学館，久留米市に開館。***9-9*** 第45回国民体育大会(とびうめ国体)開催(夏季～９月12日，秋季10月21日～10月26日)。***10-18*** 福岡市博物館開館。
平成３ 1991	***2-8*** トヨタ自動車九州株式会社，宮田町に設立。***4-1*** TVQ九州放送開局。***6-15*** ベイサイドプレイス博多開業。***11-*** 田川市美術館開館。
平成４ 1992	***3-*** 牛頸ダム，大野城市に完成。***4-*** 福岡県立大学，田川市に開校。***6-30*** 在福岡オーストラリア領事館，福岡市に開設。***8-4*** 松本清張没(82歳)。***8-25*** 第74回全国高等学校野球選手権大会(夏の甲子園)で，西日本短期大学附属高等学校優勝。***10-***

	1 前原市，市制施行。***11-*** 谷尾美術館，直方市に開館(2001年4月より直方市美術館)。***11-4*** 福岡県，中国江蘇省と友好提携。
平成5 1993	***1-*** 長谷ダム，福岡市に完成。***3-1*** 北九州テクノセンター開業。***4-2*** 福岡ドーム開場。***4-28*** 合所ダム，浮羽町に完成。***9-1*** エフエム九州(CROSS FM)開局。
平成6 1994	***8-4*** 福岡市，渇水により給水制限(～平成7年5月31日)。太宰府市・大野城市・筑紫野市でも夜間断水実施。***9-22*** 第1回アジア太平洋都市サミット，福岡市で開催(～9月25日)。
平成7 1995	***3-*** 犬鳴ダム，若宮町に完成。***3-25*** 門司港レトロオープン。***4-29*** アクロス福岡，福岡市に開館。***7-13*** 東平尾公園博多の森球技場完成。***7-22*** 大牟田市石炭産業科学館開館。***7-27*** 九州自動車道，全線開通。***8-23*** 第18回夏季ユニバーシアード，福岡市および周辺都市で開催(～9月3日)。
平成8 1996	***2-*** 福岡ブルックス，Jリーグに加盟しアビスパ福岡と改称。***4-20*** キャナルシティ博多開業。***6-13*** 福岡空港ガルーダ航空機離陸事故。***6-29*** 福岡市総合図書館開館。***11-22*** クローバープラザ，春日市に開館。***12-27*** 北九州学術研究都市整備事業，第1期工事着工。
平成9 1997	***3-30*** 三井三池炭鉱閉山。***4-1*** ラブエフエム国際放送(LOVE FM)開局。***5-11*** アジア開発銀行第30回総会，福岡市で開催(～5月13日)。***10-1*** 福岡三越開業。***10-1*** 古賀市，市制施行。
平成10 1998	***3-14*** 新JR小倉駅開業。***4-8*** 麻生福岡短期大学を改組し，九州情報大学が太宰府市に開校。***8-4*** 北九州市立松本清張記念館開館。***10-4*** 北九州メディアドーム開業。***10-28*** 株式会社レベルファイブ設立。***12-4*** 猪野ダム，久山町に完成。
平成11 1999	***3-6*** 福岡アジア美術館開館。***5-*** 福岡空港，新国際線旅客ターミナルビル運用開始。***10-28*** 福岡ダイエーホークス，福岡市に移転後初の日本一に。***11-13*** 北谷ダム，太宰府市に完成。
平成12 2000	***4-21*** 出光美術館(門司)開館。***7-8*** 九州・沖縄サミット(主要国首脳会議)財務相・蔵相会合，福岡市で開催。***9-3*** 第9回アジア・太平洋環境会議，北九州市で開催。
平成13 2001	***1-21*** 奥田八二没(80歳)。***4-1*** 北九州学術研究都市，第1期大学ゾーン開設。***4-1*** 日本赤十字九州国際看護大学，宗像市に開校。***4-*** 九州栄養福祉大学，北九州市に開校。***7-4*** 北九州博覧祭2001，北九州市で開催(～11月4日)。***7-16*** 第9回世界水泳選手権，福岡市で開催(～7月29日)。
平成14 2002	***4-13*** 到津の森公園，北九州市に開園。***9-10*** 鳴淵ダム，篠栗町に完成。***11-3*** 北九州市立自然史・歴史博物館(いのちのたび博物館)開館。
平成15 2003	***1-16*** 大道珠貴「しょっぱいドライブ」，第128回芥川賞受賞。***4-1*** 宗像市・玄海町が合併，新宗像市発足。***4-26*** 関門海峡ミュージアム，北九州市に開館。***8-9*** 九州鉄道記念館，北九州市に開館。***8-11*** 北九州芸術劇場開館。***10-1*** 九州大学，九州芸術工科大学を統合，芸術工学部・芸術工学研究院・芸術工学府を設置。
平成16 2004	***1-9*** 桑原敬一没(81歳)。***3-13*** 九州新幹線，鹿児島中央―新八代間開業。***3-30*** 福智山ダム，直方市に完成。
平成17 2005	***1-24*** 福間町・津屋崎町が合併，福津市発足。***2-2*** 福岡市営地下鉄3号線(七隈線)，天神南―橋本間開業。***2-5*** 久留米市，北野町・三潴町・城島町・田主丸町を編入。***3-20*** 福岡県西方沖地震，震度6弱・M7.0，死者1名。***3-20*** 浮羽町・吉井町が合併，うきは市発足。***3-21*** 柳川市・三橋町・大和町が合併，新柳川市発足。***3-22*** 夜須町・三輪町が合併、筑前町発足。***3-28*** 小石原村・宝珠山村が合併，東峰村発足。***3-28*** 宗像市，大島村を編入。***10-1*** 九州大学，伊都キャンパス設置。***10-11*** 新吉富村・大平村が合併，上毛町発足。***10-16*** 九州国立博物館，太宰府市に開館。

平成18 2006 **1-10** 椎田町・築城町が合併，築上町発足。**2-8** 福岡県，タイ王国バンコク都と友好提携。**2-11** 若宮町・宮田町が合併，宮若市発足。**3-6** 金田町・方城町・赤池町が合併，福智町発足。**3-16** 新北九州空港開港。**3-20** 豊津町・犀川町・勝山町が合併，みやこ町発足。**3-20** 甘木市・朝倉町・杷木町が合併，朝倉市発足。**3-26** 飯塚市・穎田町・庄内町・穂波町・筑穂町が合併，新飯塚市発足。**3-27** 山田市・嘉穂町・碓井町・稲築町が合併，嘉麻市発足。**4-** 聖マリア学院短期大学を改組し，同大学が久留米市に開校。**6-26**『Newsweek』，「世界で最もホットな10都市」に福岡市を選定。**8-25** 福岡市海の中道大橋で飲酒運転事故，３児が死亡。**10-1** 八女市，上陽町を編入。**11-26** 土屋香鹿没(100歳)。

平成19 2007 **1-29** 瀬高町・高田町・山川町が合併，みやま市発足。**3-5** 福岡県，インド・デリー準州と友好提携。**4-** サイバー大学，福岡市に開校。**9-8** 第15回アジア・太平洋環境会議，福岡市で開催。

平成20 2008 **2-22** 福岡県，ベトナム・ハノイ市と友好提携。**4-** 福岡女学院看護大学，古賀市に開校。**12-13** 日中韓首脳会議，九州国立博物館で開催。

平成21 2009 **4-22** 在福岡ベトナム総領事館，福岡市に開設。**7-24** 平成21年７月中国・九州北部豪雨(～７月26日)，九州・山口で死者31人。

平成22 2010 **1-1** 前原市・二丈町・志摩町が合併，糸島市発足。**1-14** 白石一文『ほかならぬ人へ』，第142回直木賞受賞。**2-** ニューウェーブ北九州，Jリーグに加盟しギラヴァンツ北九州と改称。**2-1** 八女市，黒木町・立花町・星野村・矢部村を編入。**3-27** 藤波ダム，うきは市に完成。**7-10** つかこうへい没(62歳)。**11-21** 九州歴史資料館，小郡市に移転開館。

平成23 2011 **3-3** 新博多駅ビル開業。**3-12** 九州新幹線，博多—鹿児島中央間開通。**4-1** 純真学園大学，福岡市に開校。**5-25** 山本作兵衛の絵画・日記等がユネスコの世界記憶遺産(現，「世界の記憶」)に選定。**8-1** 日産自動車九州工場，分社化し同株式会社が苅田町に設立。

平成24 2012 **1-17** 葉室麟『蜩ノ記』，第146回直木賞受賞。**4-1** 福岡県，全国初の罰則付き飲酒運転撲滅条例を施行。**7-21** 福岡都市高速道路，環状線全線開通。**8-3** 北九州市漫画ミュージアム開館。**11-18** 福岡共同公文書館，筑紫野市に開館。

平成25 2013 **1-16** 安部龍太郎『等伯』，第148回直木賞受賞。**3-31** 大山ダム，大分県日田市に完成。福岡・筑後地方の水源の一つとなる。**4-27** 九州芸文館，筑後市に開館。**10-11** 福岡市の有床診療所で火災，死者10人。**10-15** JR九州，クルーズトレイン「ななつ星 in 九州」運行開始。

平成26 2014 **5-1** 福岡市，国家戦略特区に指定。**11-9** 福岡マラソン第１回大会，福岡市・糸島市で開催。**11-16** 第１回市町村対抗福岡駅伝，筑後市で開催。

平成27 2015 **2-25** 福岡市，天神地区の再開発事業・天神ビックバンを始動。**7-5**「明治日本の産業革命遺産　製鉄・製鋼、造船、石炭産業」世界遺産登録(うち福岡県所在は官営八幡製鐵所，三池炭鉱，三池港，遠賀川水源地ポンプ室)。**8-28** TOTOミュージアム，北九州市に開館。

平成28 2016 **1-29** 北九州市，国家戦略特区に指定。**4-14** 熊本地震(～４月16日)。福岡県筑後地方でも震度５強を観測。**4-24** 東九州自動車道，北九州～宮崎間が全線開通。**11-8** 福岡市，博多駅前の地下鉄工事中道路で陥没事故。**11-19** 久留米市美術館(旧石橋美術館)開館。**11-30** 博多祇園山笠，ユネスコ無形文化遺産に登録。

平成29 2017 **4-** 福岡看護大学，福岡市に開校。**7-5** 平成29年７月九州北部豪雨(～７月６日)，福岡・大分県で死者・行方不明者42人。**7-9**「『神宿る島』宗像・沖ノ島と関連遺産群」世界遺産登録。**10-1** 福岡市科学館開館。**12-23** 葉室麟没(66歳)。

平成30 **3-4** 伊良原ダム，みやこ町に完成。**3-11** 五ケ山ダム，那珂川市～佐賀県神崎郡

2018 吉野ヶ里町に完成。*6-2* 久留米アリーナ開館。*6-28* 平成30年7月豪雨(〜7月8日)，西日本を中心に全国で死者・行方不明271人。*8-1* 西日本大濠花火大会，最後の開催となる。*10-1* 在福岡タイ王国総領事館，福岡市に開設。*10-1* 那珂川市，市制施行。*12-1* 福岡市総合体育館(照葉積水ハウスアリーナ)開館。

令和1 2019 *4-1* 福岡国際医療福祉大学，福岡市に開校。*8-27* 令和元年8月の前線に伴う大雨(〜8月29日)，佐賀・長崎・福岡県に被害，死者4人。*9-20* ラグビーワールドカップ2019(〜11月2日)，福岡市を含む国内12都市で開催。*11-25* 福岡ソフトバンクホークス，日本シリーズ4連覇。*12-4* 中村哲没(73歳)。

■ 参考文献

1　通史(概説・県史・県議会史・議事録・教育史など)

西日本新聞社福岡県百科事典刊行本部編『福岡県百科事典』上・下　西日本新聞社　1982
安藤良雄編『近代日本経済史要覧　第2版』 東京大学出版会　1979
中村隆英『昭和経済史』 岩波書店　1986　岩波現代文庫　2007
中村隆英『昭和史』上・下　東洋経済新報社　2012
吉川洋『高度成長　日本を変えた6000日』 中公文庫　2012
竹内理三ほか『福岡県の歴史』 文画堂　1956
福岡県史編さん室編『福岡県史』 福岡県　1962-65
読売新聞西部本社編『福岡百年』上・下巻　浪速社　1967
毎日新聞西部本社編『明治百年　福岡県の歩み』 毎日新聞西部本社　1968
西日本新聞社編『明治百年　西日本新聞に見る』 1968
平野邦雄・飯田久雄『福岡県の歴史』 山川出版社　1974
新藤東洋男『明治・大正・昭和の郷土史　福岡県』 昌平社　1981
福岡県総務部総務渉外課編『福岡県の歴史　新県庁舎竣工記念』 福岡県　1981
川添昭二ほか『福岡県の歴史』 光文館　1990
川添昭二・武末純一・岡藤良敬・西谷正浩・梶原良則・折田悦郎『福岡県の歴史』 山川出版社　1997
『福岡県史』近代史料編　福岡農法　福岡県　1987
『福岡県史』近代史料編　農民運動1-3　福岡県　1986-2000
『福岡県史』近代史料編　自由民権運動　福岡県　1995
『福岡県史』近代史料編　綿糸紡績業　1985
『福岡県史』近代史料編　東洋タイムス1-4　福岡県　1984-1986
『福岡県史』近代史料編　林遠里・勧農社　1992
『福岡県史』近代史料編　労働乃九州1-2　1996-1997
『福岡県史』近代史料編　筑豊石炭鉱業組合1-2　1987-1989
『福岡県史』近代史料編　筑豊興業鉄道1-2　1987-1997
『福岡県史』近代史料編　八幡製鉄所1-2　1995-1998
『福岡県史』近代史料編　三池鉱山年報　1982
『福岡県史』通史編近代　産業経済1-2　2000-2003
『福岡県史』通史編近代　社会運動1　2002
『福岡県史』近代研究編1-2　福岡県　1989-1996
福岡県編『福岡県市町村合併史』 福岡県　1962
稲員稔編『福岡県議会史』 福岡県議会事務局　1951
福岡県議会事務局編『詳説福岡縣議会史』 福岡県議会　1952-1959

福岡県議会事務局編『福岡県議会史』 福岡県議会事務局　1991-
福岡県議会編『福岡県議会会議録』 福岡県議会　1900-
警察協会福岡支部編『福岡県警察史　明治年代編』 警察協会福岡支部　1942
福岡県警察史編さん委員会編『福岡県警察史』 明治大正編　昭和前編　昭和後編　福岡県警察本部　1978-1993
厚生省20年史編集委員会編『厚生省二十年史』 厚生問題研究会　1960
太田遼一郎「福岡県農業史　明治前期・中期」『農業發達史調査會資料』64　1951
福岡県農地改革史編纂委員会『福岡県農地改革史』上・中・下　福岡県農地部農地課　1950-1953　復刻版　不二出版　1992
福岡県労働部労政課編『福岡県労働運動史』1-3巻　福岡県　1982-1998
福岡県無産運動史刊行委員会編『福岡県無産運動史』 宮崎太郎　1970
福岡県女性史編纂委員会編『新聞にみる福岡県女性のあゆみ　明治・大正編』福岡県　1993
福岡県女性史編纂委員会編『光をかざす女たち　福岡県女性のあゆみ』 福岡県　1993
三井田恒博編『近代福岡県漁業史　1878-1950』 海鳥社　2006
福岡県教育委員会『福岡県教育史』 福岡県教育委員会　1957
福岡県教育百年史編さん委員会編『福岡県教育百年史』 福岡県教育委員会　1977-81
井上義巳『福岡県の教育史』 思文閣出版　1984

2　郡史・市町村自治体史・地域史

福岡県早良郡役所編『早良郡志』 早良郡　1923
糟屋郡編『糟屋郡志』(福岡県郷土誌叢刊)　臨川書店　1986　原書1924
嘉穂郡編『嘉穂郡誌』(福岡県郷土誌叢刊)　臨川書店　1986　原書1924
鞍手郡教育会編『鞍手郡誌』(福岡県郷土誌叢刊)　臨川書店　1986　原書1934
築上郡史編纂委員会編『築上郡史』上・下　(福岡県郷土誌叢刊)　臨川書店　1986　原書1956
三池郡教育会編『三池郡誌』(福岡県郷土誌叢刊)　臨川書店　1986　原書1914
伊東尾四郎編『宗像郡誌』上・中・下(福岡県郷土誌叢刊)　臨川書店　1986　原書1931-1944
福岡市総務局編『福岡の歴史　市制九十周年記念』 福岡市　1979
福岡市編『福岡市史』1-13巻　福岡市　1959-1996
福岡市史編集委員会編『新修　福岡市史』資料編　近現代１「維新見聞記」2012
福岡市史編集委員会編『新修　福岡市史』資料編　近現代２　2015
福岡市史編集委員会編『新修　福岡市史』特別編「活字メディアの時代」2017
北九州市史編さん委員会編『北九州市史』 近代・現代　産業経済１　近代・

現代　産業経済２　近代・現代　行政社会　近代・現代教育文化　五市合併以後　北九州市　1986-1992
小倉市役所編『小倉市誌』 小倉市　1921-55
八幡市史編纂委員会『八幡市史』 八幡市　1936-1963
若松市史第二集編纂委員会編『若松市史』第２集　若松市役所　1956
直方市史編纂委員会編『直方市史』 直方市　1971-79
田川市史編纂委員会編『田川市史』上・中・下　田川市　1974-1979
飯塚市誌編さん室編『飯塚市誌』 飯塚市役所総務部庶務課　1975
太宰府市史編さん委員会編『太宰府市史』 近現代資料編　通史編３　通史編別編(「古都太宰府」の展開」)太宰府市　1999-2004
『久留米市誌』上・中・下・別冊　久留米市　1932-1933　復刻版　名著出版 1973
『久留米市史』第３巻・第４巻　久留米市　1985-1989
『甘木市史』上・下　甘木市　1981-1982
大牟田市史編集委員会『大牟田市史』中・下　大牟田市　1966-1968
『大牟田産業経済の沿革と現況』 大牟田市　1956
『新熊本市史』第５巻　熊本市　2001
岡垣町史編纂委員会編『岡垣町史』岡垣町　1988
田主丸町誌編集委員会編『田主丸町誌』1-3巻　田主丸町　1996-1997
築城町誌編纂委員会編『築城町誌』上・下　築城町　2006
福岡市議会編『福岡市議会史』既刊３巻　福岡市議会　1971-
北九州市議会事務局編『北九州市議会史』 北九州市議会　1984-2006
林田一重『浮羽郡教育史』 浮羽郡郷土会　1971
川添昭二監修・粕屋郡教育研究所編『粕屋郡教育史』 粕屋郡教育研究所 1974
福岡市立教育研究所編『福岡市学校教育百年誌』 福岡市教育委員会　1977
是石慶次郎『門司市教育史』 門司教育支会　1928
小倉市教育委員会学校教育課編『航跡　小倉市教育委員会“沿革史”』 小倉市教育委員会　1963
福岡県教育会久留米支会編『久留米市教育沿革史　学制頒布第五十年祝典紀念』 福岡県教育会久留米支会　1923
八女市教育委員会編『八女市教育史資料』(教育100年記念)　同続，同続・続　八女市教育委員会　1972-1974
福岡県甘木市教育委員会・福岡県朝倉郡町村教育委員会連絡協議会編『甘木朝倉教育史』 福岡県甘木市教育委員会　福岡県朝倉郡町村教育委員会連絡協議会　1975
春日市教育委員会編『春日市教育史　春日市教育130年のあゆみ』 春日市教育委員会　2005
久門守『北九州の今昔』保存版　上・下　郷土出版社　2010
アジア女性交流・研究フォーラム編『おんなの軌跡北九州　新聞にみる北九州

市女性の100年史』 ドメス出版　2006
舌間信夫・文　赤星月人・絵　企画調整課広報広聴・女性対策係編『直方歴史ものがたり』 直方市　1996　同続　2005
大城美知信・新藤東洋男『わたしたちのまち　三池・大牟田の歴史』 古雅書店　1983
佐々木四十臣ほか監修『柳川・筑後・八女・大川の今昔』 郷土出版社　2009

3　社史・校史・団体史

八幡製鉄所所史編さん実行委員会編『八幡製鉄所八十年史』 新日本製鐵八幡製鉄所　1980
甲斐募編『八幡製鉄所労働運動誌』 八幡製鉄株式会社八幡製鉄所　1953
株式会社岩田屋二十年史編纂委員会編『株式会社岩田屋二十年史』 岩田屋　1961
西日本鉄道株式会社100年史編纂委員会編『西日本鉄道百年史』 西日本鉄道　2008
井上精三編『NHK福岡放送局史』 NHK福岡放送局　1962
『西日本新聞社史』 西日本新聞社　1951
『西日本新聞百年史』 西日本新聞社　1978
『西日本新聞140年史』 西日本新聞社　2017
永島芳郎編『博多商工会議所五十年史』 博多商工会議所　1941
『福岡商工会議所百年史』 福岡商工会議所　1982
九州大学七十五年史編集委員会編『九州大学七十五年史』 史料編上・下　通史　別巻　九州大学　1989-1992
『九州大学百年史』通史編３巻・部局史編４巻・資料編４巻　九州大学　2011〔ウェブ公開のみ〕
九州大学大学文書館編『九州大学百年史　写真集』 九州大学　2011
『九州大学医学部百年史』 九州大学医学部創立百周年記念事業後援会　2004
『私立明治専門学校史』 明治専門学校　1922
『九州工業大学百年史』通史編・資料編　明専会　2009
『自由党史』上・下　宇田友猪・和田三郎編　五車楼　1910　岩波文庫1957-1958
玄洋社々史編纂会編『玄洋社社史』 玄洋社　1917　復刻版　葦書房　1992
日本社会党福岡県本部党史編さん委員会編『日本社会党福岡県本部の三五年』 日本社会党福岡県本部　1983
農民組合史刊行会編『農民組合運動史』 日刊農業新聞社　1960
『翼賛国民運動史』 翼賛運動史刊行会　1954　復刻版　上・下　ゆまに書房　1998
総同盟五十年史刊行委員会編『総同盟五十年史』全３巻　日本労働総同盟　1964-1968

4　伝記・回想録・人物史(個別人物は五十音順)

黒龍会編『東亜先覚志士記伝』上・中・下　黒龍会出版部　1933-1936　復刻版　大空社　1997
対支功労者伝記編纂会編『対支回顧録』上・下　同会　1936　復刻版　原書房　1968
夢野久作『近世快人伝』黒白書房　1935『夢野久作著作集』5　葦書房1995
鶴岡正夫編『現代福岡の百人』上・下　育英出版社　1976, 1978
石瀧豊美『近代福岡の歴史と人物　異・偉人伝』イシタキ人権学研究所　2009
本庄敏行『浮羽郡人物名鑑』千代の倶楽部　1922
朝倉市ふるさと人物誌編纂委員会編『ふるさと人物誌:朝倉に光を掲げた人々』朝倉市　2012
篠原正一『久留米人物誌』菊竹金文堂　1981
工藤瀞也『筑豊炭田に生きた人々　近代編　望郷の想い』海鳥社　2008
浅原健三『鎔鉱炉の火は消えたり　闘争三十三年の記』新建社　1930
太田黒重吾郎『麻生太吉伝』1934
麻生太吉翁伝刊行会『麻生太吉翁伝　伝記・麻生太吉』大空社　2000
井上雅二『巨人荒尾精』佐久良書房　1910, 大空社　1997
有沢広巳『有沢広巳戦後経済を語る　昭和史への証言』東京大学出版会　1989
沢田章編『世外侯事歴　維新財政談』原書房　1978
石橋正二郎伝刊行委員会編『石橋正二郎』ブリヂストンタイヤ　1978
林洋海『ブリヂストン石橋正二郎伝　久留米から世界一へ』現代書館　2009
出光佐三『人間尊重五十年』春秋社　1962
伊藤卯四郎『伊藤卯四郎　越し方けわし』議事堂通信社　1972
深町純亮『筑豊の石炭王　伊藤伝右衛門』フジキ印刷　2005
宮田昭『炭坑王　伊藤伝右衛門　筑豊一代』書肆侃侃房　2008
稲富稜人『鷹と稜　農政の未来像目ざして五十年』オリエント書房　1976
滝沢誠『評伝　内田良平』大和書房　1976
黒竜倶楽部編『国士内田良平伝』明治百年史叢書11　原書房　1977
初瀬竜平『伝統的右翼内田良平の研究』北九州大学法政叢書1　九州大学出版会　1980
片倉衷『片倉参謀の証言　叛乱と鎮圧』芙蓉書房　1981
高瀬暢彦編『金子堅太郎自叙伝』1・2　日本大学精神文化研究所　2003-2004
小宮敦『菊竹六鼓追想録』新聞評論社　1937
木村栄文編著『六鼓菊竹淳　論説・手記・評伝』葦書房　1975
「従二位黒田長溥公伝」『新訂黒田家譜』第6巻(上・中・下)　文献出版　1983
八木春雄編『清水芳太郎全集』上・中・下　創生会　1974-1977

天命に安んず出版委員会編『天命に安んず　進藤一馬・その人とあゆみ』 天命に安んず出版委員会　1984
江頭光『雲峰閑話　進藤一馬聞書』 西日本新聞社　1987
浅野秀夫編『無庵放談　末永節遺稿集』 芳香会　2016
有賀宗吉『十河信二』 別冊とも２巻　十河信二伝刊行会　1988
川上善兵衛著　市井三郎・滝沢誠編『武田範之伝　興亜前提史』 日本経済評論社　1987
滝沢誠『武田範之とその時代』 三嶺書房　1986
田原春次『田原春次自伝』 田中秀明　1973
故団男爵伝記編纂委員会編『男爵団琢磨伝』上・下　故団男爵伝記編纂委員会　1938
読売新聞西部本社編『頭山満と玄洋社　大アジア燃ゆるまなざし』 海鳥社　2001
藤本尚則『巨人頭山満』 雪華社　1967
頭山満翁正伝編纂委員会編『頭山満翁正伝』 葦書房　1981
徳富猪一郎『蘇峰自伝』 中央公論社　1935
猪俣敬太郎『中野正剛の生涯』 黎明書房　1964
中野泰雄『政治家中野正剛』上・下　新光閣書店　1971
楢橋渡『激流に棹さして　わが告白』 翼書院　1968
「楢橋渡伝」編纂委員会編『楢橋渡伝』「楢橋渡伝」出版会　1982
石田秀人『野田大塊翁逸伝』 隆文館　1927
坂口二郎『野田大塊伝』 野田大塊伝刊行会　1929
広田弘毅伝記刊行会編『広田弘毅』 広田弘毅伝記刊行会　1966
服部龍二『広田弘毅　「悲劇の宰相」の実像』 中央公論新社　2008
山口宗之『真木保臣』 ふくおか人物誌５　西日本新聞社　1995
劉寒吉『松本健次郎伝』 松本健次郎伝刊行会　1968
福岡県人権研究所(松本治一郎プロジェクト)『松本治一郎』 西日本人物誌　西日本新聞社　2003
部落解放同盟中央本部編『松本治一郎伝』 解放出版社　1987
光吉悦心『火の鎖　筑豊の労働運動に賭けた生涯』 河出書房新社　1971
『宮崎滔天全集』全５巻　平凡社　1971-1976
松本健次郎編(安川敬一郎著)『撫松餘韻』 松本健次郎　1935
安場保吉『安場保和伝　1835-99』 藤原書店　2006
玉井政雄『刀と聖書　筑豊の風雪二代記』(吉田敬太郎)　歴史図書社　1978
吉野信次『商工行政の思い出』 商工政策史刊行会　1962
西尾陽太郎『李容九小伝』 葦書房　1978
『渡辺進自叙伝』 渡辺進　1965

5　研究文献(全体にわたるもの以外は引用・参照順)

福岡ユネスコ協会編『日本近代化と九州』 平凡社　1972

田中直樹『近代日本炭鉱労働史研究』 草風館 1984
荻野喜弘『筑豊炭鉱労資関係史』 九州大学出版会 1993
荻野喜弘編著『近代日本のエネルギーと企業活動 北部九州地方を中心として』 日本経済評論社 2010
迎由理男・永江眞夫編著『近代福岡博多の企業者活動』 九州大学出版会 2007
梶原良則「文久期における福岡藩の政治動向」『福岡大学人文論叢』25-3 1993
梶原良則「福岡藩慶應元年の政変」『福岡大学人文論叢』34-1 2002
石瀧豊美『筑前竹槍一揆の研究 廃藩置県・解放令・筑前竹槍一揆』 イシタキ人権学研究所 2004
石瀧豊美『玄洋社発掘 もうひとつの自由民権』 西日本新聞社 1981
石瀧豊美『玄洋社・封印された実像』 海鳥社 2010
森山誠一「愛国社創立大会(明治八年二月・大阪)の出席者について」『金沢経済大学論集』21-2・21-3 1987
森山誠一「玄洋社の成立時期について」『金沢経済大学論集』25-1・25-2 1991
水野公寿「九州改進党覚え書」『近代熊本』11 1970
水野公寿「九州における民党の形成過程」『熊本史学』47 1976
水野公寿「旧九州改進党の再組織過程」『近代熊本』17 1975
水野公寿「九州改進党の結成について」『近代熊本』22 1983
佐々木隆『藩閥政府と立憲政治』 吉川弘文館 1992
坂野潤治『明治憲法体制の確立』 東京大学出版会 1971
中村尚史『地方からの産業革命』 名古屋大学出版会 2010
森川英正『地方財閥』 日本経済新聞社 1985
有馬学編『近代日本の企業家と政治 安川敬一郎とその時代』 吉川弘文館 2009
長野暹編著『八幡製鉄所史の研究』(九州国際大学社会文化研究所叢書２) 日本経済評論社 2003
永末十四雄『筑豊』 日本放送出版協会 1973
森谷宏幸「高崎正戸論ノート」『部落解放史・ふくおか』28 福岡部落史研究会 1983
井上清・渡辺徹編『米騒動の研究』第一巻 有斐閣 1959
林えいだい『聞き書き社会史 北九州の米騒動』 葦書房 2001
小西秀隆「無産政党成立期における地方の動向 福岡県地方の分析」『史淵』119 1982
小西秀隆「地方無産政党の結成過程 九州民憲党の場合」『日本歴史』397 1981
小西秀隆「九州民憲党論(一九二五―一九二六) 全国的無産政党組織問題をめぐって」『史淵』120 1983

小西秀隆「普選第一回総選挙における無産政党の組織と動向」『年報・近代日本研究』5〈特集「昭和期の社会運動」〉 1983
栗田直樹『緒方竹虎　情報組織の主宰者』 吉川弘文館　1996
森須和男「李ラインと日本船拿捕」『北東アジア研究』28号　2017
藤井賢二「李承晩ラインと日韓会談——日韓漁業交渉の妥結」『年報朝鮮學』13, 2010
平井一臣『「地域ファシズム」の歴史像　国家改造運動と地域政治社会』 法律文化社　2000
有馬学「戦時期日本の文化・運動・地方　火野葦平と北九州文化聯盟をめぐって」松本常彦・大島明秀『九州という思想』 花書院　2007
有馬学「西日本農民組合の成立　戦時体制期の農民運動と被差別部落」『部落解放史・ふくおか』110　2003
井上洋子「米空軍による福岡空襲被災状況の補充調査」『市史研究ふくおか』12　2007
加藤聖文「大日本帝国の崩壊と残留日本人引揚問題——国際関係のなかの海外引揚」 増田弘編著『大日本帝国の崩壊と引揚・復員』 慶應義塾大学出版会 2012
永島広紀「朝鮮半島からの引揚と『日本人世話人会』の救護活動——朝鮮総督府・京城帝国大学関係者を中心に」 増田弘編著『大日本帝国の崩壊と引揚・復員』 慶應義塾大学出版会　2012
衣笠哲生「福岡県下における戦後の選挙　その資料の若干の整理」 九州大学教養学部社会科学研究室『社会科学論集』 1975
嶋﨑尚子「炭鉱離職者対策初期における労働者の広域職業移動——「炭鉱離職者就職通報」個票データによる分析——」『エネルギー史研究』32　2017
嶋﨑尚子「炭鉱閉山と労働者・家族のライフコース——産業時間による説明の試み」 岩上真珠・池岡義孝・大久保孝治編著『変容する社会と社会学　家族・ライフコース・地域社会』学文社　2017
高橋伸一・高川正通「石炭鉱業の盛衰と離職者対策——筑豊・貝島炭鉱の事例研究——」『社会学研究所紀要』81-109　1987
宮内貴久「高度経済成長期における公営住宅の建設　福岡市営弥永団地を中心に」『国立歴史民俗博物館研究報告』207　2018
石橋知也「戦後期の福岡市政における臨海部開発の計画経緯と影響に関する研究」博士論文　九州大学　2014

6　その他(引用・参照順)

江戸東京博物館編『特別展　ペリー&ハリス』 江戸東京博物館　2008
大熊浅次郎「鉄道交通界の恩人」『筑紫史談』44, 1928
カッテンディーケ『長崎海軍伝習所の日々』 平凡社　1964
勝海舟「海軍歴史」『勝海舟全集』8-9　講談社　1973-1974
水路部編『水路部沿革史』 1916

清漣野生「明治癸酉筑前一揆党民竹槍史談」『部落解放史・ふくおか』3　福岡部落史研究会　1976
「福岡県土寇暴動探索日記」『近代部落史資料集成』第2巻　三一書房　1985
清漣野生『明治丁丑福岡表警聞懐旧談』『玄洋』63-87　玄洋社記念館　1996-2004
江島茂逸「明治癸酉筑前一揆竹槍実記」稿本　1893
山中立木「旧福岡藩事蹟談話会筆録」『筑紫史談』40　1927
黒龍会編『西南記伝』上・中・下　黒龍会本部　1909-1911
江島茂逸編述『荒尾精氏日清貿易談　博多青年須読』　江島茂逸　1909
杉山謙二郎『明治を築いた企業家杉山徳三郎』　碧天社　2005
高野江基太郎『筑豊炭礦誌　附・三池炭礦誌』　中村近古堂　1898　復刻版　文献出版　1975
山本作兵衛『筑豊炭坑絵巻』　葦書房　1973
麻生百年史編纂委員会編『麻生百年史』　麻生セメント　1975
日隈康喜『安川家住宅　北九州の近代化を支えた安川家の住宅史』　西日本新聞社　2009
橋詰武生『明治の博多記』　福岡地方史談話会　1971
大原社会問題研究所編『日本労働年鑑　大正10年』　同人社書店　1921
花山清「全国水平社と私12　全九州水平社の創立と闘い」『部落解放』27　1972
柴田啓蔵「治一郎と全九州水平社」『部落解放』93　1976
新藤東洋男『ドキュメント福岡連隊事件』　現代史出版会　1974
山内正樹『旧制福高社研記』　山内正樹　1985
咲山恭三『博多中洲ものがたり』前・後編　文献出版　1979-1980
井上精三『博多大正世相史』　海鳥社　1987
能間義弘『図説福岡県映画史発掘　戦前篇』　国書刊行会　1984
上野英信『天皇陛下万歳　爆弾三勇士序説』　筑摩書房　1971　ちくま文庫　1989
原田種夫『実説・火野葦平　九州文学とその周辺』　大樹書房　1961
原田種夫『西日本文壇史』　文画堂　1958
黒田静男『文化翼賛』　錦城出版社　1943
朴慶植『朝鮮人強制連行の記録』　未来社　1965
杉江勇『福岡連隊史』　秋田書店　1974
龍野砲兵第五十六連隊史編集委員会『砲煙　龍野砲兵第五十六連隊戦記』　太田毅　1983
福岡空襲を記録する会編『火の雨が降った』　福岡空襲を記録する会　1986
アメリカ戦略爆撃調査団聴取書を読む会編『福岡空襲とアメリカ軍調査』　海鳥社　1998
落石栄吉『戦後博多復興史』　戦後博多復興史刊行会　1967
落合栄吉『博多祇園山笠史談』　博多祇園山笠振興会　1961

下川正晴『忘却の引揚げ史』 弦書房 2017
江藤淳編『占領史録』第4巻 日本本土進駐 講談社 1982
上野英信『追われゆく坑夫たち』 岩波新書 1960
三井鉱山株式会社編『三池争議』 日本経営者団体連盟弘報部 1963
労働省職業安定局失業対策部編『炭鉱離職者対策十年史』 日刊労働通信社 1971
坂本敏彦『資料 博多湾築港史』 博多港振興協会 1972
『博多港のあゆみ』 福岡市港湾局 1969

■ 図版所蔵・提供者一覧

カバー(表)個人，(裏)福岡市博物館
口絵　©Yamamoto Family，田川市石炭・歴史博物館
p.3　九州大学付属図書館付設記録資料館
p.5　日本製鉄株式会社九州製鉄所
p.11・p.26　宮内庁三の丸尚蔵館
p.29　福岡市博物館
p.41　九州歴史資料館
p.51　国立国会図書館
p.53　九州歴史資料館
p.55　国立国会図書館
p.57・p.64　西日本新聞社
p.75　『頭山満翁写真伝』より
p.78　国立国会図書館
p.82　福岡市博物館
p.89上・下　国立国会図書館
p.91　絵葉書資料館
p.95　ユニフォトプレス
p.98　北九州市立自然史・歴史博物館
p.101　日本製鉄株式会社九州製鉄所
p.103　『福岡県の百年』福岡県より
p.105左・右　国立国会図書館
p.110　北九州市立自然史・歴史博物館
p.112　©Yamamoto Family，田川市石炭・歴史博物館
p.113　国立国会図書館
p.114　九州地方整備局博多港湾・空港整備事務所
p.117　西日本新聞社
p.125　日本製鉄株式会社九州製鉄所
p.128　株式会社ムーンスター
p.130左　林道生・九州歴史資料館
p.130右　福岡市博物館
p.132　『福岡県史　近代史料編　福岡農法』西日本文化協会より
p.134　九州大学付属図書館付設記録資料館・九州歴史資料館
p.137・p.146　福岡市博物館
p.147　福岡県立図書館
p.149　©Yamamoto Family，田川市石炭・歴史博物館
p.153　国立国会図書館
p.158　九州大学付属図書館付設記録資料館・九州歴史資料館
p.159　『福岡県史　近代史料編　農民運動(二)』西日本文化協会より
p.165・p.168上下　九州大学付属図書館付設記録資料館
p.173　『福岡近現代絵巻』福岡市博物館より
p.181　九州大学付属図書館付設記録資料館
p.185・p.190　九州大学付属図書館付設記録資料館・九州歴史資料館
p.195上　『写真記録全国水平社』解放出版社より
p.195下　福岡県人権研究所
p.199　福岡市博物館
p.201　ブラジレイロ
p.202　福岡市博物館
p.204　『図説福岡県映画史発掘』能間義弘，国書刊行会より
p.209　福岡市
p.212　『福岡市博物館展示図録』福岡市博物館より
p.217　日本近代文学館
p.226・p.229　福岡市博物館
p.233　国立国会図書館
p.235　九州大学大学文書館　伊藤兆司アルバム
p.238・p.241・p.243　福岡市博物館
p.244・p.246　福岡市
p.258・p.259　福岡市博物館
p.260　日本製鉄株式会社九州製鉄所
p.263　毎日新聞社
p.269　福岡市博物館
p.271　国立国会図書館
p.275　都市再生機構
p.284　西日本新聞社
p.292　西日本鉄道株式会社
p.294　日本製鉄株式会社九州製鉄所
p.296　北九州市建設局
p.298　共同通信社
p.301　朝日新聞社
p.303　不二出版株式会社
p.307　福岡市博物館

有馬学　ありままなぶ

1945年生
1976年，東京大学大学院人文科学研究科博士課程単位取得満期退学
現在　九州大学名誉教授・福岡市博物館総館長
主要著書　『日本の歴史23　帝国の昭和』（講談社学術文庫，2010年），『日本の近代 4　「国際化」の中の帝国日本』（中公文庫，2013年），その他

石瀧豊美　いしたきとよみ

1949年生
1970年，佐賀大学理工学部物理学科中退
現在　イシタキ人権学研究所所長・福岡地方史研究会会長
主要著書　『玄洋社・封印された実像』（海鳥社，2010年），『筑前竹槍一揆研究ノート』（花乱社，2012年），その他

小西秀隆　こにしひでたか

1953年生
1979年，九州大学大学院文学研究科修士課程修了
現在　前福岡工業大学教授
主要論文　「地方における無産政党運動―福岡県無産政党史―」（『福岡県史』通史編 近代　社会運動(一)，福岡県，2002年），その他

福岡県《ふくおかけん》の近現代《きんげんだい》

2021年 8 月20日　1 版 1 刷印刷　　2021年 8 月30日　1 版 1 刷発行

著　者　有《あり》馬《ま》学《まなぶ》・石《いし》瀧《たき》豊《とよ》美《み》・小《こ》西《にし》秀《ひで》隆《たか》
発行者　野澤武史
印刷所　図書印刷株式会社　　製本所　株式会社ブロケード
発行所　株式会社　山川出版社　東京都千代田区内神田1-13-13　〒101-0047
TEL　03(3293)8131(営業)　03(3293)8135(編集)
https://www.yamakawa.co.jp/　　振替 00120-9-43993
装　幀　長田年伸
ISBN978-4-634-59082-3